MS SQL과 엑셀 VBA로 만드는

판매재고
관리시스템

김정현 · 유옥수 공저

엑셀 VBA와 SQL Server 데이터베이스의 장점을 결합하여

판매재고관리시스템을 직접 개발할 수 있는 방법,

소스 코드, 화면 등에 대해 자세히 설명

WIDcloud

MS SQL과 엑셀 VBA로 만드는
판매재고관리시스템

기업들은 물론 일상생활 속에서 모바일, AI, 빅데이터, DT 등의 다양한 최신 IT기술들을 적극적으로 활용하고 있다. 하지만 아직도 많은 기업들은 예산의 한계, 투자에 대한 부담, 내부 역량 부족 등으로 IT기술들을 제대로 적용하지 못하고, 수작업이나 단순 엑셀 작업에 의존하여 업무를 수행하여 어려움에 직면해 있는 경우를 많이 본다.

이제 막 IT를 배우려고 하는 입문자들 역시 너무 많은 새로운 IT기술들이 범람하고 있는 상황에서 맹목적으로 새로운 기술을 습득하고자 노력하고 있지만, 정작 이를 비즈니스에 어떻게 활용해야 하는지에 대한 고민이 많은 것이 현실이다.

대부분의 PC에 설치되어 있는 MS사의 엑셀 프로그램에는 별도로 설치하지 않아도 VBA(Visual Basic for Application)이라는 개발 언어가 내장되어 있다. VBA는 사용하기 쉽고 엑셀에 최적화된 언어이기 때문에 빠르고 쉽게 엑셀을 기반으로 업무 자동화 등에 활발히 활용되고 있다.

MS의 SQL Server 데이터베이스는 수백만, 수천만 건 이상의 데이터를 동시에 여러 사용자들과 실시간으로 공유가 가능하고 데이터분석이나 각종 업무 개발을 위한 강력한 프로그래밍이 가능하다.

이 책은 엑셀 VBA와 SQL Server 데이터베이스의 장점을 결합하여 기업 활동에서 가장 보편적인 프로세스인 판매재고관리 시스템을 직접 개발함으로써 개발 역량을 키우고 더 나아가서 이를 활용해 독자들이 스스로 각종 업무시스템을 개발할 수 있도록 하는 것을 목적으로 하였다.

이 책에서 다루는 주제

제조업체, 유통업체 그리고 편의점 등의 대부분의 기업에서 다루고 있는 판매재고관리 업무를 엑셀 VBA(매크로)와 MS SQL Server 데이터베이스를 활용하여 직접 개발할 수 있는 방법 그리고 소스 코드, 화면 등에 대해 자세히 설명하고 있다.

시스템을 개발하기 위한 최초 설치부터 우리가 개발한 판매재고관리 업무를 자세히 소개하고 있으며 기준정보, 매입업무, 매출업무, 재고관리 및 손익분석에 이르기까지 각 하위 화면단위로 화면설계, 데이터 구조, 프로그래밍 소스 코드까지의 개발 전체 과정을 설명하고 있다.

이 책에서 공부하면서…

이 책은 기본적인 엑셀 VBA 그리고 MS SQL Server에 대한 기초적인 부분들은 알고 있는 독자들을 대상으로 만들어졌다. 지면 관계상 기본적인 프로그래밍 문법이나 초기 지식들은 다소 설명이 부족할 수 있다.

만약 기초지식이 부족한 독자들이 있더라도 너무 걱정하지 말고 차근차근 과정을 따라 실습하기를 권장한다. 먼저 판매재고관리시스템을 설치하고 먼저 전체적인 관점에서 실행해 보고 하나씩 프로그램 소스 코드들을 하나씩 분석하다 보면 그동안 이해하지 못했던 부분들이 이해될 것이기 때문이다.

"모방은 창조의 어머니"라는 말이 있다. 이 책에서 소개하고 있는 판매재고관리시스템을 기반으로 응용하여 읽고 있는 독자 각자 각자의 업무에 적용할 수 있는 역량을 가질 수 있기를 기대한다.

프로그램 라이선스 및 제약사항

이 책에서 제공하고 있는 판매재고관리 시스템은 학습이나 교육을 목적으로 하고 있으며 프로그램 사용 중 발생되는 오류나 손해 등 일체의 제반 문제나 피해는 책임지지 않음을 알린다. 또한, 아래 인터넷카페에 소개되는 설치 파일 및 소스 코드는 기능 개선 및 오류 수정을 위해 일부 변경 개선될 수 있음을 알린다.

본 프로그램을 그대로 또는 수정하여 실 업무에 적용하는 것은 얼마든지 가능하다. 하지만 사전동의 없이 본 소스 코드나 실행파일을 공식 네이버 카페를 제외한 곳에서 무단 배포하거나 이를 활용하여 프로그램의 판매 등 영리 목적으로는 사용될 수 없다. 부득이한 경우에는 사전 동의를 받아야 함을 알린다.

본 책에서 소개하고 있는 MS 엑셀 프로그램이나 MS SQL Server 라이선스는 MS사의 정책에 따르며 필히 정품을 사용하기를 권고하며 무료 버전인 SQL Server Express 버전이나 개발자 버전인 Developer 버전 사용을 추천한다.

인터넷 카페 활용

이 책을 학습하는 데 필요한 각종 소스 코드, 설치 자료, 문의 사항 Q&A 그리고 각종 정보공유 등을 할 수 있는 인터넷 카페를 개설하여 운영하고 있다. 적극적으로 활용하여 원하는 결과를 얻을 수 있기를 기대한다.

인터넷카페주소 : cafe.naver.com/excelsystem
문의메일 : kjh105208@naver.com / okyesu@naver.com

Profile

김 정 현

제조, 유통, 물류기업에서 IT시스템을 직접 설계, 개발하고 컨설팅 업무를 수행하고 있다. 많은 중소 중견기업들이 여러 가지 문제로 시스템 도입에 어려움을 겪고 있는 현실을 극복하기 위한 대안으로 사용자들이 쉽게 접근할 수 있는 MS 오피스 Excel 매크로(VBA) 자동화 기술과 실시간 데이터 공유를 위한 데이터베이스를 통합한 개발 프레임워크를 만들어 보급하고자 노력하고 있다.

현재 우리나라 대표 의약품 유통 전문회사인 ㈜지오영에서 근무하고 있으며 다양한 집필 활동과 강의 활동을 병행하고 있다.

이메일 : kjh105208@naver.com

유 옥 수

공인회계사로 활동하면서 기업 업무에 대한 전산화 컨설팅 업무를 수행하여 왔다. 저자는 아직도 많은 기업들이 수작업에 의존하고 있기 때문에 업무 혁신에 많은 관심을 가지고 있으며, 기업들의 경쟁력 확보를 위해 업무 자동화를 강조하고 다닌다. 그러나 고기도 먹어본 자가 잘 먹는다고 막상 직장인들은 자기들의 단순 반복 업무를 어떻게 전산으로 혁신할 수 있는지 막막해하는 현실적 대안으로 출판을 하게 되었다.

현재 동서회계법인에서 근무하고 있으며 회사감사, 회생파산, 가치평가와 세무 및 기업전산화 컨설팅 등 다양한 분야에서 활동 중이다.

이메일 : okyesu@naver.com

목 차
Contents

개요

01
개요

1-1 기업의 IT 환경

우리는 스마트폰을 통해서 은행, 증권 업무뿐 아니라 음식이나 커피를 배달받고 간단한 보고서 작성도 AI의 도움을 받아 작성할 수 있는 시대가 되었다. 많은 기업들이 모바일, AI, 빅데이터, DT 등으로 불리는 수없이 많은 최신의 IT기술들을 앞다투어 도입하고 이를 적극적으로 활용하기 위해 노력하고 있다.

10억 원을 투자하여 IT시스템을 새로 도입해야 하는 프로젝트를 해야 한다고 가정해 보자. 10,000명 정도 되는 대기업에서는 그리 어렵지 않게 투자를 결정할 수 있다. 왜냐하면 10억 원을 10,000명으로 나누면 10만 원 수준이기 때문이다. 10만 원이라는 투자 금액보다는 이를 사용함으로써 얻을 수 있는 이익이 훨씬 크다는 판단이 나올 수 있는 가능성이 매우 높기 때문이다. IT 관련 스타트업 기업도 IT시스템을 활용하여 고객들과 소통하고 이를 통해 매출이나 이익을 창출하는 기업들이기 때문에 최신 IT 기술 도입을 생존의 문제로 인식하고 적극적으로 투자하고 있다.

하지만, 여전히 양극화가 존재하고 있는 것 또한 현실이다. 대부분의 중소 중견기업들은 10억 원이라는 투자 금액이 상대적으로 엄청나게 크게 느껴질 수 밖에 없다. 300명 정도의 중소기업이라 가정하면 인당 334만 원 정도의 비용을 투입하기 때문에 상대적으로 부담스러울 수 밖에 없다. 더구나 10억 원이라는 초기 투자 비용뿐 아니라 시스템을 지속적으로 유지할 수 있는 인력이나 체계, 그리고 회사 내의 표준적인 프로세스 정립도 제대로 되어 있지 않기 때문에 더욱 위험 부담이 크다.

이러한 상황을 극복하기 위해 중소 중견기업들은 중소기업형 ERP 패키지 등의 시스템을 도입하는 등의 노력하고 있다. 하지만 중소기업의 특성상 인사관리나 재무관리 등의 일부 표준적인 업무를 제외한 영업, 구매, 물류, 생산 등 대부분의 업무들은 각 기업들 마다 특성들이 존재하기 때문에 기존 패키지를 그대로 사용할 수 없고 각기 다른 비즈니스 환경에 맞도록 수정작업(커스터마이징)하거나 별도의 시스템을 개발하고 이를 연계(인터페이스) 해야 한다.

보통 시스템을 개발하거나 수정하려면 웹 개발자, 디자이너, DB 개발자 등 최소 3명 내외의 전문 개발인력이 투입되어야 하고 업무에 따라 개발기간은 다르겠지만 수개월 이상 투입해야 하기 때문에 이에 따른 비용은 보통 수천만 원에서 수억 원을 호가하는 경우가 많아 중소 중견기업에서는 감당하기 어렵다.

이러한 현실적인 문제 때문에 IT의 활용하고자 하는 의지는 강하지만 정작 중요 핵심 프로세스인 영업, 구매, 물류, 생산, 마케팅 등 중요한 프로세스들은 인력에 의존하여 수작업으로 업무를 처리하거나 엑셀로 최소한의 데이터를 관리하는 수준에 머물러 있는 경우를 그동안 많이 보아왔다.

1-2 엑셀 VBA와 데이터베이스

어느 기업 사무실에 방문한 적이 있었다. 사무실을 이동하면서 수많은 모니터에 어떤 화면들이 열려 있는지를 유심히 본 적이 있었는데, 대략 메일/결재 관련 그룹웨어가 약 30%, ERP 등의 업무시스템이 약 20% 나머지 50% 정도는 엑셀 화면을 열어 놓고 있었다. 물론 기업의 상황이나 환경에 따라 그 비율이나 활용도는 달라질 수 있지만 많은 사람들이 엑셀을 적극적으로 사용하고 있다는 점은 어느 회사나 비슷한 상황이다.

엑셀 프로그램은 실무자의 데이터 계산 및 보고서 작성 등에 아주 유용한 획기적인 도구이다. 데이터를 눈으로 직접 보면서 계산할 수 있고 필터나 피벗 테이블을 통해 데이터를 분석하거나 집계할 수도 있다. 원하는 보고서나 그래프도 뚝딱 만들어 낼 수 있는 아주 유연성이 높고 빠르고 편리하다. 게다가 엑셀에는 엑셀매크로(엑셀 VBA)라는 엑셀에 특화된 Visual Basic 프로그래밍 언어가 내장되어 있어 사용자가 단순 반복적으로 하고 있는 업무들을 버튼 하나로 빠르게 자동화할 수 있다.

엑셀이 장점만 있는 것은 아니다. 가장 큰 문제가 데이터를 공유하기가 무척이나 어렵다. 엑셀 파일에 일부 내용이 추가 되거나 수정된 내용을 구성원들에게 공유하기 위해서는 변경된 파일을 다시 메일로 보내거나 공유폴더를 활용하여 관리해야 한다. 공유폴더를 활용해 구성원들끼리 동시에 엑셀 파일의 내용을 변경할 경우에는 충돌로 인한 오류도 자주 발생된다. 최근에는 엑셀 데이터를 실시간으로 공유할 수 있도록 마이크로소프트 사에서 Share Point나 Teams 같은 서비스를 활용하면 비교적 안전하게 데이터를 공유할 수 있지만 아직 활성화되기에는 시간이 많이 소요될 것으로 예상된다.

또한, 엑셀 시트 당 최대 100만 행까지만 저장할 수 있는 한계, 데이터나 수식이 복잡할 경우에는 속도가 급격히 느려지는 현상, 숫자를 입력해야 할 셀에 문자를 입력해도 경고 없이 그대로 입력(데이터유효성 검사기능으로 일부 해결되지만 원천적으로 막기는 어렵다)되어 오류를 발생시키는 문제도 있다.

데이터베이스(MS SQL Server)는 엑셀의 단점과 불편함을 상쇄시킬 수 있는 많은 특징들이 있다. 데이터베이스는 수억 건 이상의 데이터도 데이터베이스에 안전하게 저장할 수 있고 변경되는 데이터를 사용자에게 실시간으로 공유할 수 있는 장점이 있다. 만약 제품코드 목록에 없는 매입 데이터를 입력할 경우 오류를 발생시킬 수 있고, 숫자를 입력해야 할 항목에 영문자가 입력되면 오류가 발생되기 때문에 데이터를 보다 신뢰성 있게 관리할 수 있다. 또한, 신뢰성 있는 데이터를 바탕으로 각종 시스템을 전문적으로 개발할 수 있는 강력한 프로그래밍 언어를 내장 하고 있다. 우리는 데이터베이스의 강력한 저장 프로시저(Stored Procedure)를 활용하여 판매재고관리시스템의 핵심 비즈니스 로직을 개발한다. 데이터베이스의 강력한 프로그래밍 언어는 향후 웹이나 모바일 등에서도 그대로 활용 가능한 확장성을 지원한다.

저자는 엑셀과 데이터베이스의 장점을 결합하여 데이터는 MS SQL Server를 활용하여 안전하게 데이터를 관리하고 핵심 비즈니스 로직을 개발하고, 사용자가 접근하는 화면은 친숙한 엑셀매크로(VBA)를 이용하여 개발한다면 작은 투자 비용으로 빠르고 편리한 업무 시스템을 만들 수 있을 것이라는 생각을 가지게 되었다.

저자가 다수의 기업들에 영업, 구매, 물류 등의 업무 시스템을 개발하면서 실제 적용한 결과를 종합해 보면 일반적인 웹 개발 방법에 비해 약 70% 이상의 비용 절감과 개발기간 단축을 경험할 수 있었다.

무엇보다 시스템 구조가 간단하고 쉬운 프로그래밍이 가능하기 때문에 전문개발자가 아닌 전문 지식이 다소 부족한 초보자나 실무자들도 쉽게 배우고 응용할 수 있다는 확신을 가질 수 있었으며, 화면 개발 상용도구나 웹에서 출력을 위한 상용 라이선스에 대한 비용도 함께 절감할 수 있었다.

향후, 내외부 고객을 위해 모바일이나 웹 시스템 개발 시에도 화면 입출력을 제외한 대부분의 비즈니스 프로그래밍을 MS SQL Server의 저장 프로시저(Stored Procedure)로 개발하였기 때문에 그대로 활용할 수 있어 개발 비용과 기간을 대폭 줄일 수 있는 장점이 있다.

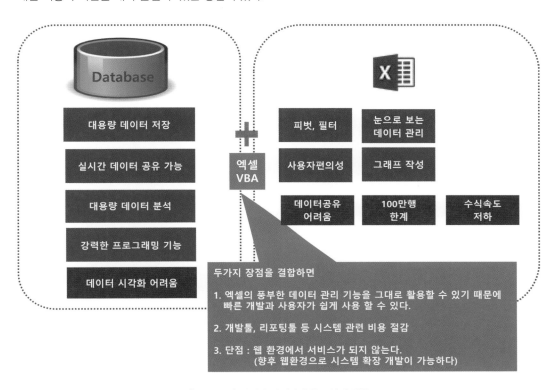

[그림 1-1] 엑셀과 데이터베이스 연계 방안

1-3 판매재고관리시스템

판매재고관리시스템을 주제로 선정한 이유는 누구나 가장 보편적으로 이해할 수 있고 향후 이를 학습하고 이를 기반으로 업그레이드하거나 다른 시스템을 개발하기 위한 응용 모델로 적합하다는 생각 때문이다.

판매재고관리를 간단히 정의하면 매입업체를 통해 제품을 구매하여 재고를 보관하였다가 필요한 고객에게 매출(판매)하는 일련의 흐름이라고 할 수 있겠다.

누구나 쉽게 이해할 수 있는 "판매재고관리"업무에 대해 기준정보, 매입업무, 매출업무, 재고관리, 분석보고서에 대해 단계별로 함께 알아보고 직접 코딩을 통해 개발함으로써 향후 독자들이 원하는 자기만의 시스템을 직접 설계하고 개발할 수 있도록 역량을 높이는데 집중하였다.

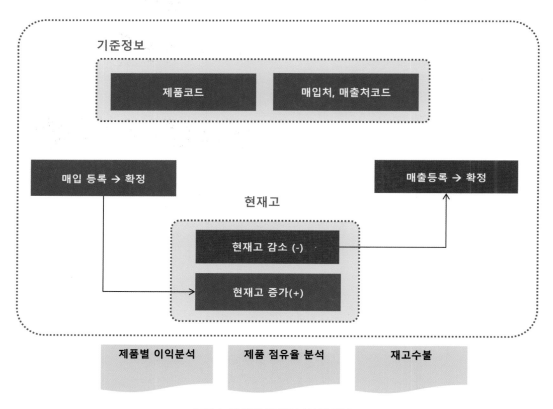

[그림 1-2] 판매재고관리 시스템 개념도

판매재고관리시스템의 특징

첫 번째, 개발 편의성과 독자의 이해를 돕기 위해 한글을 최대한 활용하였다. 우리나라에서 99% 이상의 개발자들은 영문으로 칼럼이나 변수를 선언하여 사용한다. 한글 칼럼이나 변수를 사용하면 호환성 등에서 문제가 발생할 수 있다는 우려 때문이다. 저자는 다년간 여러 다양한 회사와 업무에서 한글 칼럼이나 변수를 사용해 개발하고 이를 안정적으로 운영한 사례와 경험으로 이러한 우려를 극복하였다. 한글을 사용하면 영어를 사용한 프로그래밍 소스 코드들보다 훨씬 이해하기가 쉬울 뿐만 아니라 향후 유지보수나 다른 개발자와의 협업 시에도 산출물을 최소화할 수 있어 개발 비용이나 시간을 획기적으로 단축할 수 있다.

```
SET ANSI_NULLS ON
GO
SET QUOTED_IDENTIFIER ON
GO

ALTER PROCEDURE [dbo].[bzt_mto_mms_log_move_past]
    @p_ata_id char(2)
AS
    SET NOCOUNT ON
    SET TRANSACTION ISOLATION LEVEL READ UNCOMMITTED

    DECLARE @dsql nvarchar(4000)
    DECLARE @v_params nvarchar(500)
    DECLARE @v_date_client_req varchar(8)
    DECLARE @v_log_table varchar(6)

    DECLARE csr_obj cursor LOCAL FOR

    SELECT TOP 300
        convert(varchar, date_client_req, 112) AS date_client
    FROM   em_mmt_tran WITH(NOLOCK)
    WHERE  emma_id = @p_ata_id
    AND    date_client_req < getdate() - 10
    AND    msg_status <> '3'
    GROUP BY convert(varchar, date_client_req, 112)

    OPEN csr_obj
    FETCH NEXT FROM csr_obj INTO @v_date_client_req

    WHILE (@@fetch_status = 0)
    BEGIN
        SET @v_log_table = substring(@v_date_client_req, 1, 6)

        SELECT  @dsql = 'INSERT INTO em_mmt_log_table
            SELECT mt_pr
                , 0
                , msg_key
                , input_type
                , mt_refkey
                , priority
                , msg_class
                , date_client_req
```

```
1  ALTER PROCEDURE [dbo].[SPK200_제품점유율분석_조회]
2      @IN_시작일자              NVARCHAR(20) = '20220101'
3     ,@IN_종료일자              NVARCHAR(20) = '20221231'
4
5      ,@IN_실행ID               NVARCHAR(50)
6     ,@IN_실행PG               NVARCHAR(50)
7  AS
8  BEGIN
9
10     SET NOCOUNT ON;
11
12     CREATE TABLE #TEMP_상품점유율기초자료 (
13         제품코드            NVARCHAR(30)
14        ,매입수량            NUMERIC(18, 2) DEFAULT 0
15        ,매입금액            NUMERIC(18, 2) DEFAULT 0
16        ,매출수량            NUMERIC(18, 2) DEFAULT 0
17        ,매출금액            NUMERIC(18, 2) DEFAULT 0
18        ,작업구분            NVARCHAR(30)
19
20
21     INSERT INTO #TEMP_상품점유율기초자료 (제품코드, 매입수량,
22     SELECT A.제품코드
23         ,매입수량 = SUM(A.매입확정수량)
24         ,매입금액 = SUM(A.매입확정수량 * A.매입단가)
25         ,작업구분 = '매입'
26     FROM TBE_매입D A
27     INNER JOIN TBE_매입H B ON A.매입번호 = B.매입번호
28     WHERE 1 = 1
29         AND A.상태코드 = '90'
30         AND B.매입일자 >= @IN_시작일자
31         AND B.매입일자 <= @IN_종료일자
32     GROUP BY A.제품코드
33
34     INSERT INTO #TEMP_상품점유율기초자료 (제품코드, 매출수량,
35     SELECT A.제품코드
36         ,매출수량 = SUM(A.매출확정수량)
37         ,매출금액 = SUM(A.매출확정수량 * A.매출단가)
38         ,작업구분 = '매출'
39     FROM TBG_매출D A
```

[그림 1-3] 한글 변수 적용 사례 비교

두 번째, 개발될 판매재고관리시스템은 교육 전용 시스템이다. 실제 실무적으로 활용하려면 각종 칼럼들이 테이블별로 최소 수십, 수백 개 이상의 칼럼들로 구성되고 그만큼 테이블 구조도 훨씬 복잡하며 여러 가지 예외사항들도 처리될 수 있는 구조를 가져야 한다. 구조가 복잡해지면 그만큼 독자들이 이해하기 훨씬 어려워지기 때문에 최대한 단순한 구조로 설계하였다. 본 시스템 개발 과정과 기술을 충분히 습득하고 나서 각자 나름대로 시스템을 개발하거나 응용하기를 바란다.

세 번째, 개발 생산성 및 표준화를 위해 적극적으로 공통모듈을 활용하였다. 공통모듈을 활용하지 않을 경우에는 여러 화면이나 기능에 중복되는 코딩을 해야 하기 때문에 힘들고 불편하며 그만큼 생산성이 떨어지는 문제가 있다. 엑셀 화면과 데이터베이스를 연결하고 SQL 명령을 보내며 그 처리결과를 받아서 화면에 출력하는 기능이나 화면의 표준적인 버튼 설정, 화면에 칼럼 등을 배치하고 그 칼럼의 속성 등을 설정하는 기능 등 여러 화면에서 자주 사용되는 기능들에 대해 표준화하고 이를 공통모듈로 개발하고자 노력하였다.

1-5 독자에게 하고 싶은 말

이 책은 데이터베이스와 엑셀 VBA를 활용하여 저자가 설계하고 개발한 판매재고관리 시스템을 독자들도 같이 만들어 보면서 어떻게 시스템을 구축해야 하는지의 기법들과 프로그래밍 기술을 익히고 이를 응용하여 실무에 적용할 수 있도록 응용력을 기르는 데 목적을 두고 있다.

저자는 "모방은 창조의 어머니"라는 말을 좋아한다. 저자는 주로 새로운 시스템이나 기술들을 습득하는 데 있어서 매뉴얼을 보고 하나씩 배우는 것보다는 이미 만들어져 시스템의 소스 코드나 체계들을 분석(벤치마크)하여 내가 원하는 시스템을 만드는 방법을 선호한다. 영어를 잘하고 싶으면 영어 문법책을 열심히 공부하는 것보다는 직접 영어권 사람들과 대화를 하거나 아예 그 나라로 가서 영어를 배우는 것이 빠른 것과 비슷한 이치다.

아마도 이 책을 읽는 독자들 중 데이터베이스나 엑셀 VBA에 대해 잘 모르는 분들도 있을 것이라 예상한다. 걱정하지 말고 우선 위에서 말한 것처럼 모방을 먼저 하기를 권장한다. 잘 몰라도 우선 판매재고관리시스템이 정상적으로 돌아갈 수 있도록 설치하고 하나씩 하나씩 뜯어 보면서 내 것을 만들기를 권장한다.

설치 및 환경설정

02
설치 및 환경설정

2-1 시스템 구조

개발을 위해 서버에는 MS SQL Server가 설치되어 있어야 하고, 각 사용자의 PC에는 엑셀매크로(VBA)가 실행 가능하도록 Windows 환경에서 엑셀 프로그램이 설치되어 있어야 한다. (하나의 PC에 서버 MS SQL Server와 엑셀 프로그램이 모두 설치해도 된다)

데이터베이스는 여러 사용자의 생성한 데이터를 안전하게 저장하고 실시간으로 공유하는 기본적인 기능과 주요 매입, 매출, 보고서 생성 등의 주요 프로세스의 프로그램 소스를 저장 및 실행하는 역할을 담당한다. 엑셀 VBA에서도 DB를 연결하여 다양한 분석과 프로그래밍 기능을 구현할 수 있지만 복잡한 데이터를 분석하기에

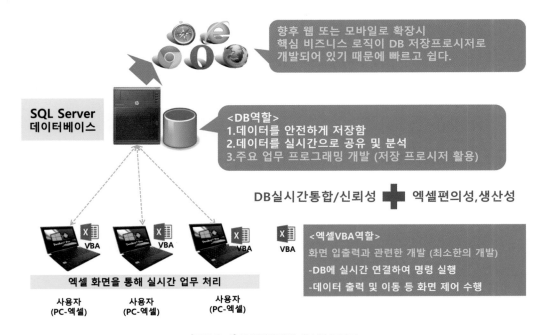

[그림 2-1] 판매재고관리 시스템 구성도

는 다소 역부족인 경우가 있기 때문에 거의 대부분의 주요 프로세스 관련 프로그래밍 로직들은 데이터베이스의 저장 프로시저(Stored Procedure)로 개발한다.

이렇게 개발하면 향후 웹 시스템이나 모바일로 확장해야 할 경우에도 다시 개발할 필요 없이 DB에 개발되어 있는 대부분의 프로그래밍 소스를 그대로 활용할 수 있기 때문에 생산성이나 관리적인 측면에서 매우 유리하다.

엑셀매크로만으로 개발했던 독자들은 처음에는 다소 어렵게 느껴질 수도 있겠으나 조금만 적응하면 이러한 방법이 훨씬 효율적이고 확장성이 있다는 점을 이해할 수 있을 것이다.

엑셀 VBA는 실제 데이터 처리하기 위한 코딩보다는 데이터베이스의 저장 프로시저에서 실행된 결과를 엑셀로 전달받아 엑셀의 피벗테이블, 필터 등 사용자들이 데이터를 보다 편하게 접근할 수 있도록 사용자 UI(User Interface)에 집중하는 데 필요한 코딩을 주로 할 것이다.

예를 들면 특정 기간의 제품별 이익분석 관련 프로그램을 개발해야 한다면 다음과 같은 주요 개발단계와 내부 실행 절차를 거치게 된다.

1. 데이터베이스에 이익분석 저장 프로시저를 개발한다. (입력값 : 시작일자, 종료일자)
2. 엑셀매크로(VBA) 프로그램을 개발한다. (위에서 개발한 프로시저 호출 및 화면 출력)
3. 엑셀 화면에서 입력값(시작일자, 종료일자)을 입력하고 "조회" 버튼을 클릭
4. 엑셀매크로(VBA)에서 데이터베이스의 저장 프로시저를 실행 요청
5. 데이터베이스에서 이익분석 저장 프로시저를 실행 후 엑셀매크로(VBA)로 결과를 리턴
6. 엑셀매크로(VBA)는 전달받은 결과를 화면에 출력한다.

즉, 데이터베이스는 데이터를 처리하는 코딩과 실행을 담당하고, 엑셀매크로(VBA)는 사용자가 값을 입력받거나 사용자가 결과를 볼 수 있도록 하는 코딩과 실행을 담당한다. 엑셀 VBA 입장에서는 훨씬 프로그래밍이 단순하고 간단해지면서도 향후 웹이나 모바일 등으로 확장할 수 있는 개발 방식이라 할 수 있다.

일부에서는 데이터베이스에 너무 많은 부하를 주어서 오히려 효율성이 떨어지는 것이 아니냐 하는 의문이나 우려를 하는 독자들도 있을 것이다. 대규모 쇼핑몰 등 수만, 수십만 정도의 동시 사용자가 접속해야 하는 시스템에서는 다소 무리가 따를 수 있을 수 있겠지만 동시에 수백 명 정도의 사용자에게 서비스해야 하는 중소 규모의 시스템에서는 크게 문제가 되지 않는다. 실제 저자는 1만 개 이상의 거래처의 온라인 주문을 접수 받아 년간 수조 원 이상을 처리하는 B2B 업무 시스템을 위와 같은 방식으로 개발하여 안정적으로 서비스를 수행한 경험과 사례가 있다. 아마도 하드웨어와 소프트웨어의 비약적인 발전 덕분일 것이다.

2-2 데이터베이스 설치

데이터베이스는 MS SQL Server, Oracle, MySQL 등 여러 종류가 있지만 그중에서 MS SQL Server를 설치하여 개발할 것이다.

우리가 사용하고 있는 PC 대부분이 마이크로소프트사의 Windows가 설치되어 있는데 SQL Server 역시 마이크로소프트에서 개발한 상용 데이터베이스이다. 이로 인해 사용자의 PC에 별도의 설치나 설정 없이도 바로 MS SQL Server를 접속할 수 있기 때문에 호환성과 편의성이 매우 높은 장점이 있다.

MS SQL Server는 1~2년 주기로 최신 버전을 발표하고 있는데 2023년 기준으로 2022 버전까지 발표되었다. 카페에서 배포한 데이터베이스 소스는 2016 이상의 버전이면 무리 없이 실행되기 때문에 최소한 2016 이상의 버전을 설치해야 한다. 가급적 최신 버전 설치를 권장한다.

과거에는 On-Promise 방식인 서버와 데이터베이스 라이선스를 구매하여 직접 설치하고 운영하는 경우가 많았으나 최근에는 설치부터 백업, 성능관리 등 대부분의 유지보수 업무들을 전문 업체에 위탁하고 사용한 용량이나 사용량을 계산하여 이용료를 지불하는 클라우드 서비스 방식으로 전환하는 경우가 많아지고 있다.

저자는 이 책의 목적상 조금 수고스럽고 힘들지만 비용 부담도 없고 데이터베이스에 대한 개념이나 운영 기술을 경험할 수 있도록 자신의 PC나 별도 서버에 데이터베이스를 직접 설치하는 방법을 추천 권장한다. 설치 시에는 무료 버전인 Express 버전이나 최신 개발자 버전으로 설치해야 한다.

개발자(Developer) 버전은 데이터베이스의 모든 기능을 사용할 수 있지만 반드시 개발이나 테스트를 위한 목적으로만 설치되어야 한다. 실제 상용으로 운영하고자 한다면 반드시 별도 비용을 지불하고 라이선스를 구매해야 한다. Express 버전은 일부 기능 제한과 데이터를 최대 10GB까지만 저장할 수 밖에 없는 한계가 있지만 상업적 목적으로 사용하더라도 아무런 제약이 없다.

MS SQL Server 설치 후에는 반드시 SSMS(SQL Server Management Studio)를 추가 설치하자. SSMS는 데이터베이스를 관리하거나 프로그래밍할 수 있는 통합관리도구이다. SSMS에서 관리자(사용자) 계정을 통해 로그인하여 오류 없이 접속된다면 데이터베이스 설치 과정은 모두 성공적으로 마무리된 것이다.

데이터베이스의 상세한 설치 과정은 버전에 따라 화면이나 및 절차가 조금씩 다를 수 있으며 처음 접근하는 독자들은 어려울 수도 있지만 가장 필수적인 과정이기 때문에 웹 등의 인터넷 매체 등을 참고하여 성공적으로 설치 하기를 바란다.

데이터베이스 설치와 SSMS를 설치 후에 필수 환경 설정 시에 꼭 해야 할 것들이 몇 가지 있다.

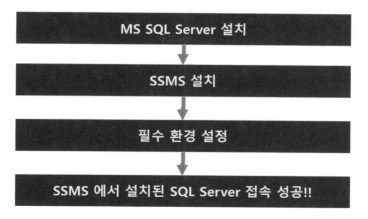

[그림 2-2] 데이터베이스 설치 순서

첫 번째로 네트워크 관련 설정 변경이다. 처음 설치하면 보통 TCP/IP 네트워크 설정이 [사용 안 함]으로 설정되어 있다. 직접 네트워크 구성을 바꾸기 위해 [구성 관리자]를 실행하여 TCP/IP를 사용 가능하도록 반드시 설정 변경하기를 바란다.

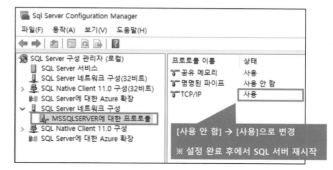

[그림 2-3] SQL Server 네트워크 설정

두 번째로 보안 관련 서버 인증 방식을 확인해야 한다. 처음 설치를 하면 보통 Windows 인증 모드(W)로 설정되어 있는 경우가 많다. 반드시 Windows 인증 모드가 아닌 SQL Server 및 Window 인증 모드로 설정하기를 바란다.

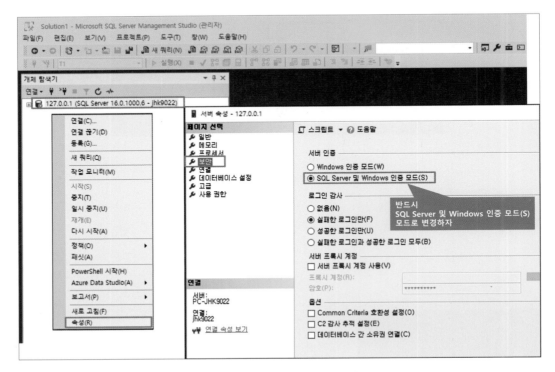

[그림 2-4] SQL Server 인증모드 확인 / 변경

데이터베이스 설치와 운영에 관련된 부분들이 다소 어렵고 전문적인 것들이 많다. 설치나 운영에 관련되어 문제 되는 사항들은 인터넷 웹 검색을 통해 해결하거나 전문가의 도움을 받도록 하자.

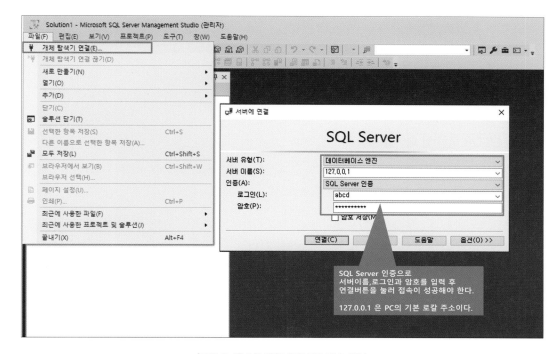

[그림 2-5] SSMS를 통한 DB 접속 예시

2-3 판매관리 데이터베이스 생성

책의 머리말에서 공지한 인터넷 카페 사이트에서 DB 관련 소스 코드를 다운로드 받는다. DB 관련 파일은 아래와 같이 총 2개의 파일이다.

> 파일1 : 판매재고관리_DB테이블생성_소스 코드.txt
> 파일2 : 판매재고관리_DB프로그래밍_소스 코드.txt

가. SALES DB 생성 및 테이블 생성

엑셀을 사용하기 위해서는 엑셀 프로그램을 PC에 먼저 설치한 후 "sales.xlsx"라는 엑셀 작업파일을 만들어야 "sales.xlsx" 파일 내에 원하는 자료를 저장할 수 있다.

데이터베이스도 비슷하다. 우리가 앞에서 설치한 MS SQL Server라는 프로그램은 PC에 설치된 엑셀 프로그램과 비슷하다. 만약, 데이터베이스 내에 데이터를 저장하려면 하위에 DB를 생성해야 그 DB 안에 데이터나 프로그램을 저장할 수 있다. 하나의 DB는 "sales.xlsx" 파일과 비슷한 개념이다. 판매재고관리시스템의 데이터와 프로그래밍 소스 코드를 저장하기 위해 "SALES"라는 이름의 DB를 생성해 보자.

SSMS에서 [데이터베이스]에서 오른쪽 마우스 클릭으로 하면 새로운 데이터베이스를 만들 수 있다. 저자는 편의상 DB 이름을 [SALES]라는 이름으로 생성하였다.

[그림 2-6] SALES DB 생성 화면

24

데이터베이스가 만들어졌다면 카페에서 다운로드 받은 "판매재고관리_DB테이블생성_소스코드.txt" 파일을 열어 SSMS에 붙여 넣는다.

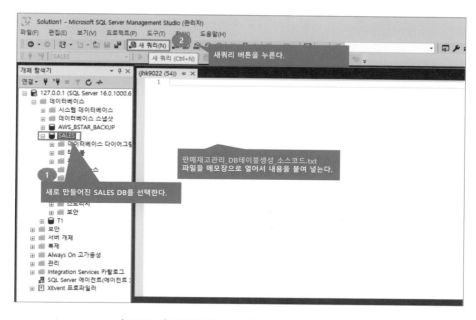

[그림 2-7] 판매재고관리 DB테이블 생성 소스 붙여넣기

붙여 넣은 소스 코드를 확인하고 이상이 없다면 [실행] 버튼을 누르면 판매재고관리시스템 개발에 필요한 총 8개의 테이블과 실습에 필요한 테스트 데이터들이 INSERT 된다.

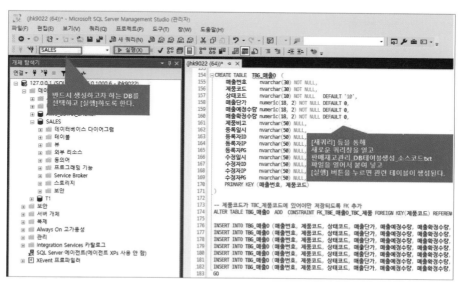

[그림 2-8] 판매재고관리 테이블 생성 예시

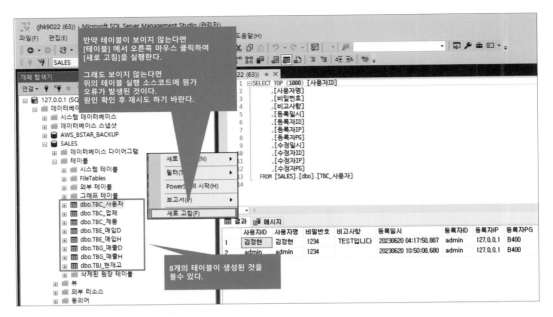

[그림 2-9] 판매재고관리 테이블 생성 결과 확인

```
CREATE TABLE TBC_사용자 (
        사용자ID nvarchar(30) NOT NULL,
        사용자명 nvarchar(30) NOT NULL,
        비밀번호 nvarchar(30) NOT NULL,
        비고사항 nvarchar(50) NOT NULL,
        등록일시 nvarchar(50) NULL,
        등록자ID nvarchar(50) NULL,
        등록자IP nvarchar(50) NULL,
        등록자PG nvarchar(50) NULL,
        수정일시 nvarchar(50) NULL,
        수정자ID nvarchar(50) NULL,
        수정자IP nvarchar(50) NULL,
        수정자PG nvarchar(50) NULL,
    PRIMARY KEY (사용자ID)
)

-- 테스트를 위한 샘플 데이터
INSERT INTO TBC_사용자 (사용자ID, 사용자명, 비밀번호, 비고사항) VALUES ('김정현', '김정현', '1234', '')
INSERT INTO TBC_사용자 (사용자ID, 사용자명, 비밀번호, 비고사항) VALUES ('admin', 'admin', '1234', '')
```

[그림 2-10] TBC_사용자 테이블

```
CREATE TABLE TBC_업체 (
        업체코드 nvarchar(30)  NOT NULL,
        업체명  nvarchar(30)  NOT NULL,
        사업번호 nvarchar(30)  NOT NULL,
        대표자  nvarchar(30)  NOT NULL,
        주소    nvarchar(100) NOT NULL,
        업태    nvarchar(30)  NOT NULL,
        종목    nvarchar(30)  NOT NULL,
        비고사항 nvarchar(50)  NOT NULL,
        등록일시 nvarchar(50)  NULL,
        등록자ID nvarchar(50)  NULL,
        등록자IP nvarchar(50)  NULL,
        등록자PG nvarchar(50)  NULL,
        수정일시 nvarchar(50)  NULL,
        수정자ID nvarchar(50)  NULL,
        수정자IP nvarchar(50)  NULL,
        수정자PG nvarchar(50)  NULL,
    PRIMARY KEY (업체코드)
)

INSERT INTO TBC_업체 (업체코드, 업체명, 사업번호, 대표자, 주소, 업태, 종목, 비고사항)
        VALUES ('매입처1','일원상사', '112-33-13221', '이길영', '서울 서초구 양재동'    ,'도매'  ,'농산물', '')
INSERT INTO TBC_업체 (업체코드, 업체명, 사업번호, 대표자, 주소, 업태, 종목, 비고사항)
        VALUES ('매입처2','승리상사', '152-13-31212', '홍정식', '부산 동래구'          ,'도매'  ,'농산물', '')
INSERT INTO TBC_업체 (업체코드, 업체명, 사업번호, 대표자, 주소, 업태, 종목, 비고사항)
        VALUES ('매입처3','일산농산', '772-12-44213', '김정식', '경기도 고양시 일산동구','도매'  ,'농산물', '')
INSERT INTO TBC_업체 (업체코드, 업체명, 사업번호, 대표자, 주소, 업태, 종목, 비고사항)
        VALUES ('매출처1','현진상사', '332-32-12233', '정현진', '경기 파주시 능안로'   ,'소매'  ,'잡화' , '')
INSERT INTO TBC_업체 (업체코드, 업체명, 사업번호, 대표자, 주소, 업태, 종목, 비고사항)
        VALUES ('매출처2','정인상사', '221-22-12222', '정인순', '경기 안산시'         ,'소매'  ,'잡화' , '')
INSERT INTO TBC_업체 (업체코드, 업체명, 사업번호, 대표자, 주소, 업태, 종목, 비고사항)
        VALUES ('매출처3','성남상사', '663-11-22345', '남성남', '경기 성남시'         ,'소매'  ,'잡화' , '')
```

[그림 2-11] TBC_업체 테이블

```
CREATE TABLE TBC_제품 (
        제품코드   nvarchar(30) NOT NULL,
        제품명    nvarchar(100) NOT NULL,
        박스입수   numeric(18, 2) NOT NULL,
        매입단가   numeric(18, 2) NOT NULL,
        매출단가   numeric(18, 2) NOT NULL,
        적정재고량 numeric(18, 2) NOT NULL,
        보관위치   nvarchar(50) NOT NULL,
        비고사항   nvarchar(100) NOT NULL,
        등록일시   nvarchar(50) NULL,
        등록자ID   nvarchar(50) NULL,
        등록자IP   nvarchar(50) NULL,
        등록자PG   nvarchar(50) NULL,
        수정일시   nvarchar(50) NULL,
        수정자ID   nvarchar(50) NULL,
        수정자IP   nvarchar(50) NULL,
        수정자PG   nvarchar(50) NULL,
        PRIMARY KEY (제품코드)
)

INSERT INTO TBC_제품 (제품코드, 제품명, 박스입수, 매입단가, 매출단가, 적정재고량, 보관위치, 비고사항)
        VALUES ('제품1', '사과'   ,10, 1000,   1200, 50, '1층', '')
INSERT INTO TBC_제품 (제품코드, 제품명, 박스입수, 매입단가, 매출단가, 적정재고량, 보관위치, 비고사항)
        VALUES ('제품2', '딸기'   ,10, 2000,   2300, 50, '1층', '')
INSERT INTO TBC_제품 (제품코드, 제품명, 박스입수, 매입단가, 매출단가, 적정재고량, 보관위치, 비고사항)
        VALUES ('제품3', '바나나'  ,15, 1500,   2000, 50, '1층', '')
INSERT INTO TBC_제품 (제품코드, 제품명, 박스입수, 매입단가, 매출단가, 적정재고량, 보관위치, 비고사항)
        VALUES ('제품4', '포도'   ,20, 1200,   1300, 50, '1층', '')
INSERT INTO TBC_제품 (제품코드, 제품명, 박스입수, 매입단가, 매출단가, 적정재고량, 보관위치, 비고사항)
        VALUES ('제품5', '삼겹살'  ,10, 5000,   7000, 100, '1층', '')
INSERT INTO TBC_제품 (제품코드, 제품명, 박스입수, 매입단가, 매출단가, 적정재고량, 보관위치, 비고사항)
        VALUES ('제품6', '목살'   ,10, 4000,   5000, 100, '1층', '')
```

[그림 2-12] TBC_제품 테이블

```
CREATE TABLE TBE_매입H (
          매입번호   nvarchar(30) NOT NULL,
          매입처코드 nvarchar(30) NOT NULL,
          매입일자   nvarchar(30) NOT NULL,
          전표비고   nvarchar(50) NULL,
          등록일시   nvarchar(50) NULL,
          등록자ID   nvarchar(50) NULL,
          등록자IP   nvarchar(50) NULL,
          등록자PG   nvarchar(50) NULL,
          수정일시   nvarchar(50) NULL,
          수정자ID   nvarchar(50) NULL,
          수정자IP   nvarchar(50) NULL,
          수정자PG   nvarchar(50) NULL,
     PRIMARY KEY (매입번호)
)

INSERT INTO TBE_매입H (매입번호, 매입처코드, 매입일자, 전표비고) VALUES ('PA202306-0002', '매입처1', '20230621', '')
INSERT INTO TBE_매입H (매입번호, 매입처코드, 매입일자, 전표비고) VALUES ('PA202307-0002', '매입처1', '20230711', '')
INSERT INTO TBE_매입H (매입번호, 매입처코드, 매입일자, 전표비고) VALUES ('PA202307-0005', '매입처1', '20230714', '')
```

[그림 2-13] TBE_매입H 테이블

```
CREATE TABLE  TBE_매입D (
          매입번호     nvarchar(30) NOT NULL,
          제품코드     nvarchar(30) NOT NULL,
          상태코드     nvarchar(10) NOT NULL   DEFAULT '10',
          매입단가     numeric(18, 2) NOT NULL DEFAULT 0,
          매입예정수량 numeric(18, 2) NOT NULL DEFAULT 0,
          매입확정수량 numeric(18, 2) NOT NULL DEFAULT 0,
          제품비고     nvarchar(50) NULL,
          등록일시     nvarchar(50) NULL,
          등록자ID     nvarchar(50) NULL,
          등록자IP     nvarchar(50) NULL,
          등록자PG     nvarchar(50) NULL,
          수정일시     nvarchar(50) NULL,
          수정자ID     nvarchar(50) NULL,
          수정자IP     nvarchar(50) NULL,
          수정자PG     nvarchar(50) NULL,
          PRIMARY KEY (매입번호, 제품코드)
)

-- 제품코드가 TBC_제품코드에 있어야만 저장되도록 FK 추가
ALTER TABLE TBE_매입D  ADD  CONSTRAINT FK_TBE_매입D_TBC_제품 FOREIGN KEY(제품코드) REFERENCES TBC_제품 (제품코드)

-- 테스트를 위한 샘플 데이터
INSERT INTO TBE_매입D (매입번호, 제품코드, 상태코드, 매입단가, 매입예정수량, 매입확정수량, 제품비고)
          VALUES ('PA202306-0002', '제품1', '90', 1000,        10,           10, '')
INSERT INTO TBE_매입D (매입번호, 제품코드, 상태코드, 매입단가, 매입예정수량, 매입확정수량, 제품비고)
          VALUES ('PA202306-0002', '제품2', '90', 2000,        10,           10, '')
INSERT INTO TBE_매입D (매입번호, 제품코드, 상태코드, 매입단가, 매입예정수량, 매입확정수량, 제품비고)
          VALUES ('PA202306-0002', '제품3', '90', 1500,        10,           10, '')
INSERT INTO TBE_매입D (매입번호, 제품코드, 상태코드, 매입단가, 매입예정수량, 매입확정수량, 제품비고)
          VALUES ('PA202306-0002', '제품4', '90', 1200,        10,           10, '')
INSERT INTO TBE_매입D (매입번호, 제품코드, 상태코드, 매입단가, 매입예정수량, 매입확정수량, 제품비고)
          VALUES ('PA202306-0002', '제품5', '90', 5000,        10,           10, '')
INSERT INTO TBE_매입D (매입번호, 제품코드, 상태코드, 매입단가, 매입예정수량, 매입확정수량, 제품비고)
          VALUES ('PA202306-0002', '제품6', '90', 4000,        10,           10, '')
INSERT INTO TBE_매입D (매입번호, 제품코드, 상태코드, 매입단가, 매입예정수량, 매입확정수량, 제품비고)
          VALUES ('PA202307-0002', '제품1', '10', 1000,         1,            0, '')
INSERT INTO TBE_매입D (매입번호, 제품코드, 상태코드, 매입단가, 매입예정수량, 매입확정수량, 제품비고)
          VALUES ('PA202307-0002', '제품3', '10', 1500,         2,            0, '')
INSERT INTO TBE_매입D (매입번호, 제품코드, 상태코드, 매입단가, 매입예정수량, 매입확정수량, 제품비고)
          VALUES ('PA202307-0005', '제품2', '10', 2000,         1,            0, '')
INSERT INTO TBE_매입D (매입번호, 제품코드, 상태코드, 매입단가, 매입예정수량, 매입확정수량, 제품비고)
          VALUES ('PA202307-0005', '제품3', '10', 1500,         2,            0, '')
INSERT INTO TBE_매입D (매입번호, 제품코드, 상태코드, 매입단가, 매입예정수량, 매입확정수량, 제품비고)
          VALUES ('PA202307-0005', '제품4', '10', 1200,         3,            0, '')
```

[그림 2-14] TBE_매입D 테이블

```
CREATE TABLE TBG_매출H (
        매출번호    nvarchar(30) NOT NULL,
        매출처코드 nvarchar(30) NOT NULL,
        매출일자   nvarchar(30) NOT NULL,
        전표비고   nvarchar(50) NULL,
        등록일시   nvarchar(50) NULL,
        등록자ID   nvarchar(50) NULL,
        등록자IP   nvarchar(50) NULL,
        등록자PG   nvarchar(50) NULL,
        수정일시   nvarchar(50) NULL,
        수정자ID   nvarchar(50) NULL,
        수정자IP   nvarchar(50) NULL,
        수정자PG   nvarchar(50) NULL,
        PRIMARY KEY (매출번호)
)

INSERT INTO TBG_매출H (매출번호, 매출처코드, 매출일자, 전표비고) VALUES ('SA202306-0001', '매출처1', '20230623', '')
INSERT INTO TBG_매출H (매출번호, 매출처코드, 매출일자, 전표비고) VALUES ('SA202307-0004', '매출처1', '20230720', '')
```

[그림 2-15] TBG_매출H 테이블

```
CREATE TABLE  TBG_매출D  (
        매출번호     nvarchar(30) NOT NULL,
        제품코드     nvarchar(30) NOT NULL,
        상태코드     nvarchar(10) NOT NULL    DEFAULT '10',
        매출단가     numeric(18, 2) NOT NULL DEFAULT 0,
        매출예정수량 numeric(18, 2) NOT NULL DEFAULT 0,
        매출확정수량 numeric(18, 2) NOT NULL DEFAULT 0,
        제품비고     nvarchar(50) NULL,
        등록일시     nvarchar(50) NULL,
        등록자ID     nvarchar(50) NULL,
        등록자IP     nvarchar(50) NULL,
        등록자PG     nvarchar(50) NULL,
        수정일시     nvarchar(50) NULL,
        수정자ID     nvarchar(50) NULL,
        수정자IP     nvarchar(50) NULL,
        수정자PG     nvarchar(50) NULL,
        PRIMARY KEY (매출번호, 제품코드)
)

-- 제품코드가 TBC_제품코드에 있어야만 저장되도록 FK 추가
ALTER TABLE TBG_매출D  ADD  CONSTRAINT FK_TBE_매출D_TBC_제품 FOREIGN KEY(제품코드) REFERENCES TBC_제품 (제품코드)

INSERT INTO TBG_매출D (매출번호, 제품코드, 상태코드, 매출단가, 매출예정수량, 매출확정수량, 제품비고)
        VALUES ('SA202306-0001', '제품1', '90', 1200, 5, 5, '')
INSERT INTO TBG_매출D (매출번호, 제품코드, 상태코드, 매출단가, 매출예정수량, 매출확정수량, 제품비고)
        VALUES ('SA202306-0001', '제품2', '90', 2300, 5, 5, '')
INSERT INTO TBG_매출D (매출번호, 제품코드, 상태코드, 매출단가, 매출예정수량, 매출확정수량, 제품비고)
        VALUES ('SA202306-0001', '제품3', '90', 2000, 5, 5, '')
INSERT INTO TBG_매출D (매출번호, 제품코드, 상태코드, 매출단가, 매출예정수량, 매출확정수량, 제품비고)
        VALUES ('SA202306-0001', '제품4', '90', 1300, 5, 5, '')
INSERT INTO TBG_매출D (매출번호, 제품코드, 상태코드, 매출단가, 매출예정수량, 매출확정수량, 제품비고)
        VALUES ('SA202306-0001', '제품5', '90', 7000, 5, 5, '')
INSERT INTO TBG_매출D (매출번호, 제품코드, 상태코드, 매출단가, 매출예정수량, 매출확정수량, 제품비고)
        VALUES ('SA202306-0001', '제품6', '90', 5000, 5, 5, '')
INSERT INTO TBG_매출D (매출번호, 제품코드, 상태코드, 매출단가, 매출예정수량, 매출확정수량, 제품비고)
        VALUES ('SA202307-0004', '제품1', '90', 1200, 1, 1, '')
```

[그림 2-16] TBG_매출D 테이블

```
CREATE TABLE TBJ_현재고 (
        제품코드    nvarchar(30) NOT NULL,
        재고수량    numeric(18, 2) NOT NULL,
        등록일시    nvarchar(50) NULL,
        등록자ID    nvarchar(50) NULL,
        등록자IP    nvarchar(50) NULL,
        등록자PG    nvarchar(50) NULL,
        수정일시    nvarchar(50) NULL,
        수정자ID    nvarchar(50) NULL,
        수정자IP    nvarchar(50) NULL,
        수정자PG    nvarchar(50) NULL,
        PRIMARY KEY (제품코드)
)

INSERT INTO TBJ_현재고 (제품코드, 재고수량) VALUES ('제품1', 4)
INSERT INTO TBJ_현재고 (제품코드, 재고수량) VALUES ('제품2', 5)
INSERT INTO TBJ_현재고 (제품코드, 재고수량) VALUES ('제품3', 5)
INSERT INTO TBJ_현재고 (제품코드, 재고수량) VALUES ('제품4', 5)
INSERT INTO TBJ_현재고 (제품코드, 재고수량) VALUES ('제품5', 5)
INSERT INTO TBJ_현재고 (제품코드, 재고수량) VALUES ('제품6', 5)
```

[그림 2-17] TBJ_현재고 테이블

나. 프로시저 및 Function 생성

마지막 단계로 "판매재고관리_DB프로그래밍_소스코드.txt" 파일을 열어서 SSMS 쿼리창에 붙여 넣고 [실행]
버튼을 누르면 총 34개의 프로시저와 3개의 Function이 만들어진다.

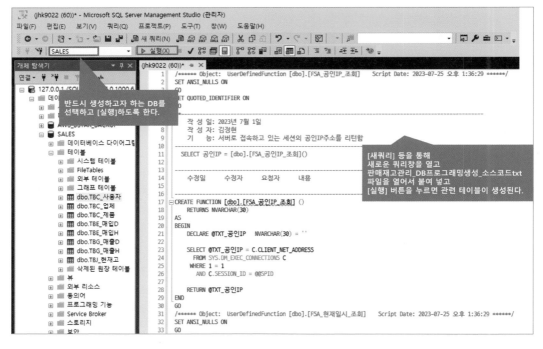

[그림 2-18] 판매재고관리 프로그래밍 소스 코드 생성 예시

[그림 2-19] 판매재고관리 프로그래밍 소스 코드 생성 결과 확인

순번	프로시저명	유형	비고사항
1	SPA100_공통_전표번호_채번	공통	
2	SPA200_공통_현재고_반영		
3	SPA300_로그인_조회	기준정보	
4	SPB400_사용자_조회		
5	SPB400_사용자_처리		
6	SPB410_비번변경_조회		
7	SPB410_비번변경_처리		
8	SPB500_제품_조회		
9	SPB500_제품_처리		
10	SPB600_업체_조회		
11	SPB600_업체_처리		
12	SPE100_매입등록_조회	매입	
13	SPE100_매입등록_처리		
14	SPE200_매입확정_조회		
15	SPE200_매입확정_확정		
16	SPE210_매입전표발행_대상조회		
17	SPE210_매입전표발행_출력		
18	SPE290_매입확정취소_조회		
19	SPE290_매입확정취소_취소		
20	SPE900_매입LIST_조회		
21	SPG100_매출등록_조회	매출	
22	SPG100_매출등록_처리		
23	SPG200_매출확정_조회		
24	SPG200_매출확정_확정		
25	SPG210_매출전표발행_대상조회		
26	SPG210_매출전표발행_출력		
27	SPG290_매출확정취소_조회		
28	SPG290_매출확정취소_취소		
29	SPG900_매출LIST_조회		
30	SPJ100_현재고_조회	재고	
31	SPJ200_재고수불_조회		
32	SPJ210_제품일자별수불_조회		
33	SPK100_제품이익분석_조회	분석보고서	
34	SPK200_제품점유율분석_조회		

[그림 2-20] 판매재고관리 프로시저 목록

순번	프로시저명	유형	비고사항
1	FTA_세션정보_조회	테이블리턴	
2	FSA_공인IP_조회	값리턴	
3	FSA_현재일시_조회		

[그림 2-21] 판매재고관리 Function 목록

2-4 엑셀 VBA 파일 설정 및 실행

엑셀이 실행될 사용자 PC는 Windows와 MS 엑셀 프로그램이 설치되어 있는 환경으로 인터넷 접속이 가능해야 한다. 안드로이드 스마트폰이나 태블릿, 아이폰 또는 아이패드 등에서 사용이 되는지 물어보는 독자들이 있는데 안타깝게 사용할 수 없다. 대신 대부분의 주요 업무 프로세스가 DB의 저장 프로시저로 개발되어 있기 때문에 JAVA나 ASP 등의 웹 개발자로 협업하여 웹페이지나 모바일도 쉽게 전환이 가능하다. 저자의 경우에는 초기 개발 시에는 빠른 생산성과 유연성을 가지고 있는 엑셀 VBA로 개발하여 충분히 테스트하고 안정화시킨 후, 외부사용자 등에게 웹 또는 모바일 서비스가 필요한 화면을 위주로 추가 개발하는 방법을 많이 사용한다.

"머리말"에서 공지한 카페 사이트에서 엑셀 실행파일을 다운로드 받아 원하는 폴더에 저장 후 실행하면 된다. 저자는 엑셀 파일을 개발 단계별로 초기버전, 기준정보, 매입매출, 최종완성본 총 4개의 파일을 제공하고 있다. 실습하면서 상황에 맞는 파일을 선택적으로 사용하기 바란다.

- **판매재고관리_초기.xlsb**　　：기본환경 구성 및 로그인, 사용자등록, 비밀번호 변경
- **판매재고관리_기준정보.xlsb**：초기버전 + 기준정보 개발 (업체, 제품등록)
- **판매재고관리_매입매출.xlsb**：기준정보 버전 + 매입업무 + 매출업무
- **판매재고관리_완성본.xlsb**　：매입매출 버전 + 재고관리 + 보고서 (최종완성본)

다운로드 받은 판매재고관리 VBA 파일을 실행하면 로그인 화면이 보일 것이다. 만약 해당 화면이 표시되지 않거나 아이디와 비밀번호를 입력 후 접속 버튼을 눌러도 아무런 반응이 없다면 엑셀매크로 보안 관련한 설정을 확인 후에 재시도 하기를 바란다.

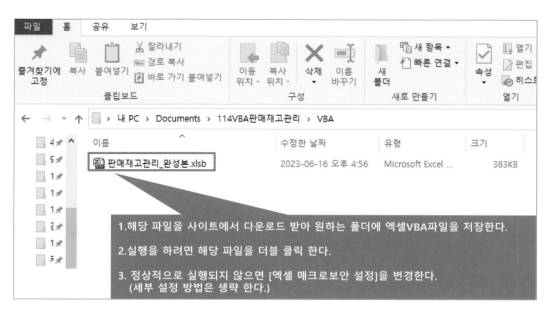

[그림 2-22] 엑셀 VBA 실행파일 저장 예시

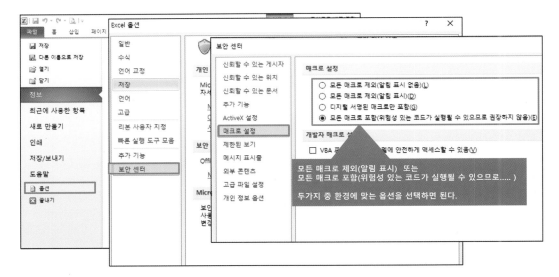

[그림 2-23] 엑셀매크로 보안 설정

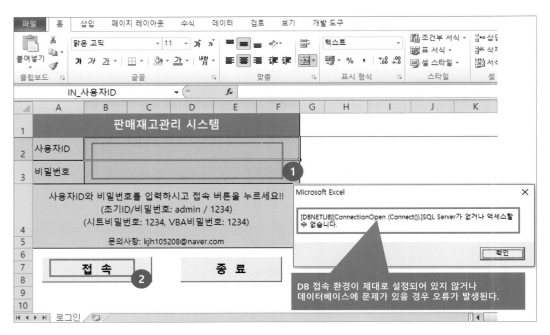

[그림 2-24] 판매재고관리 엑셀 VBA DB 접속 오류 화면

로그인 시 사용자 ID는 데이터베이스 테이블 생성 스크립트 "판매재고관리_DB테이블생성_소스코드.txt"
파일로 이미 "admin"과 "김정현" 2개의 사용자 ID가 데이터베이스에 저장(INSERT)되어 있다. 직접 [TBC_
사용자] 테이블을 SELECT하여 확인하기 바란다.

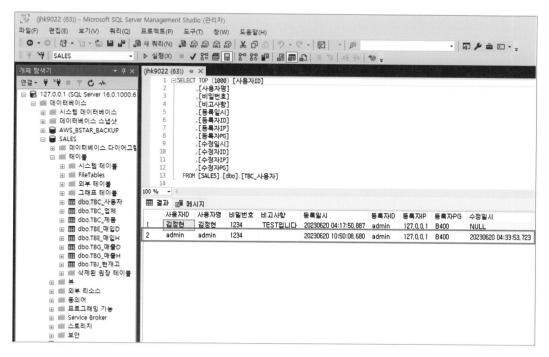

[그림 2-25] TBC_사용자 테이블 SELECT 예시

사용자 ID와 비밀번호를 정확히 입력하고 [접속] 버튼을 클릭했을 때 "Connection Open 관련 오류"가 발생
된다면 DB 접속 관련 설정에 문제가 있거나 데이터베이스 접속이 원활하지 않은 경우이다.

DB 접속과 관련된 설정은 "관리시트"에 저장되어 있다. "관리시트"는 일반 사용자가 볼 수 없도록 숨겨져
있다. 먼저 [검토]-[통합 문서 보호] 메뉴를 실행하고 암호 "1234"를 입력하면 숨겨진 시트를 해제 가능 하
도록 시스템 설정이 변경된다. 이후 [숨기기 취소]를 실행(클릭)하면 숨겨져 있던 숨겨져 있던 "관리시트"를
볼 수 있다.

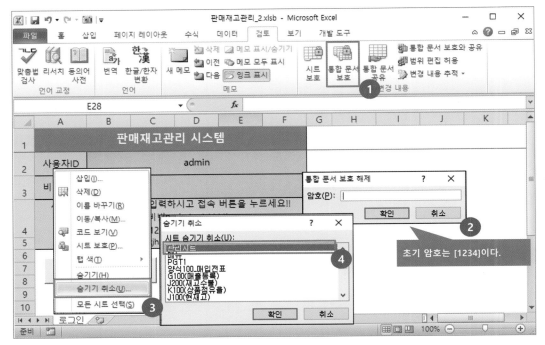

[그림 2-26] 엑셀 VBA 관리시트 열기

"관리시트"의 10번 행에 DB 연결과 관련된 설정값이 있다. 우리가 접속해야 할 MS SQL 데이터베이스 서버의 IP주소, DB명 그리고 접속 ID와 비밀번호 등을 입력하고 엑셀 파일을 저장하면 된다. 변경 이후에도 계속적인 오류가 반복된다면 네트워크 문제 또는 접속 관련 문자에 문제가 없는지 다시 한번 꼼꼼히 점검하기를 바란다. 그래도 문제가 해결되지 않는다면 데이터베이스 관리자나 전문가의 도움을 받는 것이 좋다.

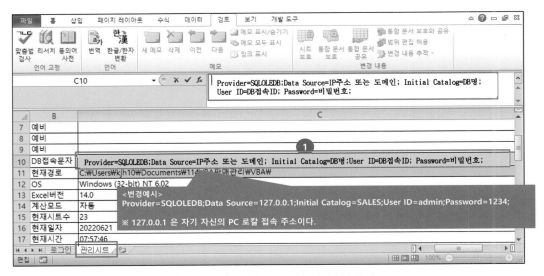

[그림 2-27] 관리시트 DB 접속 관련 설정 예시

2-5 로그인

만약, "로그인" 화면에서 사용자 ID와 비밀번호를 입력 후 정상적으로 "메뉴" 화면이 표시되면 이번 장에서 목표로 하고 있는 시스템 설치 관련 작업이 모두 성공적으로 완료된 것이다.

사용자 ID 또는 비밀번호가 일치하지 않거나 데이터베이스와의 접속이 정상적이지 않으면 오류 메시지가 표시되고 "로그인" 화면에서 벗어나지 못한다. 데이터베이스의 접속 설정을 다시 한번 확인하거나 [TBC_사용자] 테이블에 로그인 관련 사용자 ID가 저장되어 있는지 다시 한번 확인하기 바란다. (초기설정 사용자 ID와 비밀번호는 "admin"와 "1234"이다)

초기 사용자 ID와 비밀번호는 "admin'과 "1234"로 설정되어 있으며 TBC_사용자 테이블을 조회(SELECT) 하면 사용 가능한 사용자 목록을 확인할 수 있는 것도 다시 한번 강조한다.

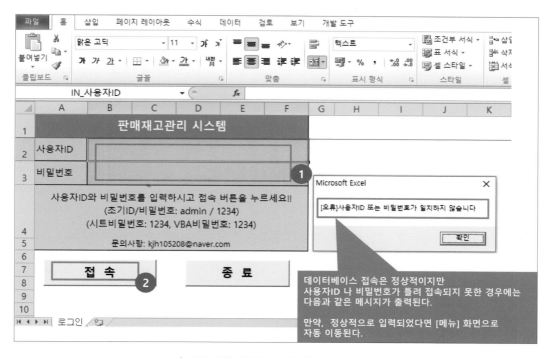

[그림 2-28] 사용자 로그인 접속 및 오류 화면

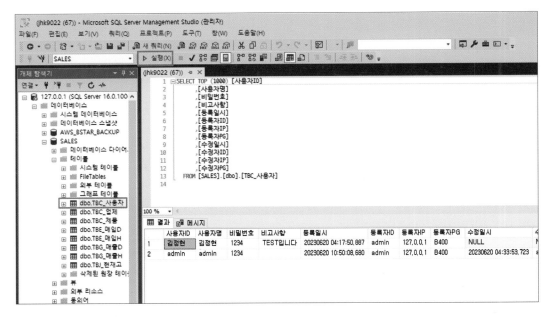

[그림 2-29] TBC_사용자 테이블 SELECT 예시

로그인이 성공하면 사용자가 실제 업무를 수행할 수 있는 "메뉴" 화면이 표시된다. 메뉴 화면에는 독자가 업무를 이해하기 쉽도록 기능을 기준정보, 매입, 매출, 재고, 보고서 총 5개의 그룹으로 구분하여 화면을 구성하였다. 사용자가 "더블클릭"을 하면 원하는 화면(시트)가 새롭게 열리면서 업무를 처리할 수 있도록 하였다.

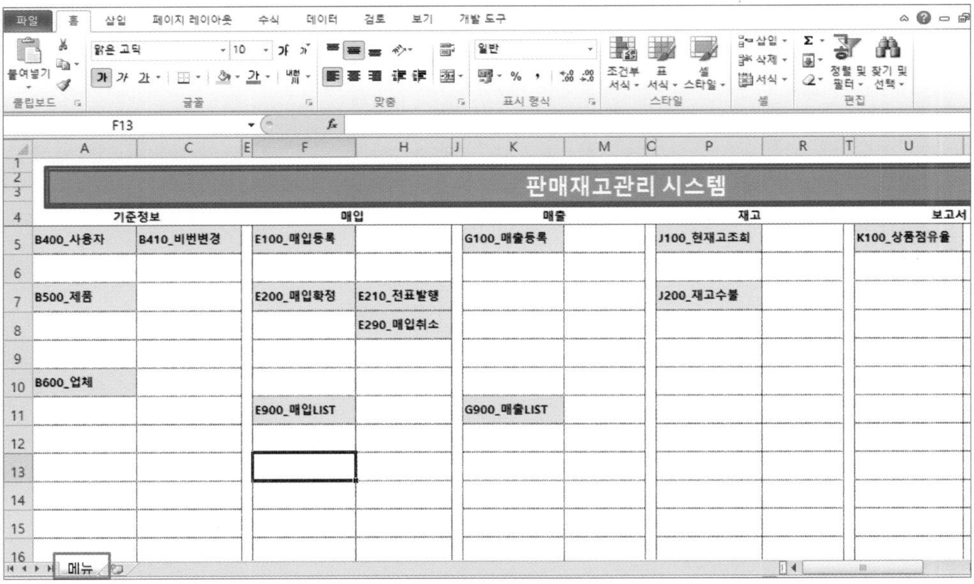

[그림 2-30] 로그인 성공 후 메뉴화면

판매재고관리
미리보기

03
판매재고관리 미리보기

3-1 개요

실제 판매재고관리 시스템을 개발하기 전에 사전 분석 차원에서 개발되어 있는 시스템이 어떻게 구성되어 있고 화면이 어떻게 생겼는지를 살펴보도록 하자. 판매재고관리시스템이 어떠한 목적으로 만들어졌는지 그리고 전체적인 구성이나 내용들을 살펴보면 향후 실제 개발하는 데 있어서 훨씬 도움이 될 수 있기 때문이다.

판매재고관리시스템은 고객에게 판매를 목적으로 적합한 제품(상품)을 생산하거나 다른 회사로부터 매입(구매)하고 고객(회사)에게 적정한 이윤을 붙여 매출(판매)업무를 수행하는 데 필요한 데이터와 프로세스를 관리하는 시스템이다. 우리가 자주 이용하는 편의점에서 소비자에게 팔 물건을 사전에 구매하여 진열대에 잘 진열하고 고객들이 방문하여 필요한 물건을 사가는 일련의 흐름을 연상하면 보다 쉽게 이해할 수 있을 것이다.

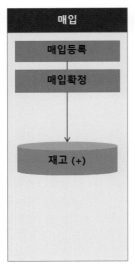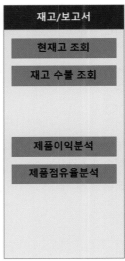

[그림 3-1] 판매재고관리 주요 기능 구성도

매입업무는 매입등록 업무로부터 시작된다. "매입등록"은 사전에 매입될 물량이 얼마인지를 사전에 등록하는 과정이며 아직 확정되지 않은 상태이기 때문에 언제든지 수정 또는 삭제가 가능하다.

매입등록 후 실제 제품이 도착하면 제품의 이상 여부와 수량을 확인하고 이상이 없으면 "매입확정" 절차가 수행된다. 매입확정을 수행하면 매입된 수량만큼 재고가 증가(+)된다. 사실 매입 확정이 되면 재고의 증가뿐만 아니라 매입채무(우리가 매입처에 지급해야 할 돈)이 증가(+)된다. 반대로, 매입처에 줘야 할 금액 중에 일부를 지급(출금)하면 매입채무가 감소(-)하는 프로세스도 존재한다.

우리가 만들어야 할 시스템의 복잡도를 감안하여 매입채무나 출금 처리 등의 프로세스는 우리가 개발할 시스템에서는 다루지 않음을 알린다. 향후 판매재고관리시스템을 충분히 이해하고 나면 그리 어렵지 않게 각자 환경에 맞도록 독자들이 확장 가능할 것이다.

매입확정을 통해 증가된 재고는 "현재고" 및 "재고수불" 화면으로 조회할 수 있다. 현재고는 지금 현재 시점의 재고수량을 말한다. 즉, 현재고는 과거 시점의 재고가 몇 개였는지는 관리하지 않는다. 대신, 재고수불은 특정 기간 동안의 재고의 흐름과 특정 시점에 재고가 몇 개였는지를 확인할 수 있다. 주로 재고 추적이나 재고 분석 등의 업무를 할 때 많이 활용된다.

고객이 필요한 제품을 주문받으면 현재고 수량의 범위 내에서 고객에서 매출(판매)하게 되는데 이 과정을 "매출"이라고 칭한다. 매입과 마찬가지로 매출확정이 되면 매출채권(우리가 매출처에서 받아야 할 금액)이 증가(+)되며, 고객이 해당 금액을 입금하게 되면 매출채권이 감소(-)되는 과정은 매입관련 프로세스와 거의 동일하다.

위의 매입, 매출 그리고 재고관리를 위해서는 반드시 필요한 기준정보가 있다. 어디에서 매입하거나 매출을 해야 할 주체를 관리하는 "업체코드", 매입, 매출을 하는 물리적 대상인 "제품코드", 마지막으로 시스템을 사용하는 주체인 "사용자코드"를 유지 관리 해야 한다. 매입이나 매출 등록 시 시스템에 등록되어 있지 않은 업체코드나 제품코드는 입력할 수가 없다.

마지막으로 지속적으로 축적된 매입과 매출 데이터를 기반으로 제품별, 매입처별, 매출처별 또는 이를 혼용하여 다양한 각도로 실적이나 이익을 분석할 필요가 있다. 우리는 그중에서 활용도가 높은 "제품별 이익분석"과 "제품별 점유율 분석" 보고서를 개발한다.

우리가 개발할 판매재고관리 시스템은 실무에서 활용하기 위한 목적보다는 시스템의 전반적인 개발 과정을 학습하고 교육하는데 목적이 있다. 따라서 이해가 쉽도록 전체적인 메뉴구조, 프로세스, 항목 등을 최대한 단순화하여 구성하였다.

3-2 판매재고관리 실행 및 로그인

판매재고관리 시스템을 실행하기 위해서는 제2장에서 설치한 데이터베이스와 PC에서 미리 배포한 "판매재고관리_완성본.xlsb" 파일을 실행하면 된다. 이 파일은 판매관리 시스템 관련하여 기준정보, 매입, 매출, 재고관리 및 보고서 등 전체 업무가 모두 개발된 최종 실행 파일이다. 엑셀 파일을 실행하면 "로그인"시트만 보이고 나머지 시트는 모두 숨겨져 있다.

로그인 화면(시트)에서는 사용자 ID와 비밀번호를 입력받는다. 만약 오류가 발생되면 "사용자 ID 또는 비밀번호가 다르다"는 오류 메시지를 표시된다. 만약, 정상적으로 로그인되었다면 사용자가 실행할 수 있는 메뉴 화면(시트)가 표시된다.

사용자 ID와 비밀번호는 데이터베이스의 [TBC_사용자]테이블에서 저장되어 있다. 만약, 로그인이 정상적으로 되지 않는다면 사용자 관련 테이블을 확인하거나 데이터베이스의 정상적인 접속 여부를 확인하기 바란다.

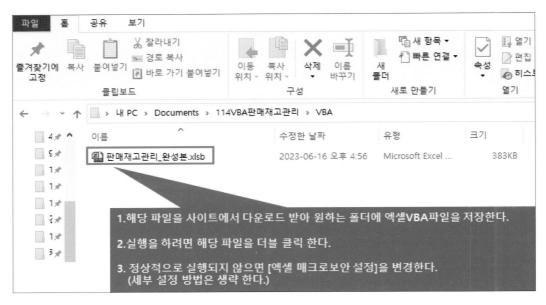

[그림 3-2] 판매재고관리시스템 실행

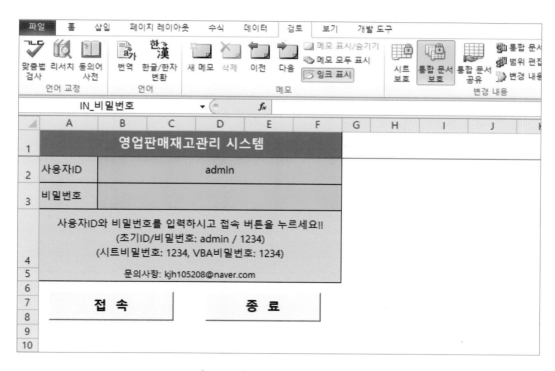

[그림 3-3] 판매재고관리 로그인화면

3-3 메뉴 구성

사용자 ID와 비밀번호가 일치하면 "메뉴" 화면을 볼 수 있다. 메뉴화면(시트)에는 크게 기준정보그룹, 매입그룹, 매출그룹, 재고그룹 그리고 보고서그룹 총 다섯 개의 그룹으로 구성되어 있다.

원하는 메뉴를 실행하려면 푸른색 메뉴명(예 : E100_매입등록, J100_현재고조회)를 더블클릭하면 원하는 화면(시트)가 보인다. 각 메뉴는 기본적으로 하나의 시트가 존재하는데 엑셀매크로(VBA) 프로그래밍 소스코드도 함께 저장되어 있으며 사용하지 않을 때는 숨겨져 있다. "Alt+F11키" 단축키 또는 "개발도구" 메뉴를 클릭하면 화면(시트)목록과 프로그래밍 소스코드를 확인할 수 있다.

[그림 3-4] 메뉴 화면

메뉴의 "기준정보" 그룹에서는 판매재고관리를 실행 하는 데 필수적으로 관리가 되어야 할 기준정보를 등록이나 수정할 수 있는 하위 메뉴들로 구성되어 있다. 판매재고관리의 대상인 "제품코드" 그리고 매입처 또는 매출처를 관리하기 위한 "업체코드"를 등록하거나 변경할 수 있다. 이 외에도 시스템에 접속하기 위한 사용자를 등록하고 비밀번호 등을 변경할 수 있는 하위 메뉴들로 구성되어 있다.

"매입" 그룹에서는 매입해야 할 내역을 먼저 "매입등록"하고 제품의 수량과 금액 등 문제가 없으면 "매입확정" 처리하도록 구성하였다. 매입 확정이 완료되면 매입 전표를 발행하고 매입 실적을 리스트 형태로 조회할 수 있는 화면도 추가하였다. 사용자가 작업을 수행하다 실수로 잘못 입력하는 경우를 고려하여 매입취소 처리를 할 수 있는 메뉴도 함께 구성하였다.

"매출" 그룹에서는 매입과 거의 동일한 형태로 구성하였다. "매입"이라는 글자를 "매출"이라는 글자로 바꾼

것 외에는 똑같다. 차이점이라면 매입처리를 하면 재고가 증가(+)되지만 매출처리를 하면 재고가 감소(-)되는 정도이다.

"재고" 그룹에는 현재 재고가 몇 개가 있는지를 확인할 수 있는 "현재고" 조회 화면과 과거의 특정기간 동안 얼마나 입고되고 출고 되었는지를 확인할 수 있는 "재고수불" 화면을 볼 수 있다. 추가로 특정제품이 일자별로 어떻게 입출고 되었는지 추이를 볼 수 있는 "제품일자수불"화면도 개발하였다.

마지막으로 "보고서" 그룹에는 특정기간 동안에 제품별로 얼마나 이익을 창출하였는지를 조회하기 위한 "제품이익" 분석 화면과 제품별로 얼마의 비중으로 매입되거나 매출 되었는지를 분석할 수 있는 "제품점유율" 분석 화면을 개발하였다.

3-4 표준화면 구성

판매재고관리시스템의 화면들은 표준화된 화면 구조와 환경을 기반으로 개발되어 있다. 화면의 구성을 표준화함으로써 개발자 입장에서는 공통모듈을 적용하여 개발 생산성을 향상할 수 있으며 향후 기능 개선도 비교적 쉽게 할 수 있다. 사용자 입장에서도 화면의 사용법이 동일하기 때문에 빠르게 시스템을 적응하고 활용할 수 있는 장점이 있다.

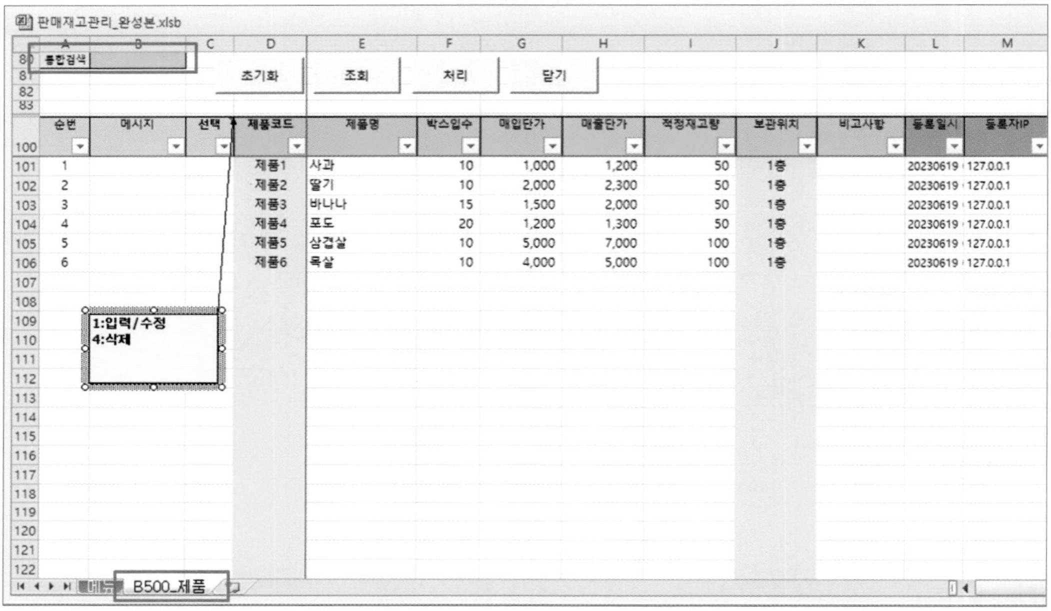

[그림 3-5] 표준 화면 구성 예시

표준회면에서는 [초기화], [조회], [처리], [닫기] 총 4개의 버튼이 존재한다.

[초기화] 버튼을 누르면 화면에 표시된 101행 이하의 화면에 출력된 데이터를 지우고 화면 상단의 입력값 (예 : 통합검색 관련 "B80"셀)을 깨끗한 상태로 초기화시킨다. 실제 대부분의 조회 결과는 101행부터 데이터가 화면에 출력된다.

화면 상단의 입력값(예 : 통합검색 관련 "B80"셀)은 조회(출력)하고자 하는 데이터가 너무 많아 데이터베이스나 엑셀 화면에 부하를 많이 줄 경우 이를 줄이기 위한 목적으로 사용되는 경우에 많이 사용된다. "매입등록" 이나 "매출등록"과 같은 화면에서는 101행 아래의 값들을 대표하는 헤더정보(예 : 매입처코드, 매입일자, 전표비고사항 등)들을 입력 하거나 표시하는 용도로 사용되기도 한다.

[조회] 버튼은 화면 상단의 화면 상단의 조회조건 등 DB 프로시저가 필요로 하는 입력매개변수들을 데이터베이스에 전달하고 그 결과를 화면에 출력하는 역할을 수행한다. 눈에는 보이지 않지만 화면에 미리 설정된 칼럼 설정 정보를 참고하여 101행부터 화면에 출력한다. 만약, 사용자가 임의로 제품명과 박스입수의 위치를 바꾸는 경우에도 화면에 미리 설정된 칼럼 정보를 참고하여 결과를 출력하기 때문에 정상적으로 칼럼명에 맞는 데이터가 출력된다.

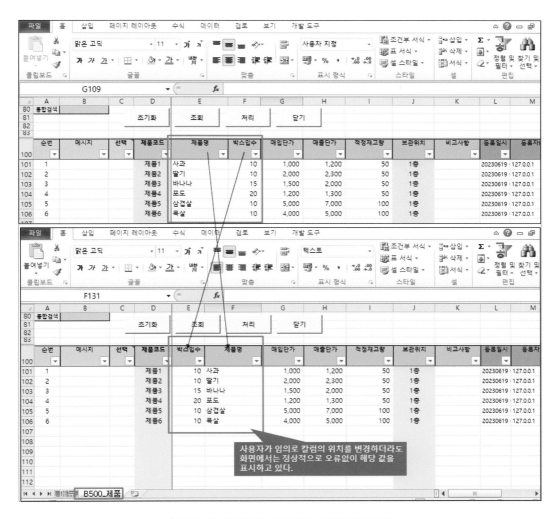

[그림 3-6] 사용자 칼럼 위치 변경 시 화면 출력 예시

[처리] 버튼은 "C"열에 선택 값에 따라서 해당 행을 입력, 수정, 삭제 등 데이터를 변경하거나 처리한다. 일반적으로 "C"열의 선택 값에 따라 다음과 같은 처리한다.

"1" : 해당 행의 데이터를 입력이나 수정 처리

"4" : 해당 행의 데이터를 삭제 처리

"7" : 해당 행의 데이터를 "매입확정" 또는 "매출확정" 등의 처리를 수행

"8" : 처리된 내역을 다시 원상태로 취소(예 : 매입확정 취소, 매출확정 취소)

[닫기] 버튼은 현재의 화면이 더 이상 필요 없어 화면을 닫고자 할 때 사용된다. 클릭 하는 순간 사용자가 볼 수 없도록 시트를 숨김 처리한다.

표준화면의 "B"열 [메시지]란은 [처리] 버튼을 눌렀을 경우 처리된 결과에 문제가 있으면 오류 메시지가 출력되는 곳이다.

마지막으로, 100행을 칼럼 명의 색상을 보면 오렌지색과 회색이 칠해져 있는데 의미는 다음과 같다.

– 오렌지색 계열 칼럼 : 일반적으로 사용자가 입력해야 할 항목
– 회색 계열 칼럼 : 시스템에서 처리되거나 단순 조회되는 항목(예 : 등록일시, 등록자 IP)

3-5 기준정보

가. 사용자

시스템에 로그인 가능한 사용자를 등록하는 화면이다. 사용자를 신규로 등록하면 기본 비밀번호로 "1234"가 자동 등록된다. 사용자 ID 외에 사용자명, 비고사항을 추가로 관리할 수 있도록 하였다. 화면 오른쪽에 회색으로 표시된 등록일시, 등록자 IP, 수정일시 등은 해당 사용자 ID를 최초 등록된 일시나 IP 그리고 수정된 시간 등의 항목을 데이터베이스에서 자동으로 기록 관리하고 있다.

만약, 사용자가 실수로 비밀번호를 잊어버려 더 이상 시스템에 접속할 수 없는 경우가 발생 될 수 있는데 이러한 경우에 선택란(C열)에 "9"를 입력하면 비밀번호를 초기화할 수 있다. 이때 비밀번호는 "1234"로 초기화된다.

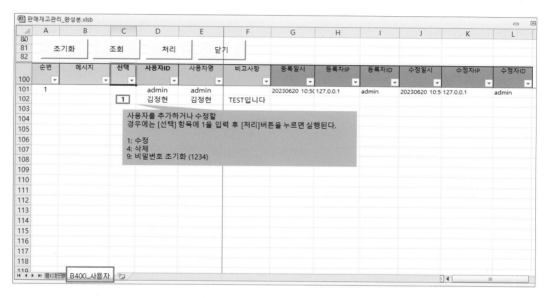

[그림 3-7] 사용자 추가 예시 화면

나. 비밀번호 변경

사용자가 스스로 자신의 접속 비밀번호를 변경하고자 할 때 사용하는 메뉴이다. 현재 자신의 비밀번호를 입력하고 변경하고자 하는 비밀번호를 입력 후 [처리] 버튼을 누르면 비밀번호가 변경된다.

비밀번호는 일반적으로 암호화를 하는 것이 원칙이지만 실습의 목적상 암호화된 비밀번호를 확인하지 못해 테스트를 하는 데 있어 어려움이 있을 수 있어 사용자가 입력한 비밀번호 글자 그대로 DB에 저장되도록 처리하였다.

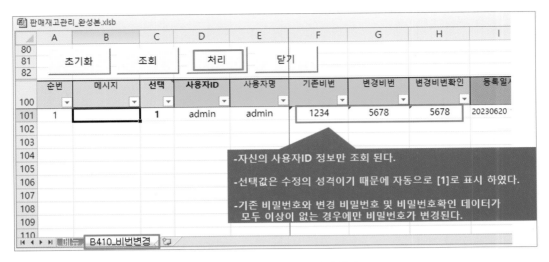

[그림 3-8] 사용자 비밀번호 변경 화면

다. 제품코드

매입 또는 매출 시에 무엇에 해당하는 기준정보를 관리하는 항목이다. 보통 "제품", "상품"이라는 용어로 혼재되어 사용된다. 엄밀하게 말하자면 "제품"은 자신이 직접 생산한 것을 의미하며, "상품"은 다른 주체로부터 매입을 해서 판매하는 물건(대상)을 말한다. 우리가 개발하는 시스템에서는 가장 일반적으로 많이 통용되는 "제품"이라고 부르도록 한다.

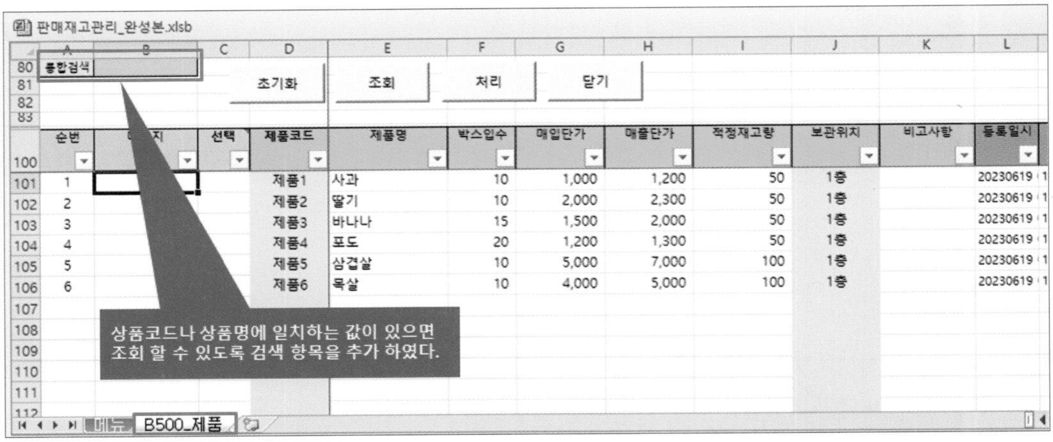

[그림 3-9] 제품 화면 예시

제품코드와 관련하여 실제 실무 현장에서는 제품명, 박스입수, 단가 등 기본적으로 관리하는 항목들 외에 수백 개 이상의 항목들을 제품코드 화면에서 관리하고 있는 경우가 많다. 예를 들면, 고객마다 제품을 다르게 이름으로 부르거나, 다른 코드로 관리하는 경우, 복잡한 유형의 바코드 정보를 관리하는 등 실제 실무에서는 굉장히 복잡한 구조와 항목으로 관리하는 경우가 많다.

하지만, 우리가 만드는 판매재고관리시스템에서는 난이도 등을 고려하여 일반적으로 가장 많이 쓰이는 제품명, 박스입수(박스에 몇 개가 들어 개수), 매입 또는 매출등록 시 사용할 기본 매입단가, 매출단가 등의 항목들로 최대한 심플하게 구성하였다.

화면 상단의 "통합검색"은 제품코드나 제품명 등의 항목에 대해 키워드로 빠르게 조회하기 위한 용도로 사용된다. 예를 들어 "통합검색" 입력란에 "살"이라는 값을 입력 후 [조회] 버튼을 누르면 제품코드나 제품명에 "살"이라는 글자가 포함되어 있는 "삼겹살"과 "목살" 제품코드의 정보가 화면에 출력된다.

라. 업체

매입 또는 매출을 하는 데 있어 누구와 관련된 기준정보에 해당한다. 보통 "회사" 또는 "거래처", "고객"이라고도 많이 불린다. 시스템에 따라 매입처와 매출처를 완전히 분리하여 각각 매입처코드와 매출처코드로 분리하여 관리하는 경우가 많지만 여기에서는 최대한 구조를 단순하게 설계하기 위해 "업체코드"라는 이름으로 매입처와 매출처를 하나의 화면에 통합 관리 되도록 구성하였다. 제품과 마찬가지로 가장 필수적인 항목인 업체명, 사업번호, 대표자, 주소, 업태, 종목 등의 항목들을 관리하고 있다.

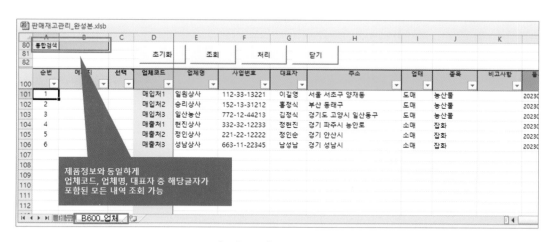

[그림 3-10] 업체 화면 예시

3-6　매입관리

매입관리는 고객에게 판매(매출)할 제품을 확보하기 위해 매입처에서 제품을 구매하는 일련의 과정을 말한다. 매입처별로 매입할 제품코드와 수량을 입력하면 새로운 매입번호를 부여 받아 DB에 저장된다. 해당 매입번호에 해당하는 실물이 도착하고 이를 품질이나 수량을 확인하여 이상이 없으면 최종 매입 확정한다. 매입 확정이 완료되면 현재고가 증가(+)되고 이렇게 증가된 재고는 다시 매출 처리를 통해 재고가 감소(-)된다. 그러면 다시 부족한 재고를 확보하기 위한 매입 업무를 수행하는 사이클로 지속적인 프로세스가 수행될 것이다.

가. 매입등록

매입을 진행하기 위한 가장 첫 단계의 화면이다. 매입등록의 필수적인 정보인 언제(매입일자), 어디서(매입처) 어떤 제품들을 얼마에 몇 개를 구매해야 하는지를 DB에 입력하는 화면이라고 생각하면 쉽다. 우리가 개발 하는 화면에서는 사용자의 편의성을 고려하여 미리 등록된 제품의 목록들을 먼저 보여주고 추가로 매입해야 할 수량과 매입단가만 입력할 수 있도록 화면을 구성하였다.

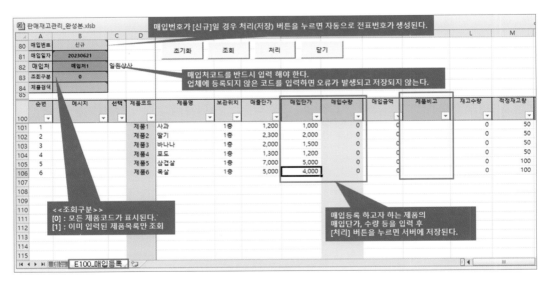

[그림 3-11] 매입등록 화면 예시

시스템에 등록된 제품코드 목록들이 화면에 먼저 조회되어 있기 때문에 사용자들은 매입단가, 매입수량 그리고 제품비고 등 필수 항목들만 입력 또는 수정하고 [처리] 버튼을 누르면 자동으로 신규 매입번호가 생성되면서 시스템에 저장된다. 전표번호는 데이터베이스의 시퀀스(SEQUENCE)를 활용하여 중복이 없도록 자동으로 번호가 부여된다.

매입번호는 "PA202307-0001"과 같은 형태로 만들어지는데 그 의미는 다음과 같다.

"PA" : 매입전표를 의미한다. ("SA"는 매출전표를 의미한다)

"202307" : 매입년월

"0001" : 매입년월에 채번된 순번이다. (0001은 2023년07월 1번째로 생성)

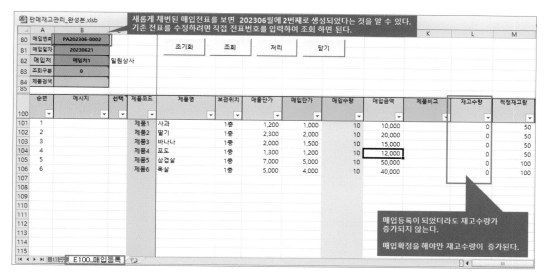

[그림 3-12] 매입등록 처리 결과

나. 매입확정

아직 매입확정이 되지 않은 내역들을 조회하여 실제 매입 확정 처리를 하는 화면이다. 먼저 매입 등록된 내역들은 상태코드가 "10" 상태로 저장되어 있는데 매입확정이 완료되면 "90" 상태로 변경되고, 해당하는 수량만큼 재고수량이 증가(+) 된다.

매입확정을 하기 위해 먼저 매입확정이 되지 않은 상태코드가 "10"인 내역들을 화면에 출력하고 그중에서 매입확정을 해야 할 목록을 선택하여 선택코드 "7"을 입력하고 [처리] 버튼을 누르면 매입 확정 처리가 실행된다.

일반적으로 매입확정을 하면서 실제 입고된 수량으로 수정하거나 비고사항 등을 변경하는 경우가 많은데 이를 반영 하려면 시스템의 복잡도가 높아지기 때문에 실습 목적상 이러한 기능들은 제외하였다. 만약, 수량이나 비고사항 등을 수정하고자 한다면 매입 확정을 하기 전에 "매입등록" 화면에서 먼저 데이터를 수정하면 된다.

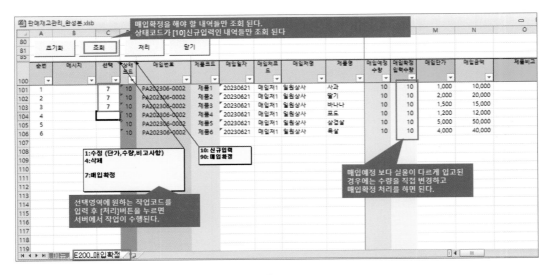

[그림 3-13] 매입확정 화면

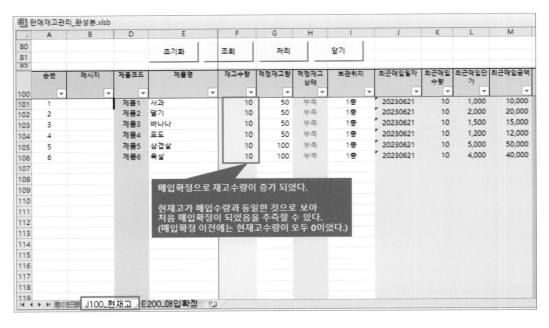

[그림 3-14] 매입확정 후 재고증가 예시

다. 매입전표 발행

매입 확정된 매입번호에 대해 실물을 명확히 인수인계했다는 증빙(출력물)을 발행하는 경우가 많다. 추후 상호 문제가 발생되었을 경우 이를 증명하기 위한 용도이다. 매입전표는 회사마다 양식이나 형태가 다를 수 있지만 매입에 관련된 필수적인 사항인 매입번호, 매입처코드, 매입일자, 제품정보, 매입수량, 매입단가, 매입금액 등이 매입전표에 출력된다.

[그림 3-15] 매입전표 발행 화면

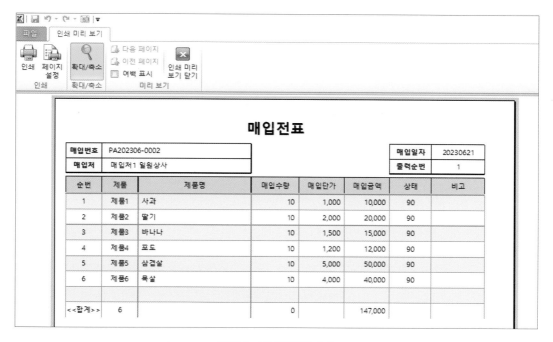

[그림 3-16] 매입전표 출력

라. 매입 LIST

지금까지의 입력하거나 매입확정한 내역들을 리스트 형태로 조회하고자 할 때 사용하는 화면이다. 매입 확정 여부와 상관없이 조회가 가능하며 엑셀의 필터 기능을 통해 원하는 데이터를 빠르게 검색할 수 있고 보고서 편집을 위한 기본적인 데이터로 활용된다.

[그림 3-17] 매입 LIST 예시 화면

마. 매입확정 취소

사용자가 실수나 착오가 생겼을 때 매입 확정된 내역을 다시 취소하여 신규입력 상태인 "10" 상태로 되돌릴 필요가 있을 경우에 사용하는 화면이다. 사용자는 늘 실수할 수 있기 때문에 이와 같이 수정하거나 취소 처리를 할 수 있는 기능을 필수적으로 제공하는 것이 좋다.

시스템 개발 시 정상적인 프로세스를 개발하는 것보다 매입확정 취소와 같이 거꾸로 취소하는 기능들이 비교적 까다로운 경우가 많다. 매입 확정 후 바로 취소하는 경우에는 재고가 변동되지 않고 그대로 취소해야 할 수량이 남아 있기 때문에 오류가 발생되지 않는다. 하지만 1주일 후에 매입을 취소하고자 하는 경우에는 이미 고객에게 판매되어 매입확정 취소를 할 수 있는 재고 수량이 부족하여 오류가 발생되는 경우도 있다.

매입 확정을 취소하고자 하는 행의 선택칼럼에 "8"을 입력하고 [처리] 버튼을 누르면 매입확정이 취소 처리가 되어 다시 매입확정 상태코드인 "90"에서 신규입력 상태인 "10" 상태로 변경되며 해당 수량만큼 재고수량이 감소(-) 한다. 따라서, 당연히 취소해야 할 제품의 현재고는 반드시 취소 수량 이상 남아 있어야 가능하다. 만약 취소 시 현재고가 부족하다면 오류가 발생되고 지금까지 진행된 트랜잭션들은 복원(Rollback)되어 매입확정 취소 처리 이전으로 돌아간다.

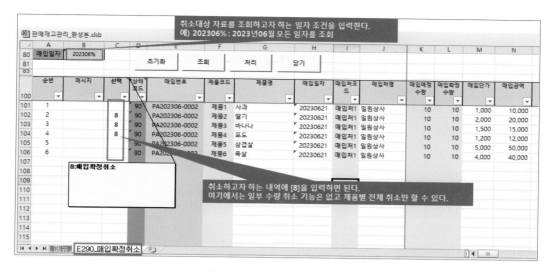

[그림 3-18] 매입취소 예시 화면

3-7 매출관리

매출은 매입과 반대적인 개념으로 매입을 통해 확보된 재고를 고객에서 판매하고 돈을 벌어들이는 과정이다. 매입업무와 비교하면 매입은 재고가 증가(+)되지만 매출은 재고가 감소(-)되는 차이점을 제외하면 처리되는 절차나 화면이 거의 동일하기 때문에 시스템 개발 시에 최대한 매입관리 화면이나 프로그램 소스를 최대한 재활용하여 개발하였다.

가. 매출등록

매출 처리를 위한 첫 번째 단계이다. 매출등록의 필수적인 정보인 언제(날짜), 누구에게(매출처) 어떤 제품들을 얼마에 몇 개를 판매해야 하는지에 대한 정보를 입력하는 화면이라고 생각하면 된다. 사용자의 편의성을 고려하여 시스템에서 관리되고 있는 제품목록을 미리 보여주고 필요한 수량, 단가만 입력하면 매출등록이 된다. 위에서 보았던 매입등록 화면과 거의 동일하다 (매입 → 매출 글자만 바뀐 정도이다)

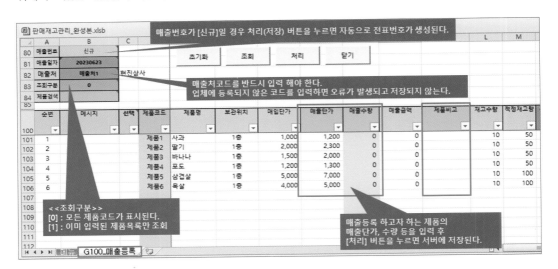

[그림 3-19] 매출등록 화면 예시

시스템에 등록된 제품코드의 목록들이 미리 화면에 조회(출력)되기 때문에 사용자들은 매입단가, 매입수량 그리고 제품비고 항목만 입력 후 [처리] 버튼을 누르면 신규 전표번호가 생성되면서 DB 서버에 저장된다.

매출번호는 "SA202307-0001"과 같은 형태로 만들어지는데 "SA"는 매출전표를 의미한다(매입전표는 "PA"). "202307"은 매출년월 그리고 "0001"은 해당월의 고유한 일련번호이다. 매출번호는 데이터베이스의 시퀀스(SEQUENCE)기능을 활용하여 사용자가 동시에 입력해도 절대 중복이 없도록 자동으로 부여된다.

새롭게 매출 등록된 데이터는 상태코드가 "10"으로 DB에 저장된다. 매출확정 처리를 완료하면 "90"으로 상태코드가 변경된다. 즉, "상태코드"는 해당 매출전표의 진행 상태를 알려주는 칼럼이다.

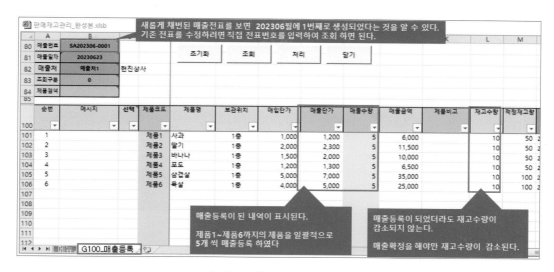

[그림 3-20] 매출등록 처리 결과

나. 매출확정

매출확정 화면에서는 아직 확정되지 않은 내역들이 화면에 출력된다. 즉, 상태코드 "10" 상태인 매출등록 내역들이 화면에 출력되는 것이다.

확정 처리를 하고자 하는 내역의 선택칼럼(C열)에 "7"을 입력 후 [처리] 버튼을 누르면 데이터베이스의 프로시저를 호출하여 상태코드를 "10" → "90"으로 변경하고 그 수량만큼 재고수량은 감소(-) 처리를 수행하게 된다 (매입확정을 수행하면 재고수량은 증가(+)된다). 매출확정 시에 잘못 입력된 내역에 대해서는 삭제하거나 내역을 수정할 수도 있다. 만약 예정 수량보다 실제로 매입된 실물수량이 차이가 있을 경우에는 수량을 변경하여 확정할 수 있는 기능도 구현할 수는 있겠지만 여기에서는 시스템 난이도를 고려하여 생략하였다.

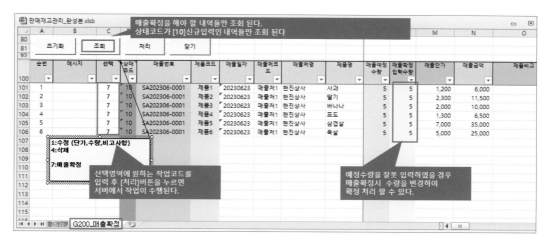

[그림 3-21] 매출확정 화면

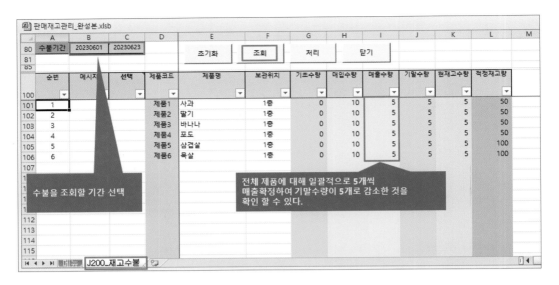

[그림 3-22] 매출확정 후 수불을 통한 재고감소 예시

다. 매출전표 발행

매출 확정된 내역에 대한 증빙 출력물을 발행하는 화면이다. 매출전표 역시 매입전표와 동일한 구조로 작성하였다. 매출전표번호, 매출처정보, 매출일자, 제품, 수량 등이 출력된다.

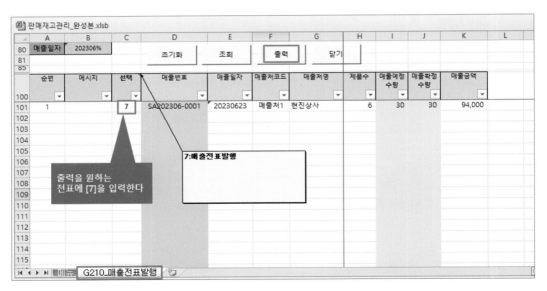

[그림 3-23] 매출전표 발행 화면

[그림 3-24] 매출전표 출력

라. 매출LIST

지금까지의 진행한 매출 내역들을 상세하게 리스트 형태로 조회할 수 있다. 매출 진행상태 코드 및 수량, 단가, 금액, 비고사항 등의 내역을 종합적으로 확인할 수 있다.

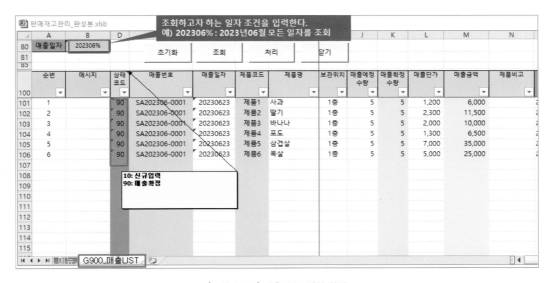

[그림 3-25] 매출LIST 예시 화면

마. 매출확정 취소

사용자가 실수나 착오로 매출확정을 하였을 경우 다시 신규 입력 상태인 "10" 상태로 되돌릴 필요가 있을 경우에 사용하는 화면이다. 사용자들은 늘 실수를 할 수 있기 때문에 수정하거나 취소 처리를 할 수 있는 방안을 사전에 제공하는 것이 중요하다.

매출확정 취소하고자 하는 내역의 선택칼럼에 "8"을 입력하고 [처리] 버튼을 누르면 매출확정이 취소되고 다시 신규 입력 상태인 "10" 상태로 변경된다.

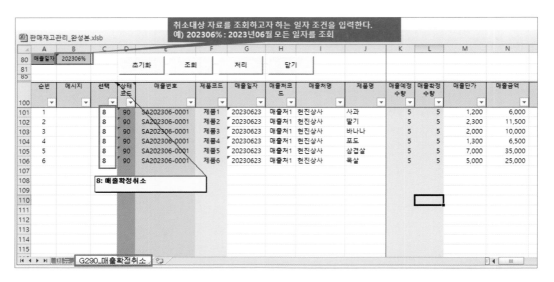

[그림 3-26] 매출취소 예시 화면

3-8 재고관리

재고는 매입처로부터 매입한 제품은 돈이 재고의 형태로 바뀐 것과 다를 바가 없다. 하지만 재고는 돈보다 부피가 크고 형태도 다양하며 제품코드도 많을 수 있기 때문에 한눈에 보이지 않아 정확한 재고관리가 상대적으로 어렵다.

재고관리를 위해서는 현재 시점의 재고가 몇 개가 있는지 정확히 관리하는 것이 매우 중요하다. 매입내역과 매출내역을 일일이 계산하면 현재 시점의 재고가 몇 개인지 계산할 수는 있겠지만 시스템에서 계산하는 데 시간이 많이 걸릴 수 있어 대부분의 IT시스템에서는 현재고 테이블을 만들어 관리하고 있다. 따라서, 매입과 매출이 발생될 때마다 실시간으로 현재고 테이블의 재고수량을 증가 또는 감소 처리를 해야 한다.

현재고 정보 외에도 과거부터 재고가 어떻게 수량이 변동되었는지를 분석하거나 오류의 원인을 추적하기 위해 재고수불을 많이 활용하고 있다. 재고수불은 특정 과거의 기간의 시작 시점에 재고가 몇 개였고 매입수량, 매출수량 그리고 종료되는 시점의 재고수량이 몇 개였는지를 쉽게 파악할 수 있는 장점이 있다.

이 외에도 정확한 재고관리를 위해 제품이 파손되거나 분실된 경우 재고조정을 통해 현재고 수량을 증가 또는 감소시킬 수 있으며 제품이 보관된 위치별로 재고를 구분하여 관리할 수도 있다. 또한, 제품을 정상, 불량 등으로 등급을 부여하여 관리하는 경우도 있고 유통기한이나 로트(LOT)별로 구분하여 재고를 관리하는 경우 등 매우 섬세하고 다양한 재고관리 기법들이 활용되고 있다.

가. 현재고 조회

현시점에 보유하고 있는 제품별 재고 현황을 보여 주는 화면이다. 시스템에서는 매입확정, 매입확정 취소, 매출확정, 매출확정 취소 등의 작업을 수행할 때마다 "현재고" 테이블에 해당 수량을 증가(+)하거나 감소(-)처리하고 있기 때문에 현재 몇 개의 재고가 있는지 쉽게 알 수 있다.

"현재고" 데이터와 "제품" 기준정보로 관리하고 있는 적정재고량을 비교하여 재고가 적정한 상태인지 아니면 부족한 상태인지를 파악하고 그에 따른 조치(매입처리)를 할 수도 있다. 또한, 가장 최근에 매입 또는 매출한 수량, 일자 등의 데이터도 함께 보여주고 있어 전반적인 재고를 흐름을 알 수도 있다.

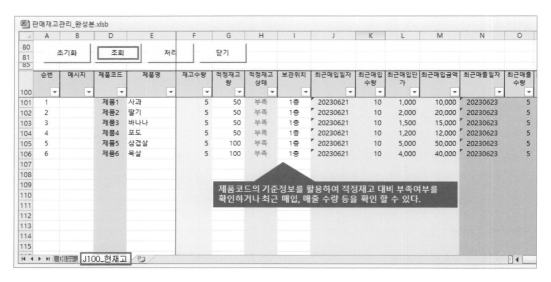

[그림 3-27] 현재고 조회 예시

나. 재고수불

"재고수불"은 현재고 정보와 다르게 다르게 과거 시점에 재고가 몇 개가 있었는지를 확인할 수 있는 화면이다. 재고수불 화면은 시작일자와 종료일자를 입력받는다. 시작일자 이전에 발생된 매입 또는 매출 출고 수량을 계산하여 시작시점에 몇 개의 재고가 있었는지를 알 수 있는데 이것이 "기초수량"이다. 시작일자와 종료일자 사

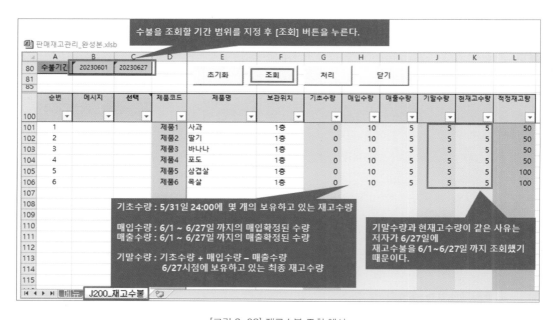

[그림 3-28] 재고수불 조회 예시

이의 범위에 있는 매입수량과 매출수량은 집계되어 표시되고 "기초수량 + 매입수량 – 매출수량"을 계산하여 종료일자 시점의 재고수량인 "기말수량"을 확인할 수 있다.

다. 제품일자수불

전체 제품에 대한 재고현황을 종합적으로 확인할 수 있는 화면이 "재고수불"이라면 "제품일자수불"은 하나의 제품에 집중하여 일자 별로 상세하게 추이를 파악할 수 있는 화면이다. 조회해야 할 기간과 특정 제품코드를 입력하면 일자 별로 상세한 매입, 매출수량 그리고 기초와 기말재고 수량을 시점별로 확인할 수 있다.

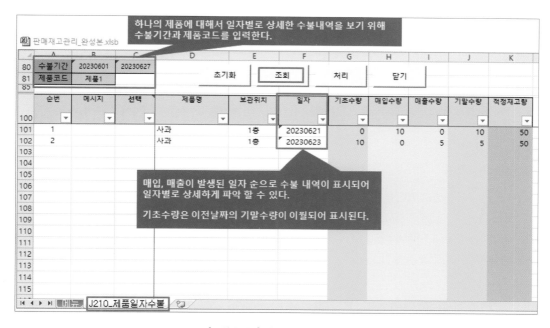

[그림 3-29] 재고수불 조회 예시

3-9 분석 / 보고서

지금까지 다루었던 제품코드, 업체코드, 매입 데이터, 매출 데이터, 현재고 등 판매재고관리시스템의 전반의 데이터를 분석하여 기업 활동에 유용한 형태인 정보(Information)을 추출 분석하는 과정이다.

데이터(Data)와 정보(Information)을 혼용하는 경우가 많지만 "Data"는 어떤 사실을 그대로 기록한 것을 말하고 "Information"은 그 Data를 잘 조합하거나 가공하여 가치 있게 만든 것을 말한다. 우리가 석유 원유 자체로는 자동차나 선박을 움직일 수 없다. 가솔린이나 디젤 등으로 정제를 해야만 자동차나 선박을 움직일 수 있게 하는 것과 같다. 결국 석유 원유 자체가 데이터(Data)라면 가솔린이나 디젤은 정보(Information)라 할 수 있다.

지금까지 우리가 다루었던 단위 화면들과 데이터들을 조합하면 엄청나게 많은 분석 보고서를 도출할 수 있다. 여기에서는 정보(Inforamation)으로 전환하기 위한 연습의 개념으로 제품별로 간단히 제품 기준정보를 바탕으로 이익이 얼마인지 추정할 수 있는 화면과 제품이 특정기간 동안 어떤 비중으로 매입되거나 매출 되었는지를 분석하는 보고서 총 2개 보고서를 개발하였다.

가. 제품 이익분석

특정기간 동안 제품별로 얼마나 팔렸는지 그리고 얼마의 이익을 얻었는지를 분석할 수 있는 화면이다. 단순히 이익률을 계산하는 것에 그치지 않고 매출금액, 이익금액에 대한 비중을 계산하여 표시하도록 하였다. 매입단가는 과거 매입내역과 매출내역을 고려하여 이동 평균값을 계산해야 하지만 복잡도가 너무 높을 수 있기 때문에 편의상 제품 기준정보의 매입단가를 기준으로 이익금액을 산출하였다.

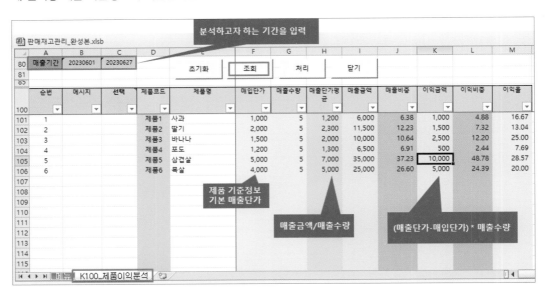

[그림 3-30] 제품별 이익분석 화면 예시

나. 제품 비중분석

각 제품별로 매입실적과 매출실적이 수량이나 금액을 기준으로 어느 정도의 비중을 차지하고 있는지를 한눈에 볼 수 있는 화면이다. 많이 사용하고 있는 ABC 분석 등의 기반 데이터로 활용될 수 있을 것이다.

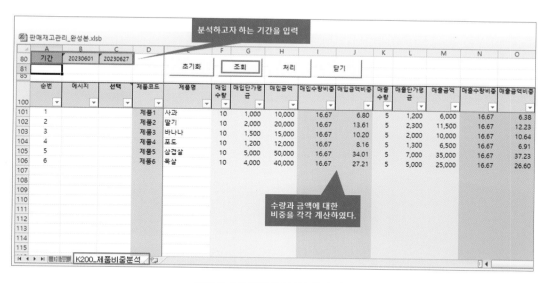

[그림 3-31] 제품 비중분석 화면 예시

기준정보

04

기준정보

4-1 주요 테이블 및 개발목록

기준정보는 시스템 운영에 있어서 가장 기반이 되는 데이터이다. 시스템을 접속하기 위한 사용자 정보부터 매입, 매출 업무 시 필수적으로 필요한 매입처코드, 매출처코드, 제품코드가 대표적인 기준정보라 할 수 있다. 이외에도 시스템에 각 화면에 부여되는 프로그램 ID, 각 사용자별로 부여되는 권한정보, 출력을 위한 프린터 등록 정보, 사업장이나 부서정보 등 기준정보의 관리범위는 굉장히 폭이 넓다.

판매재고관리시스템에서는 목적 및 난이도 등을 고려하여 기준정보 중에 필수적이고 없어서는 안되는 "사용자"와 매입, 매출관련 업무처리에 필요한 "업체"(매입처, 매출처) 코드 그리고 "제품" 기준정보를 생성 관리한다.

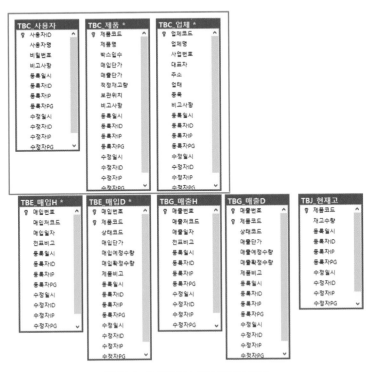

[그림 4-1] 기준정보 관련 테이블 구성

[TBC_사용자] 테이블은 시스템에 로그인을 하기 위한 필수적인 ID, 비밀번호, 사용자명 등의 항목들을 관리한다.

[TBC_제품] 테이블은 매입하거나 매출해야 할 대상인 제품정보를 관리한다. 박스당 보관 수량, 매입단가, 매출단가, 적정재고량, 보관 위치 등의 필수적인 칼럼을 관리한다.

[TBC_업체] 테이블은 매입처 또는 매출처 코드에 사용되는 기준정보이다. 업체명, 사업번호, 대표자, 주소, 업태, 종목 등의 필수적인 항목 칼럼을 포함하였다.

구분		메뉴ID	DB프로시저	내용
사용자	사용자 로그인	A300	SPA300_로그인_조회	최초 로그인시 이상여부 확인
	사용자 조회	B400	SPB400_사용자_조회	사용자 등록된 내역 화면 조회
	사용자 등록		SPB400_사용자_처리	사용자 등록, 수정, 삭제 처리
	비밀번호 변경 조회	B410	SPA410_비번변경_조회	비밀번호 변경 관련 기본자료 화면 조회
	비밀번호 변경 처리		SPA410_비번변경_처리	사용자 비밀번호 변경 처리(수정)
제품	제품 조회	B500	SPB500_제품_조회	제품 등록된 내역 화면 조회
	제품 등록		SPB500_제품_처리	제품 등록, 수정, 삭제 처리
업체	업체 조회	B600	SPB600_업체_조회	업체 등록된 내역 화면 조회
	업체 등록		SPB600_업체_처리	업체 등록, 수정, 삭제 처리

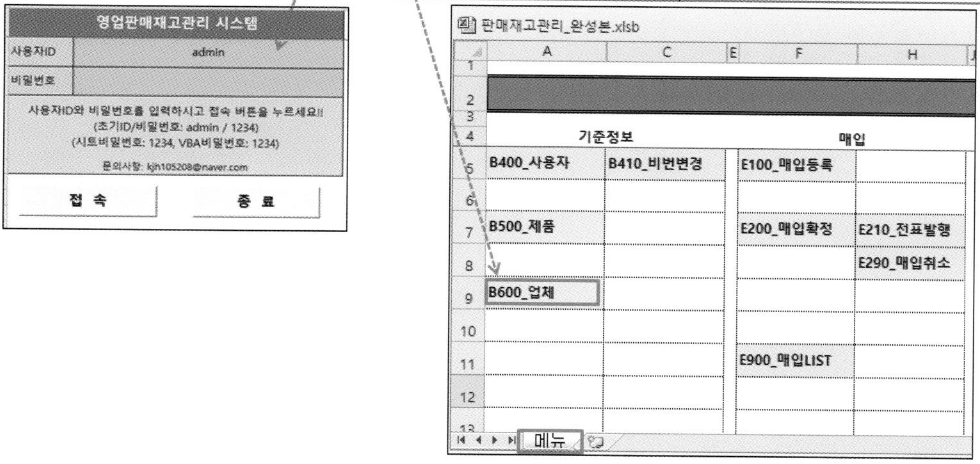

[그림 4-2] 기준정보 개발 목록

기준정보와 관련하여 DB 프로시저는 총 9개, 엑셀 화면을 기준으로는 A300, B400, B410, B500, B600 총 5개의 화면을 개발해야 한다. 상대적으로 DB 프로시저의 개수가 많은 것은 엑셀 화면 하나당 두 개의 DB 프로시저(조회 프로시저, 처리 프로시저)가 존재하기 때문이다. 사용자 로그인 화면은 사전에 별도 화면 출력이 필요 없고 ID와 비밀번호만 비교하여 로그인 허용 여부만 확인하면 되기 때문에 하나의 프로시저만 있으면 된다.

4-2 로그인

가. DB 프로시저

시스템 로그인을 위해 입력된 사용자 ID와 비밀번호가 일치하는지를 체크하는 프로시저이다. 로그인을 위한 사용자 ID와 비밀번호가 일치하면 사용자의 이름이나 권한정보 그리고 접속한 IP주소, 시간 등을 리턴한다. 이러한 정보들은 향후 엑셀 VBA 실행파일의 [관리시트]에서 관리(저장)하고 있다가 필요한 경우에 사용된다.

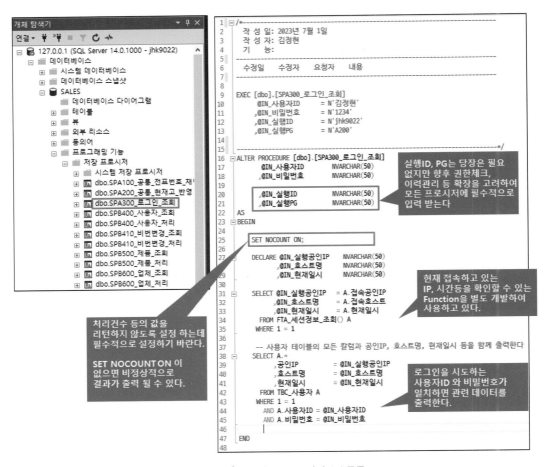

[그림 4-3] 로그인 DB 프로시저 소스코드

[SPA300_로그인_조회] 프로시저를 기준으로 프로시저 이름의 명명 규칙을 살펴보면 다음과 같다. "SP"는 프로시저를 의미하고 뒤에 있는 "A300"은 메뉴 ID, 엑셀 화면의 시트코드를 의미한다. "로그인_조회"는 프로시저가 어떤 프로시저인지를 함축적으로 표현하고 있다.

소스코드를 보면 입력 매개변수로 @IN_사용자 ID, @IN_비밀번호 외에 @IN_실행 ID, @IN_실행 PG를 입력받고 있다. 당장은 필요는 없지만 향후 권한 관리나 어떤 사용자가 어떤 화면(메뉴)를 사용했는지를 관리하기 위해 앞으로 개발할 모든 DB 프로시저에 포함하였다. 조금 귀찮더라도 표준화와 확장성을 고려하여 빼먹지 말고 꼭 포함하여 개발토록 하자. 로그인은 입력받은 사용자ID와 비밀번호가 일치해야만 사용자명, 공인 IP 주소, 접속시간 등을 SELECT 명령으로 결과를 리턴한다. 만약 비밀번호나 사용자 ID가 일치하지 않으면 아무것도 출력하지 않고 프로시저는 종료된다.

엑셀 VBA 화면에서 로그인 관련 DB 프로시저를 호출 후 결과값으로 아무런 데이터도 리턴받지 않았다면 사용자ID나 비밀번호가 일치하지 않아 로그인이 실패한 것으로 간주하면 된다. 만약, 사용자명, 접속시간 등의 데이터가 리턴 되었다면 로그인이 성공했다는 의미이다.

DB 프로시저 소스 38행에서 "SELECT A.* "와 같은 형태로 작성된 부분을 찾을 수 있을 것이다. 데이터베이스의 성능을 엄격히 고려했다면 "SELECT A.사용자 ID, A.사용자명, A.비고사항 …." 등으로 일일이 칼럼을 나열해야 하는 것이 좋다. 하지만, 개발자 입장에서는 불편하고 지금은 불필요한 항목이라도 향후 바로 사용할 수도 있기 때문에 저자는 약간의 성능 부담을 조금 감수하고 A.* 형태로 개발하였음을 알린다.

[그림 4-4] FTA_세션정보_조회 Function 소스코드 및 결과

[SPA300_로그인_조회] 프로시저 소스 내에 포함된 [FTA_세션정보_조회] Function은 현재 접속하고 있는 사용자의 공인 IP, PC의 이름, 현재시간 등을 확인하기 위한 공통 함수이다. 이 Function은 개발 편의성이나 생산성을 고려하여 앞으로 개발될 모든 프로시저에 포함될 것이다.

만약, Function을 실행하였는데 데이터베이스에서 권한과 관련된 오류가 발생된다면 GRANT VIEW SERVER STATE라는 명령을 실행하여 추가적인 권한을 부여하면 오류 없이 실행될 것이다.

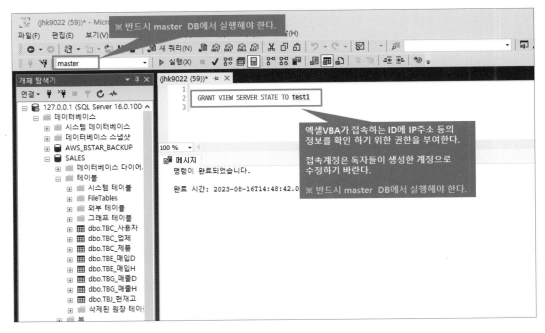

[그림 4-5] GRANT VIEW SERVER STATE 권한 설정 예시

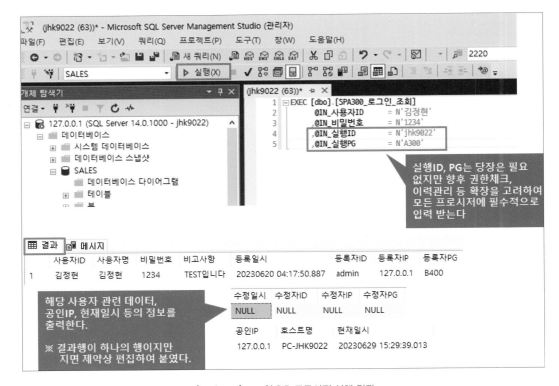

[그림 4-6] 로그인 DB 프로시저 실행 결과

[SPA300_로그인_조회] 프로시저를 생성이나 변경하기 위해서는 CREATE 나 ALTER 명령을 사용한다.
프로시저를 실행하기 위해서는 EXEC 명령을 사용해야 한다는 점도 꼭 알아두자.

나. 엑셀 VBA

데이터베이스 내에서 개발한 프로시저를 엑셀 화면에서 호출하여 어떻게 사용되는지 확인해 보도록 하자. 배
포한 엑셀파일을 열어서 소스코드를 확인해 보자. 엑셀 VBA의 소스코드를 여는 방법은 [개발도구]-[Visual
Basic]을 클릭하거나 "Alt+F11" 키를 누르면 개발환경에 접근할 수 있다. 해당 엑셀 파일 목록을 클릭하고 암
호(초기암호는 "1234")를 입력하면 소스코드를 수정하거나 실행할 수 있는 개발환경으로 화면을 볼 수 있다.

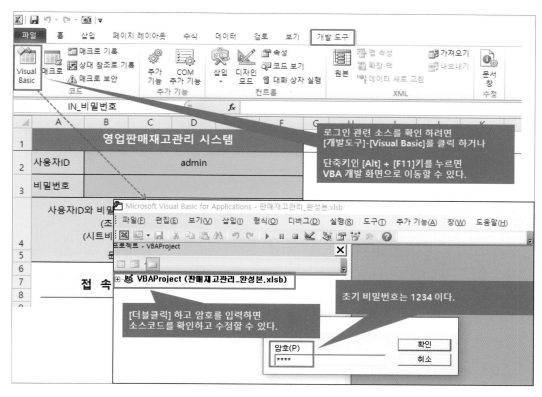

[그림 4-7] 엑셀 VBA 소스코드 확인 방법

엑셀 VBA에서 Auto_Open( ), Auto_Close( ) 이라는 이름으로 프로시저(서브루틴)을 만들면 약간 특별한
일이 생긴다. 엑셀 VBA 시스템에서 미리 예약된 이름이기 때문이다.

엑셀 VBA가 포함된 엑셀 파일을 클릭하여 파일이 열리면 엑셀 프로그램은 가장 먼저 Auto_Open( ) 프로
시저가 있는지 체크한다. 만약 Auto_Open( ) 프로시저가 존재하면 자동으로 Auto_Open( ) 내의 명령들
이 가장 먼저 실행한다.

반대로 Auto_Close( ) 프로시저는 현재 실행하고 있는 엑셀 파일을 종료하기 직전에 Auto_Close 프로시저를 실행하고 종료된다.

이러한 Auto_Open( ), Auto_Close( )는 엑셀 VBA를 시작 또는 종료하기 전 어떤 작업을 수행해야 할 경우에 유용하게 사용된다.

우리가 개발하는 판매재고관리시스템에서는 처음 실행했을 때 로그인 화면만 화면에 표시될 수 있도록 하는데 사용되고 있다. Auto_Open 프로시저에서 [로그인] 시트를 제외 한 모든 시트는 숨김 처리하고 사용자 ID와 비밀번호를 입력할 수 있도록 초기화하도록 프로그래밍 되어 있다.

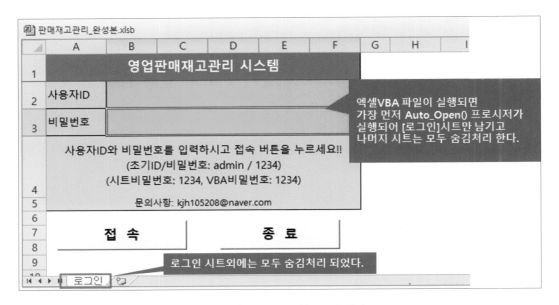

[그림 4-8] Auto_Open( ) 실행 후 화면

Auto_open( ) 소스를 살펴보면 "공통"이라는 글자들이 많이 보인다. "공통"이라는 글자가 포함된 명령들은 사용 빈도가 높은 기능들을 별도 영역에 미리 표준화하여 저자가 이미 개발해 놓았다는 뜻이다. 이렇게 개발된 공통 기능들은 일일이 코딩하지 않고 해당 공통모듈을 호출만 하면 간편하게 이용할 수 있다.

첫 번째로, 소스에서 가장 먼저 [공통_전체시트잠금]을 실행하는데 이 공통모듈은 [메뉴] 시트만을 남기고 나머지 시트를 모두 숨김 처리를 하는 공통모듈이다. 이 공통모듈이 실행되면 사용자는 "메뉴" 시트 외에 다른 시트는 볼 수 없다는 의미이다. 마지막 장에서 공통모듈에 대해 자세히 설명할 것이다.

두 번째로, "로그인" 시트를 열고 "메뉴" 시트를 숨김 처리를 한다. 결국, "로그인" 시트 외에는 모두 숨겨지게 된다.

마지막으로 사용자 ID와 비밀번호 입력하는 셀에 아무런 값이 없도록 초기화하고 종료된다.

종합 정리를 하면, Auto_open( )은 "로그인" 시트만 남기고 모든 나머지 시트를 "숨김" 처리하고, 로그인 시트의 값들을 초기화하고 종료한다. Auto_open( )가 종료되면 사용자가 입력할 수 있는 상태가 된다.

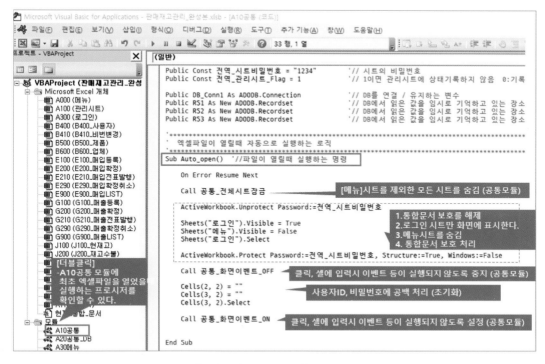

[그림 4-9] Auto_Open( ) 소스 코드

이제 실제적인 "로그인" 관련 소스코드들을 살펴보자. [로그인] 시트에 관련된 프로그램 소스들은 VBA 개발 화면(Alt+F11)에서 로그인 시트(A300)을 더블클릭하면 개발된 소스코드를 확인할 수 있다.

"로그인" 화면에서 비밀번호를 입력하면 별도 버튼을 누르지 않더라도 바로 로그인 처리가 되도록 개발하였다. [그림 4-10]에서와 같이 화면 상단의 Worksheet 클릭하고 오른쪽에 Change, Before Double Click 등의 여러 가지 Event를 선택할 수 있는데, 여기에서는 셀에 값이 입력되거나 수정된 경우 동작하는 Change Event를 활용하였다. 비밀번호에 뭔가 값이 입력되거나 변경되면 [접속] 버튼을 클릭하지 않고도 바로 [접속] 버튼을 누른 것처럼 실행되도록 할 수 있다.

엑셀 VBA를 처음 접하는 독자들은 Sub Worksheet_Chage( ) 관련 로직들은 생소하고 어려울 수도 있을 것이다. 이러한 기능들은 시스템 개발에 있어 아주 중요한 사항은 아니기 때문에 지금은 그냥 넘어가고 나중에 어느 정도 학습한 후에 추가 학습을 권장한다.

종료 버튼( ) 프로시저는 현재 실행하고 있는 엑셀 VBA 파일을 닫고 종료하는 명령어들이 포함되어 있다. 이때 엑셀 문서에 일부라도 변경이 발생되면 "수정사항이 있습니다. 저장하지 않고 종료하시겠습니까?"와 같은 메시지가 표시되며 중단될 수 있다.

Application.Display Alerts = False로 설정하면 "수정 사항이 있습니다. 저장하지 않고 종료하시겠습니까?"
와 같은 메시지가 사용자에게 보이지 않는다. 결국, 아무런 중단 없이 엑셀 VBA 파일이 정상적으로 종료되어
사용자의 화면에서 사라질 것이다.

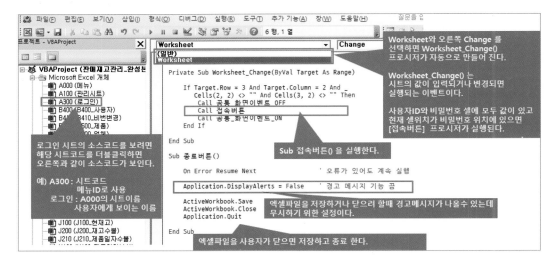

[그림 4-10] 로그인 엑셀 VBA 소스코드 (1/2)

[그림 4-11] 로그인 엑셀 VBA 소스코드 (2/2)

로그인 관련 실질적인 로직은 "접속 버튼( )" 프로시저에서 처리된다. 먼저 데이터베이스에 접속하여 [SPA 300_로그인_조회] 프로시저를 실행할 수 있는 명령어를 txt_Sql 변수에 저장하고, 이를 데이터베이스에 실행 요청 후 그 결과를 확인하는 흐름으로 처리되는 것을 알 수 있다.

데이터베이스와 접속을 담당하는 공통모듈은 "공통_DB1_Connect( )"이다. DB에 접속이 성공적으로 되어야 이후 DB의 프로시저를 호출하는 공통모듈도 정상적으로 실행될 수 있다. DB를 접속하기 위한 환경 설정은 "관리시트"에 저장되어 있다.

DB의 프로시저를 실행하는 공통모듈은 "공통_DB1_Select( )"이다. 공통_DB1_Select( )은 결과를 테이블 형태로 엑셀에 전달된다. 우리는 테이블 형태의 결과값을 "RS1"이라는 레코드셋 변수로 전달받는다.

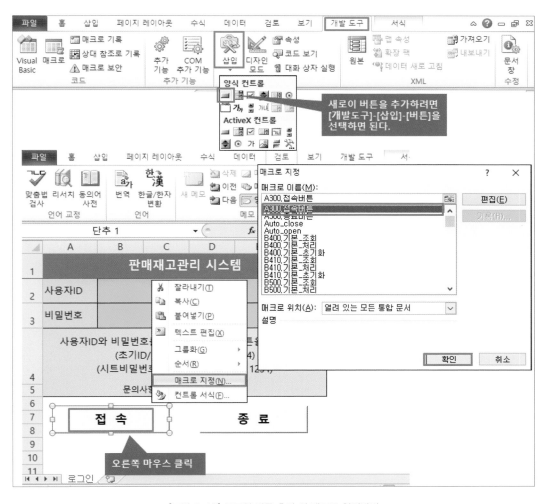

[그림 4-12] 로그인 버튼 추가 및 매크로 연결방법

"공통_DB1_Select(txt_Sql)"의 결과가 True(참)으로 리턴되면, 로그인 작업이 성공했다는 의미로 사용자명, 공인 IP 등의 데이터들은 위에서 말한 RS1 레코드셋 변수로 전달받아 관리시트에 저장한다. 이후 "공통_전체시트잠금" 공통모듈을 실행하여 "메뉴" 시트만 남기고 나머지 시트를 모두 숨기고 엑셀 프로시저가 종료된다. 즉, "로그인" 시트는 숨겨지고 사용자는 실제 업무를 수행할 수 있는 "메뉴" 시트만 보이게 된다.

만약 사용자 ID나 비밀번호가 불일치하면 "공통_DB1_Select(txt_Sql)"의 결과가 False(거짓)으로 리턴 된다. 그러면 "사용자의 아이디나 비밀번호가 일치하지 않습니다."와 같은 오류 메시지를 표시 후 다시 사용자 ID와 비밀번호를 입력할 수 있도록 커서의 위치만 이동 된다.

마지막으로 "로그인" 화면에는 [접속]과 [종료] 버튼이 있기 때문에 이를 엑셀매크로 프로시저와 연결하면 로그인과 관련된 개발 작업은 모두 끝난다. 버튼은 "개발도구"에서 버튼을 생성하거나 다른 시트의 버튼을 복사 후 수정하여 사용하면 된다.

4-3 제품등록

앞으로 우리가 개발하는 DB 프로시저나 엑셀화면(프로그램 소스코드 포함)은 대부분 형태나 구조가 비슷하기 때문에 가장 비슷한 유형의 소스코드나 화면을 복사하여 생성하고 그중 일부를 수정 및 보완하는 방식으로 개발한다. 개발할 때 비슷한 템플릿이 있으면, 그만큼 빠르게 시스템을 개발할 수 있고 오류도 줄일 수 있는 장점이 있다.

[그림 4-13] 사용자_조회 프로시저를 다른 프로시저로 복사 방법

가. DB 프로시저

우리가 개발하고자 하는 대부분의 화면들은 CRUD(Create, Read, Update, Delete) 4가지 형태의 작업들을 기본적으로 수행한다. 데이터를 추가(Create)하고, 조회(Read)하고, 수정(Update)하고, 삭제(Delete)하는 작업이 그것이다.

제품등록과 관련하여 다음과 같이 총 2개의 DB 프로시저를 개발해야 한다.

- SPB500_제품_조회 프로시저 : 이미 등록된 내역을 화면에 출력 (Read)
- SPB500_제품_처리 프로시저 : 추가(Create), 수정(Update), 삭제(Delete) 통합 처리

```
1  /*--------------------------------------------------------------------
2     작 성 일 : 2023년 07월 01일
3     작 성 자 : 김정현
4     기   능 :
5  --------------------------------------------------------------------
6     수정일    수정자    요청자    내용
7  --------------------------------------------------------------------
8
9  EXEC    [dbo].[SPB500_제품_조회]
10         @IN_통합검색        = ''
11
12        ,@IN_실행ID         = '김정현'
13        ,@IN_실행PG         = 'B100'
14
15  --------------------------------------------------------------------*/
16  ALTER PROCEDURE [dbo].[SPB500_제품_조회]
17         @IN_통합검색         NVARCHAR(50) = ''      -- 제품코드 또는 제품명에 해당 글자가 존재할 경우 모두 조회
18                                                    -- 입력변수를 명시하지 않으면 '' 으로 입력되며 전체 조회됨
19        ,@IN_실행ID          NVARCHAR(50)
20        ,@IN_실행PG          NVARCHAR(50)
21  AS
22  BEGIN
23
24     SET NOCOUNT ON;
25
26     DECLARE @IN_실행공인IP     NVARCHAR(50)
27            ,@IN_호스트명        NVARCHAR(50)
28            ,@IN_현재일시        NVARCHAR(50)
29
30     SELECT @IN_실행공인IP   = A.접속공인IP
31           ,@IN_호스트명      = A.접속호스트
32           ,@IN_현재일시      = A.현재일시
33      FROM FTA_세션정보_조회() A
34     WHERE 1 = 1
35
36     SET @IN_통합검색 = TRIM(@IN_통합검색)
37
38     -- LIKE 검색을 위해 아무값도 입력하지 않았거나 [%]를 입력하지 않았을 경우 앞뒤로 [%]를 추가
39     IF @IN_통합검색 = '' OR CHARINDEX('%', @IN_통합검색, 1) = 0  SET @IN_통합검색 = '%' + @IN_통합검색 + '%'
40
41     --------------------------------------------------------------------
42     -- 실제 화면 출력
43     --------------------------------------------------------------------
44     SELECT A.*
45       FROM TBC_제품 A
46      WHERE 1 = 1
47        AND (A.제품코드   LIKE @IN_통합검색    OR  A.제품명    LIKE @IN_통합검색)
48      ORDER BY A.제품코드
49
50  END
```

[그림 4-14] 제품 조회 프로시저 소스코드

먼저 제품 조회 관련 프로시저[SPB500_제품_조회]를 살펴보도록 하자.

위에서 보았던 로그인 관련 프로시저와 구조적으로 크게 다르지 않으며 가장 일반적인 형태의 조회 프로시저
이다. 입력되는 매개변수로 "@IN_통합검색"을 입력값으로 전달해야 한다. (@IN_실행 ID, @IN_실행 PG는
모든 프로시저에 공통 입력변수로 값을 전달해야 한다.) "@IN_통합검색"은 제품코드 또는 제품명이 @IN_통
합검색값과 일부라도 일치하는 제품 목록만 조회하기 위한 목적이다.

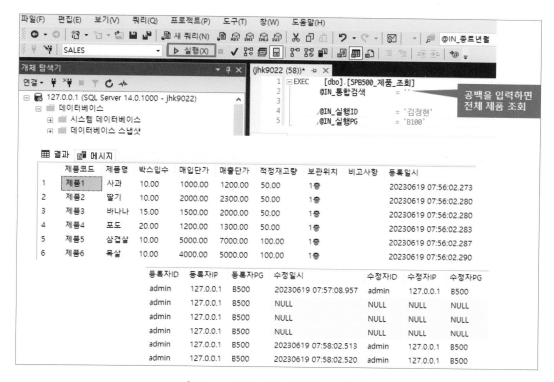

[그림 4-15] 제품 조회 프로시저 실행 결과

다음은 제품 코드를 추가(Create), 수정(Update) 및 삭제(Delete)하는 프로시저인 [SPB500_제품_처리]를 보도록 하자. 이 프로시저에는 실제 제품코드 관련 데이터를 입력하는 매개변수 외에 [@IN_처리구분]을 볼 수 있다.

처리구분이 "1"이면 신규등록(Create), "2"이면 수정(Update), "4"이면 삭제(Delete) 처리를 할 수 있도록 하였다. 만약 "1" 신규(Create)로 입력했다 하더라도 기존에 데이터가 이미 존재하면 "2" 수정(Update) 처리 될 수 있도록 개발하였다. 이는 엑셀 VBA 화면에서 사용자의 편의상 신규 입력이나 수정 시 모두 선택칼럼에 "1"을 입력 하기 위해서다.(신규 입력 시에는 "1" 수정 시에는 "2"를 입력하라고 하면 사용자가 불편해 할 수 있기 때문이다)

데이터를 조작하는 INSERT, UPDATE, DELETE 명령의 실행 후에는 반드시 @@ERROR과 @@ROWCOUNT 시스템 변수값을 체크하는 것이 좋다. 왜냐하면 실제로 명령은 실행되었다고 하더라도 원하는 내역이 처리되지 않거나, 의도하지 않게 더 많은 데이터를 수정하거나 삭제하는 경우도 발생하기 때문이다. (INSERT, UPDATE, DELETE 명령들은 한 번에 여러 건의 데이터를 의도하지 않게 갱신할 수도 있기 때문이다)

"@@ERROR" 변수는 바로 이전에 실행된 명령어가 정상이면 "0", 오류가 발생되면 "0"이 아닌 다른 숫자값이 저장되어 있을 것이다. 만약 "0"이 아니라면 뭔가 오류가 발생된 것으로 이해하면 된다.

"@@ROWCOUNT" 변수는 바로 이전의 명령어 실행 시 몇 개의 행(ROW)에 영향을 주었는지를 알 수 있는 변수다. 즉, 몇 개의 데이터를 수정하거나 삭제했는지를 알 수 있다는 뜻이다. 일반적인 경우라면 반드시 한 건의 데이터만 입력, 수정, 삭제 처리되어야 하기 때문에 @@ROWCOUNT 값이 1이 아니면 모두 오류 처리하는 것이 좋다.

```
1  ALTER PROCEDURE [dbo].[SPB500_제품_처리]
2      @IN_처리구분              NVARCHAR(50)    -- 1:추가 2:수정 4:삭제
3
4      ,@IN_제품코드            NVARCHAR(30)
5      ,@IN_제품명              NVARCHAR(100)
6      ,@IN_박스입수            NUMERIC(18, 0)
7      ,@IN_매입단가            NUMERIC(18, 0)
8      ,@IN_매출단가            NUMERIC(18, 0)
9      ,@IN_적정재고량          NUMERIC(18, 0)
10     ,@IN_보관위치            NVARCHAR(30)
11     ,@IN_비고사항            NVARCHAR(30)
12
13     ,@IN_실행ID              NVARCHAR(50)
14     ,@IN_실행PG              NVARCHAR(50)
15  AS
16  BEGIN
17
18      SET NOCOUNT ON;
19
20      DECLARE @IN_실행공인IP    NVARCHAR(50)
21          ,@IN_호스트명        NVARCHAR(50)
22          ,@IN_현재일시        NVARCHAR(50)
23
24      SELECT @IN_실행공인IP    = A.접속공인IP
25          ,@IN_호스트명        = A.접속호스트
26          ,@IN_현재일시        = A.현재일시
27      FROM FTA_세션정보_조회() A
28      WHERE 1 = 1
29
30      IF @IN_처리구분 = '1' BEGIN
31          IF EXISTS (SELECT A.*
32                      FROM TBC_제품 A
33                      WHERE A.제품코드 = @IN_제품코드) BEGIN
34              SET @IN_처리구분 = '2'
35          END
36      END
37
38      IF @IN_처리구분 = '1' BEGIN
39          |
40          INSERT INTO TBC_제품
41              (제품코드,           제품명,
42              보관위치,            박스입수,        매입단가,
43              매출단가,            적정재고량,
44              비고사항,
45              등록일시,            등록자ID,
46              등록자IP,            등록자PG)
47          VALUES (@IN_제품코드, @IN_제품명,
48              @IN_보관위치,  @IN_박스입수,   @IN_매입단가,
49              @IN_매출단가,  @IN_적정재고량,
50              @IN_비고사항,
51              @IN_현재일시,       @IN_실행ID,
52              @IN_실행공인IP,  @IN_실행PG)
53
54          IF @@ERROR <> 0 OR @@ROWCOUNT <> 1 BEGIN
55              SELECT ERR_CODE = 11, ERR_MESSAGE = N'[11]INSERT오류'
56              RETURN(11)
57          END
58
59      END ELSE IF @IN_처리구분 = '2' BEGIN
60
61          UPDATE A SET
62              A.제품명            = @IN_제품명
63              ,A.보관위치         = @IN_보관위치
64              ,A.박스입수         = @IN_박스입수
65              ,A.매입단가         = @IN_매입단가
66              ,A.매출단가         = @IN_매출단가
67              ,A.적정재고량       = @IN_적정재고량
68              ,A.비고사항         = @IN_비고사항
69              ,A.수정일시         = @IN_현재일시
70              ,A.수정자ID         = @IN_실행ID
71              ,A.수정자IP         = @IN_실행공인IP
72              ,A.수정자PG         = @IN_실행PG
73          FROM TBC_제품 A
74          WHERE 1 = 1
75              AND A.제품코드      = @IN_제품코드
76
77          IF @@ERROR <> 0 OR @@ROWCOUNT <> 1 BEGIN
78              SELECT ERR_CODE = 20, ERR_MESSAGE = N'[20]UPDATE오류'
79              RETURN(20)
80          END
81
82      END ELSE IF @IN_처리구분 = '4' BEGIN
83
84          DELETE A
85          FROM TBC_제품 A
86          WHERE 1 = 1
87              AND A.제품코드      = @IN_제품코드
88
89          IF @@ERROR <> 0 OR @@ROWCOUNT <> 1 BEGIN
90              SELECT ERR_CODE = 30, ERR_MESSAGE = N'[30]DELETE오류'
91              RETURN(30)
92          END
93
94      END ELSE BEGIN
95          SELECT ERR_CODE = 20, ERR_MESSAGE = N'[99]처리구분오류'
96          RETURN(99)
97      END
98
99      SELECT ERR_CODE = 1, ERR_MESSAGE = N'[1]정상처리'
100     RETURN(1)
101
102 END;
```

[그림 4-16] 제품등록, 수정, 삭제 프로시저 소스코드

프로시저의 최종 실행 결과는 ERR_CODE와 ERR_MESSAGE 칼럼으로 엑셀 VBA에 리턴 된다. ERR_CODE 값이 "1"이 아닌 경우에는 모두 뭔가 오류가 발생된 상황으로 인식하면 된다. 엑셀 VBA 소스코드를 살펴보면 ERR_CODE 값이 반드시 "1"인 경우에만 정상적으로 실행된 것으로 간주할 수 있도록 소스 코드가 작성되어 있음을 확인할 수 있다. 또한, 프로시저 종료하기 위한 RETURN 명령으로도 숫자 형태의 값을 리턴할 수 있는데 ERR_CODE 값이 동일하게 리턴될 수 있도록 처리하였다.

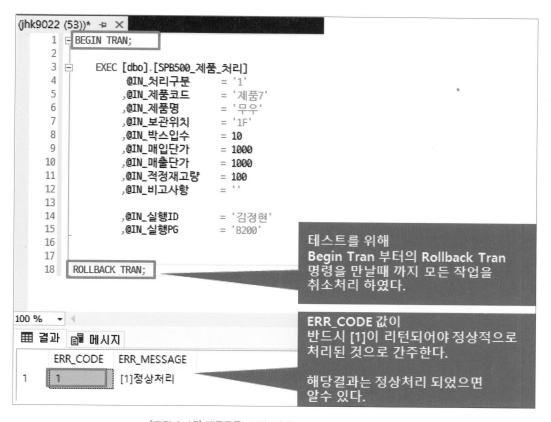

[그림 4-17] 제품등록, 수정, 삭제 프로시저 실행 결과 예시

나. 엑셀 VBA

새로운 사용자 화면(시트)를 개발할 때에 가장 유사한 화면(시트)를 복사하여 만들고 일부를 수정하는 방법이 가장 쉽고 편하다. 우리가 개발할 화면들이 대부분 표준화되어 있는 형태이다 보니 조금만 수정하면 빠른 시간에 새로운 화면을 개발할 수 있기 때문이다. 시트를 복사하면 시트에 포함된 프로그래밍 소스코드도 함께 복사되기 때문에 따로 소스코드를 복사할 필요가 없다.

시트를 복사하기 위해서는 먼저 [검토]-[통합문서보호]를 해제한 후, 시트를 복사하고 복사된 시트의 이름과 시트코드를 새로운 이름으로 변경하면 끝난다. 엑셀매크로(VBA)에서 "시트명"으로 개발할 수도 있는데 개발 도중이나 유지보수 시에 화면(시트)의 이름이 변경되면 프로그램 소스코드도 함께 변경해야 하는 불편함과 어려움이 있다.

"시트코드"를 활용하여 개발하게 되면 이러한 문제를 손쉽게 해결할 수 있다. "시트명"과 달리 "시트코드"는 사용자에게 보이지 않으며 언제나 고유한 이름을 유지할 수 있기 때문이다.

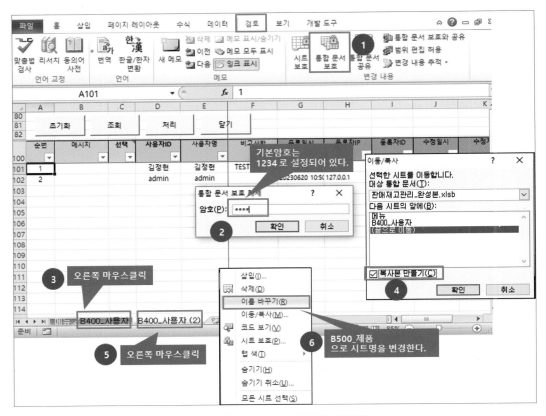

[그림 4-18] 시트 복사 및 시트이름 변경 절차

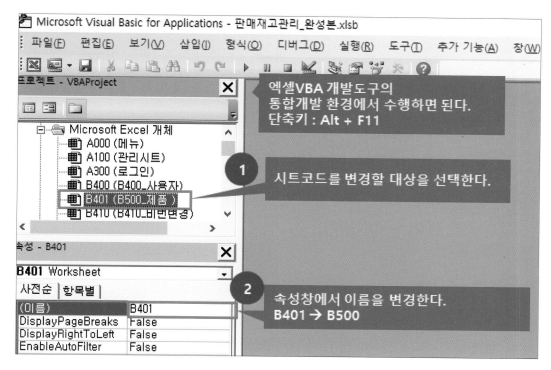

[그림 4-19] 시트 코드 변경 방법

VBA 화면 상단에서 입력받는 조회조건 입력셀(통합검색 입력을 위한 [B80]셀)은 비교적 간단한 화면 구성에서는 셀의 위치가 변경될 경우가 거의 없겠지만 화면 상단에 입력셀이 많고 사용자의 요구나 기능 개선 등의 사유로 셀의 위치를 어쩔 수 없이 변경해야 하는 경우가 발생되는데 이 상황 역시 프로그램 소스코드를 변경해야 할 경우가 많다.

예를 들어, [B80]셀에 입력된 값을 가져오기 위해 txt_입력값 = Range("B80") 이러한 형태로 프로그래밍하였다. 그런데 입력 받는 위치가 [B80]셀 → [B81]셀로 변경 되었다면 개발자가 일일이 프로그램 소스를 찾아서 txt_입력값 = Range("B81")로 변경해야 하기 때문에 불편함과 오류 발생 가능성이 높다.

이러한 불편을 엑셀의 "이름" 정의 기능으로 해결할 수 있다. 입력 받고자 하는 셀의 이름을 엑셀 "이름" 정의를 통해 Cells(80, 2)의 위치를 "IN_통합검색"으로 이름을 지정해 놓으면 된다. 이렇게 Range("IN_통합검색")으로 프로그래밍하면 셀의 위치가 다른 곳으로 변경되더라도 프로그램 수정 없이 유연하게 대응할 수 있다. 이름 정의 시에는 보다 명확하게 관리하기 위해 범위를 해당시트에만 국한되도록 범위지정을 하는 것이 좋다.

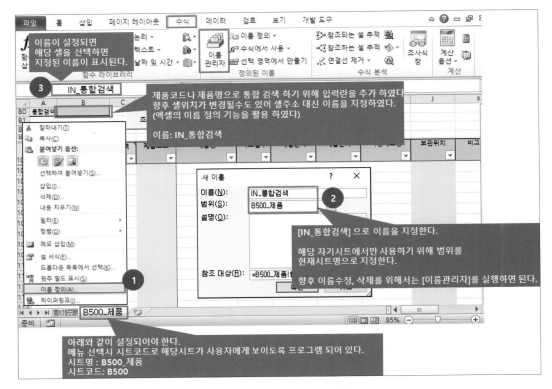

[그림 4-20] 엑셀 이름 정의 방법

이제 본격적으로 제품조회VBA 소스를 수정하도록 하자. "사용자" 등록 화면의 소스코드 중 DB 프로시저를
호출하는 부분만 변경하면 조회 관련 개발은 끝난다. 수정이 필요한 영역은 [그림 4-20]에 체크해 두었으니,
해당 내역만 수정하기 바란다.

기본_초기화( ) 서브루틴(프로시저)은 화면이 처음 열리거나 초기화 버튼을 누를 경우에 동작하는 코드이다.
사용자 ID, 공인 IP, PC 호스트명 등의 값을 변수에 담아 놓고 특별한 사용은 하지 않는다. 당장 사용하지는
않으나 향후 추가로 사용될 가능성이 있어서 소스코드에 포함시켜 놓았기 때문에 크게 신경 쓰지 않아도 된다.

기본_조회( )는 조회 버튼이 눌려졌을 때 동작하는 코드이다. DB 프로시저를 실행하기 위한 명령어를 txt_Sql
변수에 저장하고 DB를 연결한 후 해당 문장을 실행하는 구조임을 알 수 있다. 여기에서 위에서 이름 정의를
진행했던 Range("IN_통합검색")과 시트코드 "A100" 즉 "관리시트"에 이름 정의되어 있는 "사용자 ID" 등의
정보도 함께 가져와서 프로시저 문장을 완성하게 된다. 시트코드 "A100" 관리시트는 시스템 설정에 관련되거
나 로그인 등의 관련된 데이터가 저장되어 있는 시트이다.

Activesheet.CodeName은 현재 활성화 되어 있는 시트코드 값을 가지고 있는데, 제품 화면 시트에서 실행
되면 아마도 "B500"이라는 값을 가지고 있을 것이다. (Activesheet.Name에는 "B500_제품"이라는 값이
저장되어 있다. 현재 활성화 되어 있는 시트명을 가지고 있다.)

```
Sub 기본_초기화()

    Dim txt_Sql      As String      ' SQL문장 저장을 위한 변수 선언
    Dim txt_현재시트 As String      ' 현재 작업 시트명을 저장/관리하기 위한 변수 선언

    On Error Resume Next

    txt_현재시트 = ActiveSheet.Name      ' 조회시트명을 변수에 저장

    Sheets(txt_현재시트).Select          ' 조회시트로 이동

    Call 공통_필터초기화                 ' 필터에 조건이 지정되어 있는 것을 대비하여 필터초기화

    In사용자ID = A100.Range("사용자ID")   ' 향후 Insert/Update시 사용할 ID,IP,시간등을 변수에 저장
    In_공인IP = A100.Range("공인IP")      ' 각종 정보는 관리시트에 있음
    In_호스트명 = A100.Range("호스트명")  ' 각종 정보는 관리시트에 있음
    In_현재일시 = 공통_시스템시간()

    Range("IN_통합검색") = ""            [추가]
                                        [통합검색]입력란의 공백을 초기값으로 설정

End Sub

Sub 기본_조회()

    Dim txt_Sql      As String      ' SQL문장 저장을 위한 변수 선언
    Dim txt_현재시트 As String      ' 현재 작업 시트명을 저장/관리하기 위한 변수 선언

    On Error Resume Next

    txt_현재시트 = ActiveSheet.Name       ' 조회시트명을 변수에 저장
    txt_현재시트코드 = ActiveSheet.CodeName  ' 조회시트코드를 변수에 저장
                                                        [수정]
    Sheets(txt_현재시트).Select          ' 조회시트로 이동   제품 조회관련 DB 프로시저를 정상적으로
                                                        호출할 수 있도록 변경 한다.
    Call 공통_초기화                     ' 101번 라인 이하를 삭제(클리어)시킴

    txt_Sql = "EXEC [dbo].[SPB500_제품_조회]          " & vbLf & _
        "        @IN_통합검색      = '<<통합검색>>'    " & vbLf & _
        "       ,@IN_실행ID        = '<<실행ID>>'      " & vbLf & _
        "       ,@IN_실행PG        = '<<실행PG>>'      " & vbLf

    txt_Sql = Replace(txt_Sql, "<<통합검색>>", Trim(Range("IN_통합검색")))
    txt_Sql = Replace(txt_Sql, "<<실행ID>>", Trim(A100.Range("사용자ID")))
    txt_Sql = Replace(txt_Sql, "<<실행PG>>", ActiveSheet.CodeName)

    If 공통_DB1_Connect() = False Then              ' 관리시트에 있는 접속환경으로 DB에 접속함
        MsgBox "[오류]DB연결이 정상적이지 않습니다!!"
        Exit Sub
    End If

    If 공통_DB1_Select(txt_Sql) = False Then        ' txt_Sql변수의 SQL문장을 실행함
        MsgBox "[오류]해당하는 자료가 존재하지 않습니다"
        Exit Sub
    End If
```

[그림 4-21] 제품 초기화 및 조회관련 소스코드(1/2)

[그림 4-22]에서 DB 프로시저에서 실행된 결과인 "RS1" 레코드셋 변수에서 한 레코드씩 읽어서 화면에 출력하는 명령어들을 확인할 수 있다. 처음 접하는 독자들은 어려울 수 있으나 최대한 저자가 작성한 주석문 (실행은 되지 않고 개발자들이 이해할 수 있게 적은글)을 참고하여 이해하길 바란다.

```
    i = 101                                    ' 출력시작을 위한 기준행(제목행 Row 위치값을 설정함)
    num_최대조회수 = A100.Range("최대조회건수")         ' 화면에 최대로 조회할 행수
    num_열개수 = Application.CountA(Sheets(txt_현재시트).Range("A90:ZZ90")) + 5

    Call 공통_화면이벤트_OFF

    Do Until (RS1.EOF)                                 ' RS1 Record Set이 끝이 날때까지 Loop까지 계속 반복

        Cells(i, 1) = i - 100

        For kk = 4 To num_열개수

            If Cells(95, kk) <> "" Then

                Cells(i, kk) = RS1.Fields(Cells(95, kk).Value)

            End If

        Next

        i = i + 1

        If i > num_최대조회수 Then
            MsgBox "[확인]데이터가 " & num_최대조회수 & "건보다 많습니다. 조회조건을 변경 바랍니다"
            Exit Do
        End If

        RS1.MoveNext                                   ' RecordSet의 다음자료(다음위치)로 이동함

    Loop

    Cells(101, 3).Select

    Call 공통_DB1_Close                                ' 연결되었던 DB와의 접속을 끊음
    Call 공통_화면이벤트_ON

End Sub
```

> 화면에 설정되어 있는 칼럼명의 값을 실제 화면에 출력한다.
> 예) Cells(101, 4) = RS1.Field("제품코드")
> D101 셀에 프로시저 실행결과 레코드셋 제품코드의값을 출력(표시) 하라.

[그림 4-22] 제품 초기화 및 조회관련 소스코드(2/2)

조회 관련하여 마지막 작업이다. 화면에 표시될 칼럼을 설정하는 작업이다. 엑셀 시트에서 Ctrl 키를 누른 상태에서 "W"를 누르면 DB 프로시저의 결과 칼럼명과 화면의 칼럼을 연결할 수 있는 숨겨져 있던 행들이 표시된다.

DB 프로시저의 결과를 참고하여 적절하게 배치하면 된다. 칼럼명은 95행에 입력하면 100행, 90행의 칼럼들도 자동으로 변경된다. 100행, 90행의 용도는 다음과 같다.

95행 : DB 결과값 RS1의 칼럼명을 입력한다. (DB칼럼명 위치)
100행 : 사용자가 볼 수 있는 타이틀 (일반적으로 DB칼럼명과 동일)
90행 : VBA 프로그램에서 칼럼의 위치를 찾기 위한 값이다. (일반적으로 DB칼럼명과 동일)

이제 조회를 위한 준비는 다 되었다. "조회" 버튼을 눌렀을 때, 오류 메시지 없이 DB의 [TBC_제품] 테이블의 데이터가 화면에 출력된다면 성공한 것이다.

만약, 아무런 데이터가 나오지 않을 경우에는 [TBC_제품] 테이블에 데이터가 있는지 확인하고 소스코드에도 오류가 있는지 다시 한번 점검하기 바란다.

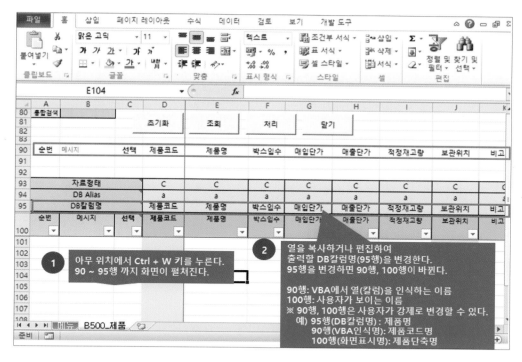

[그림 4-23] 엑셀화면 DB칼럼명, 화면표시명 설정 방법

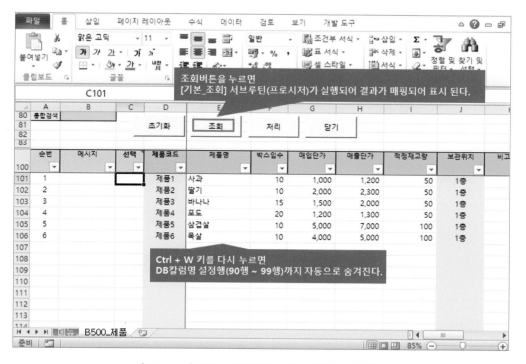

[그림 4-24] DB화면 DB칼럼명 설정 숨기기 및 실행결과

기본_처리( ) 프로시저(서브루틴)를 살펴보도록 하자. 기본_처리( ) 프로시저는 제품코드를 신규 생성하거나 수정, 삭제를 할 수 있도록 DB에 접속하고, 제품코드 등록 관련 DB 프로시저를 실행하는 역할을 담당한다.

소스코드를 살펴보면 Col_제품코드, Col_제품명 …. 이라는 변수들을 볼 수 있다. 사용자나개발자에 의해 칼럼 위치의 위치가 변할 수 있기 때문에 특정 칼럼 이름이 몇 번째 열에 위치하고 있는지를 프로그램에서 알아야 한다. 예를 들면 "Col_제품코드" 변수는 "D" 열에 위치해 있기 때문에 "4"라는 위치값을 가지고 있어야 하고, "Col_제품명" 변수는 "5"라는 값을 가지고 있어야 한다.

Col_제품코드 = 공통_칼럼위치(txt_현재시트, 90, "제품코드")

txt_현재시트 : 찾고자 하는 시트명 ("B500_제품")

90 : 90행 (VBA에서 관리하는 칼럼명이 저장되어 있는 행)

"제품코드" : 찾고자 하는 칼럼값이다.

실행 결과 Col_제품코드 변수에 "4"가 저장된다.

```
Sub 기본_처리()

    Dim txt_Sql       As String        ' SQL문장 저장을 위한 변수 선언
    Dim txt_현재시트 As String        ' 현재 작업 시트명을 저장/관리하기 위한 변수 선언

    On Error Resume Next

    txt_현재시트 = ActiveSheet.Name        ' 조회시트명을 변수에 저장

    Sheets(txt_현재시트).Select        ' 조회시트로 이동

    Call 공통_필터초기화        ' 필터에 조건이 지정되어 있는 것을 대비하여 필터초기화

    In사용자ID = A100.Range("사용자ID")        ' 향후 Insert/Update시 사용할 ID,IP,시간등을 변수에 저장
    In_공인IP = A100.Range("공인IP")        ' 각종 정보는 관리시트에 있음
    In_호스트명 = A100.Range("호스트명")        ' 각종 정보는 관리시트에 있음
    In_현재일시 = 공통_시스템시간()

    txt_현재시트 = ActiveSheet.Name        ' 조회시트명을 변수에 저장
    In_현재시트코드 = ActiveSheet.CodeName        ' 조회시트코드를 변수에 저장

    txt_Sql = "EXEC [dbo].[SPB500_제품_처리]        " & vbLf & _
        "        @IN_처리구분    = '<<처리구분>>'        " & vbLf & _
        "       ,@IN_제품코드    = '<<제품코드>>'        " & vbLf & _
        "       ,@IN_제품명      = '<<제품명>>'        " & vbLf & _
        "       ,@IN_보관위치    = '<<보관위치>>'        " & vbLf & _
        "       ,@IN_박스입수    = '<<박스입수>>'        " & vbLf & _
        "       ,@IN_매입단가    = '<<매입단가>>'        " & vbLf & _
        "       ,@IN_매출단가    = '<<매출단가>>'        " & vbLf & _
        "       ,@IN_적정재고량  = '<<적정재고량>>'        " & vbLf & _
        "       ,@IN_비고사항    = '<<비고사항>>'        " & vbLf & _
        "       ,@IN_실행ID      = '<<실행ID>>'        " & vbLf & _
        "       ,@IN_실행PG      = '<<실행PG>>'        " & vbLf & _

    txt_Sql = Replace(txt_Sql, "<<실행ID>>", Trim(A100.Range("사용자ID")))
    txt_Sql = Replace(txt_Sql, "<<실행PG>>", ActiveSheet.CodeName)

    txt_Sql_처리 = txt_Sql

    Col_제품코드 = 공통_칼럼위치(txt_현재시트, 90, "제품코드")
    Col_제품명 = 공통_칼럼위치(txt_현재시트, 90, "제품명")
    Col_보관위치 = 공통_칼럼위치(txt_현재시트, 90, "보관위치")
    Col_박스입수 = 공통_칼럼위치(txt_현재시트, 90, "박스입수")
    Col_매입단가 = 공통_칼럼위치(txt_현재시트, 90, "매입단가")
    Col_매출단가 = 공통_칼럼위치(txt_현재시트, 90, "매출단가")
    Col_적정재고량 = 공통_칼럼위치(txt_현재시트, 90, "적정재고량")
    Col_비고사항 = 공통_칼럼위치(txt_현재시트, 90, "비고사항")

    Err_flag = 0        ' 향후 에러여부를 체크할 변수 0:정상 1:오류 (초기값은 0)
    tot_cnt = ActiveSheet.Cells.SpecialCells(xlCellTypeLastCell).Row        ' 해당시트 데이터가 입력된 마지막행을 확인

    If 공통_DB1_Connect() = False Then        ' 관리시트에 있는 접속환경으로 DB에 접속함
        MsgBox "[오류]DB연결이 정상적이지 않습니다!!"
        Exit Sub
    End If
```

> 위에서 설명한 90행 칼럼값을 활용하여 해당칼럼의 위치값을 가져옴
> (향후 입력,수정,삭제할 값의 위치를 찾기위한 기준값)
>
> 공통_칼럼위치()는 저자가 작성한 공통모듈로 [A10공통] 모듈에 소스코드가 저장되어 있다.
>
> 예) [Col_제품코드] 은 90행 값을 기준으로 [제품코드]값이 D열에 위치하기 때문에 4가 저장된다.

[그림 4-25] 제품 기본_처리( ) 소스코드(1/3)

```
Err.Clear
DB_Conn1.BeginTrans                                    ' *** 트랜잭션 시작 ****

If Err.Number <> 0 Then
    DB_Conn1.RollbackTrans                             ' Begin Tran이 계속 존재하는 경우를 대비하여 Rollback 처리함
    MsgBox "[오류]트랜잭션을 시작하지 못했습니다. 다시 시도 바랍니다"
    Exit Sub
End If                                                  ' 오류 메시지를 표시한다

For i = 101 To tot_cnt                                  ' 101번행부터 데이터가 입력되어 있는 행(Row)까지 반복함

    If Cells(i, 2) <> "" Then Cells(i, 2) = ""

    If Cells(i, 3) >= "1" And Cells(i, Col_제품코드) <> "" Then    ' 선택값 1(입력)을 입력하고 4번열값에 데이터가 있는 경우

        If Cells(i, Col_박스입수) = "" Then Cells(i, Col_박스입수) = 1
        If Cells(i, Col_판매단가) = "" Then Cells(i, Col_판매단가) = 0
        If Cells(i, Col_적정재고량) = "" Then Cells(i, Col_적정재고량) = 0

        txt_Sql = txt_Sql_처리

        txt_Sql = Replace(txt_Sql, "<<처리구분>>", Trim(Cells(i, 3)))
        txt_Sql = Replace(txt_Sql, "<<제품코드>>", Trim(Cells(i, Col_제품코드)))
        txt_Sql = Replace(txt_Sql, "<<제품명>>", Trim(Cells(i, Col_제품명)))
        txt_Sql = Replace(txt_Sql, "<<보관위치>>", Trim(Cells(i, Col_보관위치)))
        txt_Sql = Replace(txt_Sql, "<<박스입수>>", Trim(Cells(i, Col_박스입수)))
        txt_Sql = Replace(txt_Sql, "<<매입단가>>", Trim(Cells(i, Col_매입단가)))
        txt_Sql = Replace(txt_Sql, "<<매출단가>>", Trim(Cells(i, Col_매출단가)))
        txt_Sql = Replace(txt_Sql, "<<적정재고량>>", Trim(Cells(i, Col_적정재고량)))
        txt_Sql = Replace(txt_Sql, "<<비고사항>>", Trim(Cells(i, Col_비고사항)))

        If 공통_DB1_Select(txt_Sql) = False Then       ' txt_Sql변수의 SQL문장을 실행함
            Err_flag = 1
            Cells(i, 2) = "[처리오류]" & A100.Range("SELECT1_MSG")
        Else
            If RS1!ERR_CODE <> 1 Then
                Err_flag = 1
                Cells(i, 2) = RS1!ERR_MESSAGE
            End If
        End If

    End If

Next
```

[그림 4-26] 제품 기본_처리( ) 소스코드(2/3)

```
If Err_flag = 0 Then                                   ' 지금까지 오류가 없으면

    Err.Clear
    DB_Conn1.CommitTrans                               ' 트랜잭션을 정상적으로 완료처리 한다

    If Err.Number = 0 Then                             ' 만약 트랜잭션 완료가 정상이면 정상 메시지를 표시
        MsgBox "[완료]요청한 작업이 완료되었습니다"
    Else
        MsgBox "[오류]최종 Commit 작업에 문제가 생겼습니다. 작업 결과를 확인 바랍니다."
        Err_flag = 1                                   ' 트랜잭션 최종 완료시에 문제가 발생하면 메시지를 표시하고
    End If                                              ' 오류 메시지를 표시한다

Else

    Err.Clear
    DB_Conn1.RollbackTrans                             ' 위의 업무처리시 오류가 발생하여 Err_flag가 1이면
    MsgBox "[오류]작업중 문제가 발생 했습니다. 확인 요망!!"  ' 트랜잭션을 Rollback 처리하고 오류메시지를 보여 준다

End If

Call 공통_DB1_Close                                    ' 모든 작업이 완료되었기 때문에 DB접속을 끊는다

If Err_flag = 0 Then                                   ' 작업에 이상이 없었다면 다시 정보를 조회하여
    Call 기본_조회                                      ' 정상적으로 입력되었는지를 보여준다.
End If

End Sub
```

[그림 4-27] 제품 기본_처리( ) 소스코드(3/3)

93

기본_처리( ) 프로시저(서브루틴)에는 BeginTrans, CommitTrans, RollbackTrans 명령을 볼 수 있는데 일부는 처리되고 일부는 처리되지 않으면 사용자가 제대로 데이터가 처리되었는지 혼선이 있을 수 있다. DB의 트랜잭션 개념을 적용하여 처리가 정상적으로 되었다면 지금까지 수행되었던 사항들을 데이터베이스에 완전히 반영시키고 만약 조금이라도 문제가 발생된 경우에는 지금까지 데이터베이스에서 작업한 내역들을 모두 이전의 상태로 되돌린다.

만약, 오류 없이 수행이 정상적으로 처리가 완료되었다면 수정된 데이터를 보여주기 위해 다시 한번 기본_조회( )을 호출하여 변경된 데이터를 볼 수 있도록 다시 한번 조회한다.

업체등록

"업체"는 제품을 매입하거나 매출을 할 때 대상이 되는 거래처를 말한다. "제품" 등록 화면과 출력되는 칼럼을 제외하고는 거의 동일하다. 처음 "제품" 등록 화면 개발 시에는 "사용자" 화면을 복사하여 개발(수정)했다면 이번에는 이전에 개발한 "제품" 화면을 복사하여 개발하도록 하자.

가. DB 프로시저

제품등록 관련 DB 프로시저와 구조적으로 다르지 않다. 조회와 처리 프로시저 중 조회 프로시저를 먼저 개발하는 것이 저자의 경험상 유리하다. 왜냐하면 먼저 테스트를 위한 데이터를 미리 INSERT 명령이나 DB의 SSMS 통합개발 툴을 이용해 등록해 놓고 이 테스트 데이터를 활용하여 조회 화면을 먼저 개발하면 상대적으로 쉽게 입력, 수정, 삭제 같은 처리 프로세스를 쉽게 구현 가능하다.

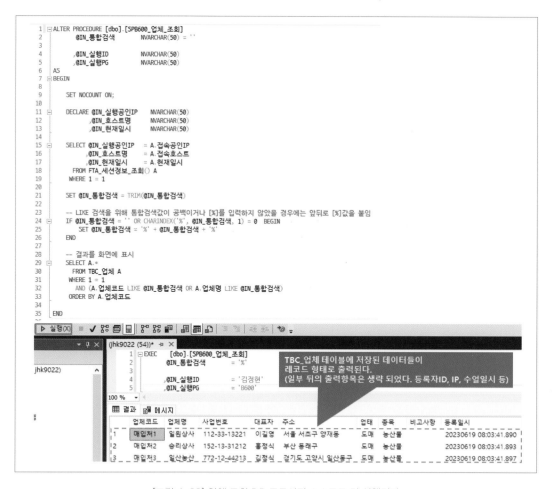

[그림 4-28] 업체 조회 DB 프로시저 소스코드 및 실행결과

```
 1 ⊟ALTER PROCEDURE [dbo].[SPB600_업체_처리]
 2      @IN_처리구분            NVARCHAR(50)    -- 1:추가  2:수정 4:삭제
 3
 4     ,@IN_업체코드            NVARCHAR(30)
 5     ,@IN_업체명             NVARCHAR(100)
 6     ,@IN_대표자             NVARCHAR(30)
 7     ,@IN_사업번호            NVARCHAR(30)
 8     ,@IN_주소              NVARCHAR(100)
 9     ,@IN_업태              NVARCHAR(30)
10     ,@IN_종목              NVARCHAR(30)
11     ,@IN_비고사항            NVARCHAR(30)
12
13     ,@IN_실행ID             NVARCHAR(50)
14     ,@IN_실행PG             NVARCHAR(50)
15   AS
16 ⊟BEGIN
17
18      SET NOCOUNT ON;
19
20 ⊟    DECLARE @IN_실행공인IP     NVARCHAR(50)
21           ,@IN_호스트명         NVARCHAR(50)
22           ,@IN_현재일시         NVARCHAR(50)
23
24 ⊟    SELECT @IN_실행공인IP    = A.접속공인IP
25          ,@IN_호스트명         = A.접속호스트
26          ,@IN_현재일시         = A.현재일시
27       FROM FTA_세션정보_조회() A
28      WHERE 1 = 1
29
30 ⊟    IF @IN_처리구분 = '1' BEGIN
31 ⊟        IF EXISTS (SELECT A.*
32                      FROM TBC_업체 A
33 ⊟                   WHERE A.업체코드 = @IN_업체코드) BEGIN
34              SET @IN_처리구분 = '2'
35          END
36      END
37
38 ⊟    IF @IN_처리구분 = '1' BEGIN
39
40 ⊟        INSERT INTO TBC_업체
41                   (업체코드,      업체명,     사업번호,     주소,         업태,      종목,
42                    대표자,       비고사항,
43                    등록일시,      등록자ID,   등록자IP, 등록자PG)
44            VALUES (@IN_업체코드,  @IN_업체명,   @IN_사업번호,   @IN_주소,     @IN_업태,    @IN_종목,
45                    @IN_대표자,    @IN_비고사항,
46                    @IN_현재일시,  @IN_실행ID,   @IN_실행공인IP,  @IN_실행PG)
47
48 ⊟        IF @@ERROR <> 0 OR @@ROWCOUNT <> 1 BEGIN
49              SELECT ERR_CODE = 11, ERR_MESSAGE = N'[11]INSERT오류'
50              RETURN(11)
51          END
```

[그림 4-29] 업체 처리(입력,수정,삭제) DB 프로시저 소스코드 (1/2)

```
52      END ELSE IF @IN_처리구분 = '2' BEGIN
53
54
55          UPDATE A SET
56              A.업체명          = @IN_업체명
57             ,A.대표자          = @IN_대표자
58             ,A.사업번호        = @IN_사업번호
59             ,A.주소           = @IN_주소
60             ,A.업태           = @IN_업태
61             ,A.종목           = @IN_종목
62             ,A.비고사항        = @IN_비고사항
63             ,A.수정일시        = @IN_현재일시
64             ,A.수정자ID       = @IN_실행ID
65             ,A.수정자IP       = @IN_실행공인IP
66             ,A.수정자PG       = @IN_실행PG
67          FROM TBC_업체 A
68          WHERE 1 = 1
69            AND A.업체코드       = @IN_업체코드
70
71          IF @@ERROR <> 0 OR @@ROWCOUNT <> 1 BEGIN
72              SELECT ERR_CODE = 20, ERR_MESSAGE = N'[20]UPDATE오류'
73              RETURN(20)
74          END
75
76      END ELSE IF @IN_처리구분 = '4' BEGIN
77
78          DELETE A
79          FROM TBC_업체 A
80          WHERE 1 = 1
81            AND A.업체코드       = @IN_업체코드
82
83          IF @@ERROR <> 0 OR @@ROWCOUNT <> 1 BEGIN
84              SELECT ERR_CODE = 30, ERR_MESSAGE = N'[30]DELETE오류'
85              RETURN(30)
86          END
87
88      END ELSE BEGIN
89          SELECT ERR_CODE = 20, ERR_MESSAGE = N'[99]처리구분오류'
90          RETURN(99)
91      END
92
93      SELECT ERR_CODE = 1, ERR_MESSAGE = N'[1]정상처리'
94      RETURN(1)
95
96  END;
```

```
▶ 실행(X)  ■  √ 器器 □ □  器器 器  □ □ 器 □

(jhk9022 (53))*  ⊹  ×
 1  □ BEGIN TRAN;
 2
 3        EXEC [dbo].[SPB600_업체_처리]
 4              @IN_처리구분       = '1'
 5             ,@IN_업체코드       = '매출처9'
 6             ,@IN_업체명        = '매출처9'
 7             ,@IN_대표자        = '매출처9대표자'
 8             ,@IN_사업번호       = '123-12-12345'
 9             ,@IN_주소         = '서울 서초구 양재동'
10             ,@IN_업태         = '서비스업'
11             ,@IN_종목         = '도소매'
12             ,@IN_비고사항       = ''
13             ,@IN_실행ID       = '김정현'
14             ,@IN_실행PG       = 'B600'
15
16    ROLLBACK TRAN;

100 %  ▾  ◂

▦ 결과  ▣ 메시지

     ERR_CODE   ERR_MESSAGE
 1      1        [1]정상처리
```

[그림 4-30] 업체 처리(입력,수정,삭제) DB 프로시저 소스코드 (2/2) 및 실행결과

나. 엑셀 VBA

"제품" 등록 화면과 구조적으로 거의 유사하고 칼럼명만 다르기 때문에 "B500_제품" 화면을 복사하여 "B600_업체"로 시트의 이름 변경하고 시트코드도 개발환경(Alt+F11)에서 "B501" → "B600"으로 변경한다. 화면 설정과 DB 프로시저 호출 관련 소스코드만 수정하면 쉽게 개발이 가능하다.

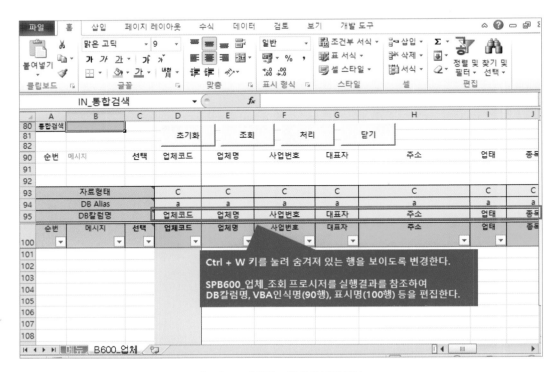

[그림 4-31] 업체 조회 화면 편집 예시

```
Private Sub Worksheet_Change(ByVal Target As Range)

    If Target.Row > 100 And Target.Column > 3 Then
        Call 공통_화면이벤트_OFF
        If Cells(Target.Row, 3) = "" Then Cells(Target.Row, 3) = 1
        Call 공통_화면이벤트_ON
    End If

End Sub

Sub 기본_초기화()

    Dim txt_Sql      As String        ' SQL문장 저장을 위한 변수 선언
    Dim txt_현재시트 As String        ' 현재 작업 시트명을 저장/관리하기 위한 변수 선언

    On Error Resume Next

    txt_현재시트 = ActiveSheet.Name     ' 조회시트명을 변수에 저장

    Sheets(txt_현재시트).Select         ' 조회시트로 이동

    Call 공통_필터초기화                ' 필터에 조건이 지정되어 있는 것을 대비하여 필터초기화

    In사용자ID = A100.Range("사용자ID")                   ' 향후 Insert/Update시 사용할 ID,IP,시간등을 변수에 저장
    In_공인IP = A100.Range("공인IP")                      ' 각종 정보는 관리시트에 있음
    In_호스트명 = A100.Range("호스트명")                  ' 각종 정보는 관리시트에 있음
    In_현재일시 = 공통_시스템시간()

    Range("IN_통합검색") = ""

End Sub


Sub 기본_조회()

    Dim txt_Sql      As String        ' SQL문장 저장을 위한 변수 선언
    Dim txt_현재시트 As String        ' 현재 작업 시트명을 저장/관리하기 위한 변수 선언

    On Error Resume Next

    txt_현재시트 = ActiveSheet.Name       ' 조회시트명을 변수에 저장
    txt_현재시트코드 = ActiveSheet.CodeName ' 조회시트코드를 변수에 저장

    Sheets(txt_현재시트).Select         ' 조회시트로 이동

    Call 공통_초기화                    ' 101번 라인 이하를 삭제(클리어)시킴

    txt_Sql = "EXEC [dbo].[SPB600_업체_조회]          " & vbLf & _
          "    @IN_통합검색      = '<<통합검색>>'    " & vbLf & _
          "   ,@IN_실행ID        = '<<실행ID>>'      " & vbLf & _
          "   ,@IN_실행PG        = '<<실행PG>>'      " & vbLf

    txt_Sql = Replace(txt_Sql, "<<통합검색>>", Trim(Range("IN_통합검색")))
    txt_Sql = Replace(txt_Sql, "<<실행ID>>", Trim(A100.Range("사용자ID")))
    txt_Sql = Replace(txt_Sql, "<<실행PG>>", ActiveSheet.CodeName)
```

[그림 4-32] 업체 엑셀 VBA 초기화, 조회 관련 소스코드 (1/2)

```
    If 공통_DB1_Connect() = False Then              ' 관리시트에 있는 접속환경으로 DB에 접속함
       MsgBox "[오류]DB연결이 정상적이지 않습니다!!"
       Exit Sub
    End If

    If 공통_DB1_Select(txt_Sql) = False Then        ' txt_Sql변수의 SQL문장을 실행함
       MsgBox "[오류]해당하는 자료가 존재하지 않습니다"
       Exit Sub
    End If

    i = 101                                          ' 출력시작을 위한 기준행(제목행 Row 위치값을 설정함)
    num_최대조회수 = A100.Range("최대조회건수")         ' 화면에 최대로 조회할 행수
    num_열개수 = Application.CountA(Sheets(txt_현재시트).Range("A90:ZZ90")) + 5

    Call 공통_화면이벤트_OFF

    Do Until (RS1.EOF)                                              ' RS1 Record Set이 끝이 날때까지 Loop까지 계속 반복

        Cells(i, 1) = i - 100

        For kk = 4 To num_열개수

            If Cells(95, kk) <> "" Then

                ' txt_칼럼명 = Cells(95, kk)
                Cells(i, kk) = RS1.Fields(Cells(95, kk)).Value

            End If

        Next

        i = i + 1

        If i > num_최대조회수 Then
            MsgBox "[확인]데이터가 " & num_최대조회수 & "건보다 많습니다. 조회조건을 변경 바랍니다"
            Exit Do
        End If

        RS1.MoveNext                                            ' RecordSet의 다음자료(다음위치로) 이동함

    Loop

    Cells(101, 3).Select

    Call 공통_DB1_Close                                      ' 연결되었던 DB와의 접속을 끊음
    Call 공통_화면이벤트_ON


End Sub
```

[그림 4-33] 업체 엑셀 VBA 초기화, 조회 관련 소스코드 (2/2)

```
Sub 기본_처리()

    Dim txt_Sql      As String        ' SQL문장 저장을 위한 변수 선언
    Dim txt_현재시트 As String        ' 현재 작업 시트명을 저장/관리하기 위한 변수 선언

    On Error Resume Next

    txt_현재시트 = ActiveSheet.Name      ' 조회시트명을 변수에 저장

    Sheets(txt_현재시트).Select          ' 조회시트로 이동

    Call 공통_필터초기화                 ' 필터에 조건이 지정되어 있는 것을 대비하여 필터초기화

    In사용자ID = A100.Range("사용자ID")                    ' 향후 Insert/Update시 사용할 ID,IP,시간등을 변수에 저장
    In_공인IP = A100.Range("공인IP")                       ' 각종 정보는 관리시트에 있음
    In_호스트명 = A100.Range("호스트명")                    ' 각종 정보는 관리시트에 있음
    In_현재일시 = 공통_시스템시간()

    txt_현재시트 = ActiveSheet.Name                        ' 조회시트명을 변수에 저장
    In_현재시트코드 = ActiveSheet.CodeName                 ' 조회시트코드를 변수에 저장

    txt_Sql = "EXEC [dbo].[SPB600_업체_처리]        " & vbLf & _
        "          @IN_처리구분      = '<<처리구분>>'     " & vbLf & _
        "         ,@IN_업체코드      = '<<업체코드>>'     " & vbLf & _
        "         ,@IN_업체명        = '<<업체명>>'       " & vbLf & _
        "         ,@IN_사업번호      = '<<사업번호>>'     " & vbLf & _
        "         ,@IN_대표자        = '<<대표자>>'       " & vbLf & _
        "         ,@IN_주소          = '<<주소>>'         " & vbLf & _
        "         ,@IN_업태          = '<<업태>>'         " & vbLf & _
        "         ,@IN_종목          = '<<종목>>'         " & vbLf & _
        "         ,@IN_비고사항      = '<<비고사항>>'     " & vbLf & _
        "         ,@IN_실행ID        = '<<실행ID>>'       " & vbLf & _
        "         ,@IN_실행PG        = '<<실행PG>>'       " & vbLf

    txt_Sql = Replace(txt_Sql, "<<실행ID>>", Trim(A100.Range("사용자ID")))
    txt_Sql = Replace(txt_Sql, "<<실행PG>>", ActiveSheet.CodeName)

    txt_Sql_처리 = txt_Sql

    Col_업체코드 = 공통_칼럼위치(txt_현재시트, 90, "업체코드")
    Col_업체명 = 공통_칼럼위치(txt_현재시트, 90, "업체명")
    Col_사업번호 = 공통_칼럼위치(txt_현재시트, 90, "사업번호")
    Col_대표자 = 공통_칼럼위치(txt_현재시트, 90, "대표자")
    Col_주소 = 공통_칼럼위치(txt_현재시트, 90, "주소")
    Col_업태 = 공통_칼럼위치(txt_현재시트, 90, "업태")
    Col_종목 = 공통_칼럼위치(txt_현재시트, 90, "종목")
    Col_비고사항 = 공통_칼럼위치(txt_현재시트, 90, "비고사항")

    Err_flag = 0                                           ' 향후 에러여부를 체크할 변수 0:정상 1:오류 (초기값은 0)
    tot_cnt = ActiveSheet.Cells.SpecialCells(xlCellTypeLastCell).Row   ' 해당시트 데이터가 입력된 마지막행을 확인

    If 공통_DB1_Connect() = False Then                     ' 관리시트에 있는 접속환경으로 DB에 접속함
        MsgBox "[오류]DB연결이 정상적이지 않습니다!!"
        Exit Sub
    End If
```

[그림 4-34] 업체 엑셀 VBA 처리 관련 소스코드 (1/3)

```
Err.Clear
DB_Conn1.BeginTrans                                    ' *** 트랜잭션 시작 ****

If Err.Number <> 0 Then
    DB_Conn1.RollbackTrans                             ' Begin Tran이 계속 존재하는 경우를 대비하여 Rollback 처리함
    MsgBox "[오류]트랜잭션을 시작하지 못했습니다. 다시 시도 바랍니다"
    Exit Sub
End If                                                  ' 오류 메시지를 표시한다


For i = 101 To tot_cnt                                 ' 101번행부터 데이터가 입력되어 있는 행(Row)까지 반복함

    If Cells(i, 2) <> "" Then Cells(i, 2) = ""

    If Cells(i, 3) >= "1" And Cells(i, Col_업체코드) <> "" Then          ' 선택값 1이상일 경우

        txt_Sql = txt_Sql_처리

        txt_Sql = Replace(txt_Sql, "<<처리구분>>", Trim(Cells(i, 3)))
        txt_Sql = Replace(txt_Sql, "<<업체코드>>", Trim(Cells(i, Col_업체코드)))
        txt_Sql = Replace(txt_Sql, "<<업체명>>", Trim(Cells(i, Col_업체명)))
        txt_Sql = Replace(txt_Sql, "<<사업번호>>", Trim(Cells(i, Col_사업번호)))
        txt_Sql = Replace(txt_Sql, "<<대표자>>", Trim(Cells(i, Col_대표자)))
        txt_Sql = Replace(txt_Sql, "<<주소>>", Trim(Cells(i, Col_주소)))
        txt_Sql = Replace(txt_Sql, "<<업태>>", Trim(Cells(i, Col_업태)))
        txt_Sql = Replace(txt_Sql, "<<종목>>", Trim(Cells(i, Col_종목)))
        txt_Sql = Replace(txt_Sql, "<<비고사항>>", Trim(Cells(i, Col_비고사항)))

        If 공통_DB1_Select(txt_Sql) = False Then        ' txt_Sql변수의 SQL문장을 실행함
            Err_flag = 1
            Cells(i, 2) = "[처리오류]" & A100.Range("SELECT1_MSG")
        Else
            If RS1!ERR_CODE <> 1 Then
                Err_flag = 1
                Cells(i, 2) = RS1!ERR_MESSAGE
            End If
        End If

    End If

Next
```

[그림 4-35] 업체 엑셀 VBA 처리 관련 소스코드 (2/3)

```
    If Err_flag = 0 Then                               ' 지금까지 오류가 없으면

        Err.Clear
        DB_Conn1.CommitTrans                           ' 트랜잭션을 정상적으로 완료처리 한다

        If Err.Number = 0 Then                         ' 만약 트랜잭션 완료가 정상이면 정상 메시지를 표시
            MsgBox "[완료]요청한 작업이 완료되었습니다"
        Else
            MsgBox "[오류]최종 Commit 작업에 문제가 생겼습니다, 작업 결과를 확인 바랍니다."
            Err_flag = 1                               ' 트랜잭션 최종 완료시에 문제가 발생하면 메시지를 표시하고
        End If                                          ' 오류 메시지를 표시한다

    Else

        Err.Clear
        DB_Conn1.RollbackTrans                         ' 위의 업무처리시 오류가 발생하여 Err_flag가 1이면
        MsgBox "[오류]작업중 문제가 발생 했습니다. 확인 요망!!"     ' 트랜잭션을 Rollback 처리하고 오류메시지를 보여 준다

    End If


    Call 공통_DB1_Close                                 ' 모든 작업이 완료되었기 때문에 DB접속을 끊는다

    If Err_flag = 0 Then                               ' 작업에 이상이 없었다면 다시 정보를 조회하여
        Call 기본_조회                                   ' 정상적으로 입력되었는지를 보여준다.
    End If

End Sub
```

[그림 4-36] 업체 엑셀 VBA 처리 관련 소스코드 (3/3)

매입업무 개발

05
매입업무 개발

5-1 주요 테이블 및 개발목록

매입업무는 고객에게 판매할 제품을 매입처에서 구매하고 재고를 확보하는 과정이다. 제품을 제조하는 제조사나, 유통사에게 제품을 미리 매입(구매)하고 재고를 창고에 보관하는 전반적인 업무를 말한다. 매입업무와 관련된 주요 테이블은 매입테이블(TBE_매입H, TBE_매입D)과 매입 확정이 이루어 진 재고를 관리하는 현재고 테이블(TBJ_현재고) 등이다. 당연한 얘기지만 매입 업무를 수행하기 위해서는 사전에 취급하는 제품이나 매입처가 TBC_제품, TBC_업체 테이블에 등록되어 있어야 한다.

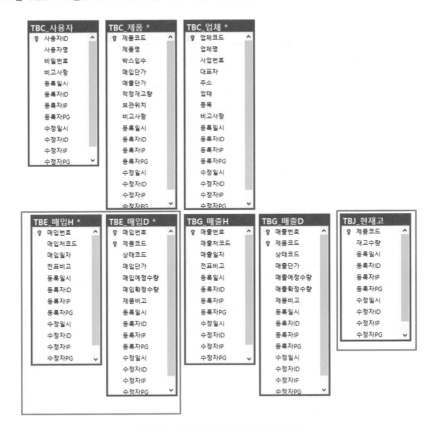

[그림 5-1] 매입업무 관련 주요 테이블

[TBE_매입D] 테이블에는 [상태코드] 칼럼이 있는데 매입의 프로세스별에서 현재 어느 단계인지를 관리한다. 최초 매입등록이 된 상태에서는 "10"이 저장되어 있으며 아직 매입되지 않은 단계이다. 실제 제품이 매입 담당자나 창고 검수 담당자가 최종적으로 검수하고 인수인계가 완료되면 상태코드가 "90"으로 변경되고 매입확정수량이 매입예정수량으로 변경됨과 동시에 현재고 테이블에 해당 제품의 수량이 증가된다. [TBJ_현재고] 테이블에 저장된 수량은 향후 매출 프로세스를 통해서 고객에게 매출(판매) 처리가 되면 다시 감소하게 된다.

구분		메뉴ID	DB프로시저	내용
매입등록	조회	E100	SPE100_매입등록_조회	매입등록을 위한 화면 조회
	등록		SPE100_매입등록_처리	실제 매입등록 처리 (입력,수정,삭제)
매입확정	대상조회	E200	SPE200_매입확정_조회	매입확정 가능한 목록을 화면 조회
	확정처리		SPE200_매입확정_확정	실제 매입확정 처리
매입전표발행	대상조회	E210	SPE210_매입전표발행_대상조회	매입확정된 발행대상 전표번호 조회
	전표발행		SPE210_매입전표발행_출력	실제 전표출력
매입확정취소	대상조회	E290	SPE290_매입확정취소_조회	매입확정취소 가능한 목록을 화면 조회
	취소처리		SPE290_매입확정취소_취소	실제 매입확정취소 처리
매입LIST	조회	E900	SPE900_매입LIST_조회	매입내역 전체 화면 조회

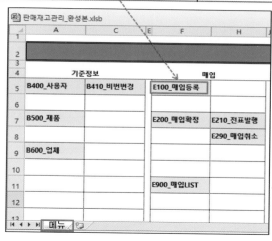

[그림 5-2] 매입관리 개발 목록

105

5-2 매입등록

가. DB 프로시저

매입해야 할 매입처와 제품 목록들을 미리 시스템에 사전 등록하는 단계이다. 매입 등록이 되었다고 해서 매입이 완료된 것은 아니고 추가로 매입확정 처리를 해야만 실제 매입이 완료된다.

매입 등록 시에 해당 상태코드 값이 "10"으로 저장되었다가 매입확정이 완료되면 상태코드가 "90"으로 변경된다.

(1) 매입등록 조회

[SPE100_매입등록_조회] 프로시저를 살펴보도록 하자. 매입등록 시에 제품코드를 외워서 한 건씩 입력하면 매우 불편할 수 있기 때문에 우리가 관리하고 있는 제품의 목록들을 화면에 먼저 표시하고 원하는 제품에 수량, 단가 등을 입력하면 처리가 될 수 있도록 개발하였다. 이를 위해서 프로시저에 "@IN_조회구분" 입력변수를 추가하였다.

입력변수 @IN_조회구분이 "0"일 경우에는 해당 입력된 전표번호에 저장된 내역이 없더라도 [TBC_제품] 테이블에 있는 모든 제품목록이 화면에 표시된다.

만약, 이미 매입등록이 된 제품의 경우에는 입력수량이 표시되지만 매입등록 되지 않은 제품은 목록만 표시되기 때문에 어떤 제품이 입력되고 되지 않았는지 상태를 확인하면서 업무를 처리할 수 있다.

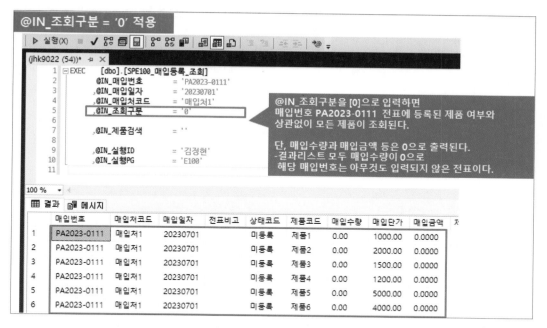

[그림 5-3] SPE100_매입등록_조회 @IN_조회구분 입력변수에 따른 결과 비교

@IN_조회구분이 "1"일 경우에는 해당 매입번호로 등록된 내역들만 조회가 된다. 사용자가 명확하게 어떤 제품을 입력하였는지를 확인하고자 하는 경우에 사용하면 편리할 것이다.

[SPE100_매입등록_조회] 프로시저의 소스코드를 살펴보면 @IN_조회구분의 값("0" 또는 "1")에 따라서 실행해야 할 SELECT 명령어가 다르기 때문에 IF 명령어로 분기되어 각기 다른 SELECT 명령이 실행되도록 개발하였다.

추가로 특정 제품코드나 제품명의 키워드로 조건 검색을 할 수 있도록 @IN_제품검색 입력매개변수가 추가되어 있다.

매입번호, 매출번호 등의 전표번호 채번하기 위해서는 공통모듈인 [SPA100_공통_전표번호_채번] 프로시저를 실행한다. 프로시저명이 "SPA"로 시작하는 프로시저는 주로 공통적으로 시스템에서 활용하는 기능이라는 의미이다. 매입과 관련된 프로시저는 "SPE"로 시작하고 매출과 관련된 프로시저는 "SEG"로 시작한다는 점도 알아두면 좋겠다.

```
1  ⊟ALTER PROCEDURE [dbo].[SPE100_매입등록_조회]
2        @IN_매입번호          NVARCHAR(50)
3       ,@IN_매입일자          NVARCHAR(50)
4       ,@IN_매입처코드         NVARCHAR(50)
5  ⊟    ,@IN_조회구분          NVARCHAR(50)        -- 1:매입번호를 기준으로 기등록된 제품만 조회
6                                                 -- 0:매입등록 여부 관계없이 모든제품 조회
7
8       ,@IN_제품검색          NVARCHAR(50)        -- 제품코드나 제품명이 일치하는 품목만 조회 (공백:전체조회)
9
10      ,@IN_실행ID           NVARCHAR(50)
11      ,@IN_실행PG           NVARCHAR(50)
12  AS
13 ⊟BEGIN
14
15     SET NOCOUNT ON;
16     --SET TRANSACTION ISOLATION LEVEL READ UNCOMMITTED
17
18     DECLARE @IN_실행공인IP    NVARCHAR(50)
19            ,@IN_호스트명       NVARCHAR(50)
20            ,@IN_현재일시       NVARCHAR(50)
21
22     SELECT @IN_실행공인IP   = A.접속공인IP
23           ,@IN_호스트명      = A.접속호스트
24           ,@IN_현재일시      = A.현재일시
25       FROM FTA_세션정보_조회() A
26      WHERE 1 = 1
27
28     -- 제품을 LIKE 검색하기 위해 입력받은 조회검색값 왼쪽, 오른쪽에 '%'를 추가한다
29     SET @IN_제품검색 = CONCAT('%', TRIM(@IN_제품검색), '%')
30
```

제품코드나 제품명을 LIKE 검색을 위해
[@IN_제품검색] 입력값 앞뒤에 [%]를 붙인다.
예) 실행이전 : 살
    실행이후 : %살%

[그림 5-4] SPE100_매입등록_조회 소스코드 (1/3)

```
31          |
32      -- 매입전표 등록 여부와 상관없이 제품을 검색 하여야 하는 경우
33  ⊟   IF @IN_조회구분 = '0' BEGIN
34
35          -- 매입관련 테이블 LEFT JOIN을 쓴 것은 매입내역에 없더라도 모든 제품 출력위함
36          SELECT 매입번호        = ISNULL(B.매입번호,        @IN_매입번호)
37                ,매입처코드       = ISNULL(B.매입처코드,       @IN_매입처코드)
38                ,매입일자        = ISNULL(B.매입일자,        @IN_매입일자)
39                ,전표비고        = ISNULL(B.전표비고,        '')
40                ,상태코드        = ISNULL(C.상태코드,        '미등록')
41                ,제품코드        = ISNULL(C.제품코드,        A.제품코드)
42                ,매입수량        = ISNULL(C.매입예정수량,     0)
43                ,매입단가        = ISNULL(C.매입단가,        A.매입단가)
44                ,매입금액        = ISNULL(C.매입예정수량 * C.매입단가,      0)
45                ,제품비고        = ISNULL(C.제품비고,        '')
46                ,C.등록일시, C.등록자ID,  C.등록자IP,      C.등록자PG
47                ,C.수정일시, C.수정자ID,  C.수정자IP,      C.수정자PG
48                ,A.제품명,   A.박스입수,  A.보관위치,       A.매출단가
49                ,적정재고량      = ISNULL(A.적정재고량,  0)
50                ,재고수량       = ISNULL(G.재고수량,   0)
51                ,매입처         = D.업체명
52            INTO #TEMP_매입등록조회0
53            FROM TBC_제품           A
54            LEFT JOIN TBE_매입H    B ON B.매입번호    = @IN_매입번호
55            LEFT JOIN TBE_매입D    C ON C.매입번호    = B.매입번호    AND C.제품코드 = A.제품코드
56            LEFT JOIN TBC_업체     D ON D.업체코드    = @IN_매입처코드
57            LEFT JOIN TBJ_현재고   G ON G.제품코드    = A.제품코드
58           WHERE 1 = 1
59             AND (A.제품코드 LIKE @IN_제품검색  OR A.제품명 LIKE @IN_제품검색)
60
61          -- 화면표시를 제품코드 순으로 정렬하여 출력
62  ⊟       SELECT A.*
63            FROM #TEMP_매입등록조회0 A
64           WHERE 1 = 1
65           ORDER BY A.제품코드
```

조회구분값이 [0]일 경우에는
매입등록된 내역이 없더라도
해당하는 모든 제품목록이 표시되도록
LEFT JOIN을 수행하고 있다.

[그림 5-5] SPE100_매입등록_조회 소스코드 (2/3)

```
66
67  END ELSE IF @IN_조회구분 = '1' BEGIN
68
69      -- 매입관련 테이블  INNER JOIN을 쓴 것은 매입내역에 있는 품목만 조회
70      SELECT A.매입번호, A.매입처코드, A.매입일자,      A.전표비고
71          ,B.상태코드, B.제품코드
72          ,B.매입단가
73          ,매입수량    = B.매입예정수량
74          ,매입금액    = B.매입예정수량 * B.매입단가
75          ,B.제품비고
76          ,B.등록일시, B.등록자ID,    B.등록자IP,    B.등록자PG
77          ,B.수정일시, B.수정자ID,    B.수정자IP,    B.수정자PG
78          ,C.제품명,   C.박스입수,    C.보관위치,    C.매출단가
79          ,매입처명      = D.업체명
80          ,적정재고량    = ISNULL(C.적정재고량,  0)
81          ,재고수량      = ISNULL(G.재고수량,    0)
82      INTO #TEMP_매입등록조회1
83      FROM TBE_매입H       A
84      INNER JOIN TBE_매입D     B ON B.매입번호  = A.매입번호
85      INNER JOIN TBC_제품     C ON C.제품코드  = B.제품코드
86      INNER JOIN TBC_업체     D ON D.업체코드  = A.매입처코드
87      LEFT  JOIN TBJ_현재고   G ON G.제품코드  = C.제품코드
88      WHERE 1 = 1
89          AND A.매입번호 = @IN_매입번호
90          AND (B.제품코드 LIKE @IN_제품검색  OR C.제품명 LIKE @IN_제품검색)
91
92      -- 화면표시를 제품코드 순으로 정렬하여 출력
93      SELECT A.*
94      FROM #TEMP_매입등록조회1 A
95      WHERE 1 = 1
96      ORDER BY A.제품코드
97
98
99  END
100
101 END
```

> 조회구분값이 [1]일 경우에는 매입등록된 내역만 출력되도록 **INNER JOIN**을 수행하고 있다.
>
> 단, 현재고는 있을 수도 없을수도 있기 때문에 **LEFT JOIN**을 수행한다.

[그림 5-6] SPE100_매입등록_조회 소스코드 (3/3)

(2) 매입번호 채번

매입등록을 하려면 먼저 매입번호를 채번해야 한다. 매입번호는 관리의 기준이 되는 번호로서 매입관련 테이블에서 기본 키(Primary Key) 역할을 하는 값이다. 매입번호는 데이터베이스의 시퀀스(Sequence) 기능을 활용하면, 여러 사용자가 동시에 매입번호를 채번하더라도 충돌이나 중복되지 않고 빠르게 고유한 번호를 각각 부여받을 수 있다. 우리가 개발하는 판매재고관리 시스템의 매입번호와 매출번호 체계는 구분자(구매 : PA, 영업 : SA)와 년월(YYYYMM) 그리고 일련번호 4자리로 구성하였다.

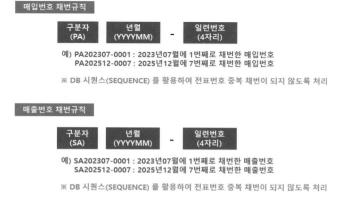

매입번호 채번규칙

| 구분자 (PA) | 년월 (YYYYMM) | - | 일련번호 (4자리) |

예) PA202307-0001 : 2023년07월에 1번째로 채번한 매입번호
　　PA202512-0007 : 2025년12월에 7번째로 채번한 매입번호

※ DB 시퀀스(SEQUENCE) 를 활용하여 전표번호 중복 채번이 되지 않도록 처리

매출번호 채번규칙

| 구분자 (SA) | 년월 (YYYYMM) | - | 일련번호 (4자리) |

예) SA202307-0001 : 2023년07월에 1번째로 채번한 매출번호
　　SA202512-0007 : 2025년12월에 7번째로 채번한 매출번호

※ DB 시퀀스(SEQUENCE) 를 활용하여 전표번호 중복 채번이 되지 않도록 처리

[그림 5-7] 전표 채번 규칙 예시

먼저 공통모듈인 [SPA100_공통_전표번호_채번] 프로시저로 매입전표와 매출전표번호가 어떻게 채번되는지 예시를 통해 알아보자. 입력값으로 전표유형과 일자를 입력하면 공통 프로시저가 고유한 전표번호를 채번하여 리턴 되도록 개발하였다.

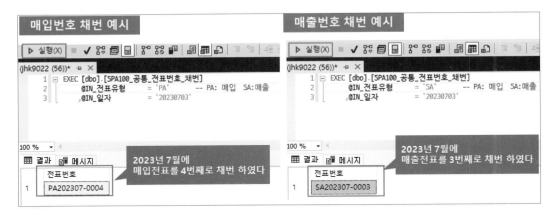

[그림 5-8] SPA100_공통_전표번호_채번 실행 예시

[SPA100_공통_전표번호_채번]의 소스코드를 살펴보기 전에 시퀀스(Sequence)를 어떻게 생성하고 생성된 시퀀스는 어디에서 확인할 수 있는지 [그림 5-9]로 정리하였다. 향후 전표번호 등의 고유한 순번 값이 필요할 경우에는 반드시 시퀀스를 활용하기를 권장한다.

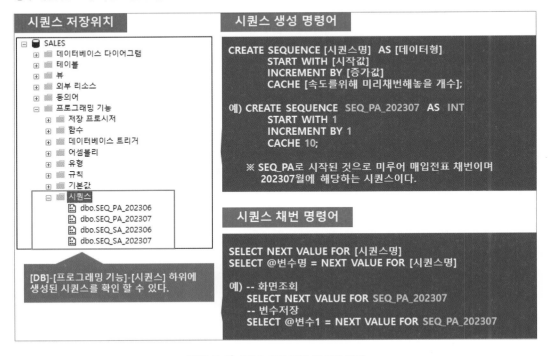

[그림 5-9] 시퀀스 생성 방법 및 저장 위치

"매입번호"와 "매출번호"는 매월마다 새로이 1번부터 순번이 부여되도록 설계하였다. 그렇게 되면 시퀀스도 매월마다 새로운 이름으로 새롭게 생성하여야 한다. 그런데 매월마다 시퀀스의 이름이 바뀌기 때문에 프로그래밍하기가 어려울 수 있다.

이러한 문제를 해결하기 위해서는 동적SQL(Dynamic SQL)의 적용이 필요하다. 동적 SQL은 변수에 SQL 문장을 상황에 맞게 저장하고 이를 EXEC 명령어로 실행하는 방법으로 보다 유연한 프로그래밍을 할 수 있는 장점이 있다.

추가로, 시퀀스를 관리자 등에 의해 시퀀스가 삭제될 수도 있는데 이러한 상황에서도 기존에 채번된 마지막 순번을 확인하여 다시 시퀀스를 생성하고 정상적으로 채번될 수 있도록 공통 모듈을 개발하였다. 소스코드가 조금 난해하고 어려울 수 있는데 해석이 어렵다면 활용법만 제대로 확인하고 나중에 추가 학습을 권장한다.

```
1   /*-------------------------------------------------------------------
2     작 성 일: 2023년 07월 01일
3     작 성 자: 김정현
4     기    능: 매입, 매출전표의 전표번호를 채번하는 공통모듈 (시퀀스 기능을 활용하여 충돌 예방)
5            결과예 : [전표번호] 칼럼에 [PA202307-0001] 형태로 리턴함
6     -------------------------------------------------------------------
7     수정일    수정자    요청자    내용
8     -------------------------------------------------------------------
9
10    EXEC [dbo].[SPA100_공통_전표번호_채번]
11        @IN_전표유형      = N'PA'       -- PA: 매입  SA:매출
12       ,@IN_일자         = N'20230703'
13
14
15    -------------------------------------------------------------------*/
16   ALTER PROCEDURE [dbo].[SPA100_공통_전표번호_채번]
17        @IN_전표유형        NVARCHAR(50)         -- PA: 매입  SA:매출
18       ,@IN_일자           NVARCHAR(50) = ''     -- YYYYMMDD 또는 YYYYMM 입력 (미입력시 현재일자)
19   AS
20   BEGIN
21
22       SET NOCOUNT ON;
23
24       DECLARE @IN_실행공인IP     NVARCHAR(50)
25              ,@IN_호스트명       NVARCHAR(50)
26              ,@IN_현재일시       NVARCHAR(50)
27
28       SELECT @IN_실행공인IP    = A.접속공인IP
29             ,@IN_호스트명      = A.접속호스트
30             ,@IN_현재일시      = A.현재일시
31        FROM FTA_세션정보_조회() A
32       WHERE 1 = 1
33
34       DECLARE @TXT_시퀀스명      NVARCHAR(50)
35              ,@TXT_일자검검      NVARCHAR(20)
36              ,@TXT_쿼리문장      NVARCHAR(500)
37              ,@NUM_최대값        INT
38              ,@NUM_신규채번      INT
39
40       -- 일자 입력값이 공백일 경우에는 현재년월을 입력
41       IF @IN_일자 IS NULL OR @IN_일자 = '' SET @IN_일자 = LEFT(@IN_현재일시, 8)
```

[그림 5-10] SPA100_공통_전표번호_채번 소스코드 (1/3)

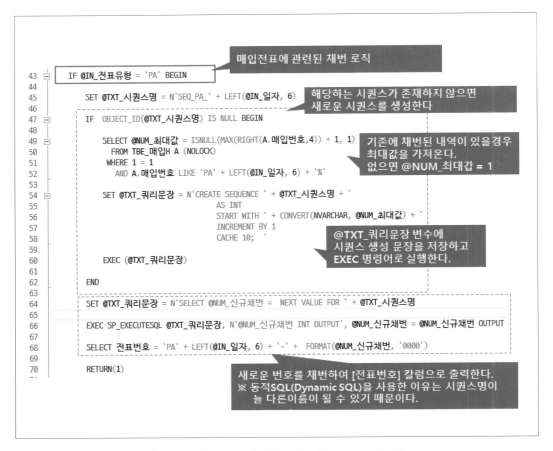

```
                              매입전표에 관련된 채번 로직

43    IF @IN_전표유형 = 'PA' BEGIN
44
45        SET @TXT_시퀀스명 = N'SEQ_PA_' + LEFT(@IN_일자, 6)     해당하는 시퀀스가 존재하지 않으면
46                                                              새로운 시퀀스를 생성한다
47        IF  OBJECT_ID(@TXT_시퀀스명) IS NULL BEGIN
48
49            SELECT @NUM_최대값 = ISNULL(MAX(RIGHT(A.매입번호,4)) + 1, 1)    기존에 채번된 내역이 있을경우
50              FROM TBE_매입H A (NOLOCK)                                   최대값을 가져온다.
51             WHERE 1 = 1                                                 없으면 @NUM_최대값 = 1
52               AND A.매입번호 LIKE 'PA' + LEFT(@IN_일자, 6) + '%'
53
54            SET @TXT_쿼리문장 = N'CREATE SEQUENCE ' + @TXT_시퀀스명 + '
55                                          AS INT
56                                          START WITH ' + CONVERT(NVARCHAR, @NUM_최대값) + '
57                                          INCREMENT BY 1         @TXT_쿼리문장 변수에
58                                          CACHE 10;  '          시퀀스 생성 문장을 저장하고
59                                                                EXEC 명령어로 실행한다.
60            EXEC (@TXT_쿼리문장)
61
62        END
63
64        SET @TXT_쿼리문장 = N'SELECT @NUM_신규채번 =  NEXT VALUE FOR ' + @TXT_시퀀스명
65
66        EXEC SP_EXECUTESQL @TXT_쿼리문장, N'@NUM_신규채번 INT OUTPUT', @NUM_신규채번 = @NUM_신규채번 OUTPUT
67
68        SELECT 전표번호 = 'PA' + LEFT(@IN_일자, 6) + '-' + FORMAT(@NUM_신규채번, '0000')
69
70        RETURN(1)                  새로운 번호를 채번하여 [전표번호] 칼럼으로 출력한다.
                                     ※ 동적SQL(Dynamic SQL)을 사용한 이유는 시퀀스명이
                                        늘 다른이름이 될 수 있기 때문이다.
```

[그림 5-11] SPA100_공통_전표번호_채번 소스코드 (2/3)

```
71
72   END ELSE IF @IN_전표유형 = 'SA' BEGIN          매출전표에 관련된 채번 로직
73                                                위의 매입관련 사항과 동일한 구조이다.
74       SET @TXT_시퀀스명 = N'SEQ_SA_' + LEFT(@IN_일자, 6)
75
76       IF  OBJECT_ID(@TXT_시퀀스명) IS NULL BEGIN
77
78           SELECT @NUM_최대값 = ISNULL(MAX(RIGHT(A.매출번호,4)) + 1, 1)
79             FROM TBG_매출H A (NOLOCK)
80            WHERE 1 = 1
81              AND A.매출번호 LIKE 'SA' + LEFT(@IN_일자, 6) + '%'
82
83           SET @TXT_쿼리문장 = N'CREATE SEQUENCE ' + @TXT_시퀀스명 + '
84                                        AS INT
85                                        START WITH ' + CONVERT(NVARCHAR, @NUM_최대값) + '
86                                        INCREMENT BY 1
87                                        CACHE 10;  '
88
89           EXEC (@TXT_쿼리문장)
90
91       END
92
93       SET @TXT_쿼리문장 = N'SELECT @NUM_신규채번 =  NEXT VALUE FOR ' + @TXT_시퀀스명
94
95       EXEC SP_EXECUTESQL @TXT_쿼리문장, N'@NUM_신규채번 INT OUTPUT', @NUM_신규채번 = @NUM_신규채번 OUTPUT
96
97       SELECT 전표번호 = 'SA' + LEFT(@IN_일자, 6) + '-' + FORMAT(@NUM_신규채번, '0000')
98
99       RETURN(1)
100  END
101
102  RETURN(99)
103
104
105  END;
106
```

[그림 5-12] SPA100_공통_전표번호_채번 소스코드 (3/3)

(3) 매입등록 처리

실제 매입등록 해야 할 매입 내역을 입력, 수정, 삭제 처리를 하는 프로시저이다. 매입관련 테이블이 헤더테이블과 디테일테이블이 있기 때문에 각각 프로시저를 분리하여 작성할 수도 있지만 우리는 하나의 프로시저로 헤더테이블과 디테일테이블의 데이터를 통합하여 처리하도록 개발하였다.

물론, 헤더테이블의 값에 아무런 변경사항이 없는 경우에도 하나의 프로시저로 처리하다 보니 불필요하게 헤더 데이터가 UPDATE가 될 수 있는 문제가 있기는 하지만 하나의 프로시저만 실행해도 된다는 장점이 있다.

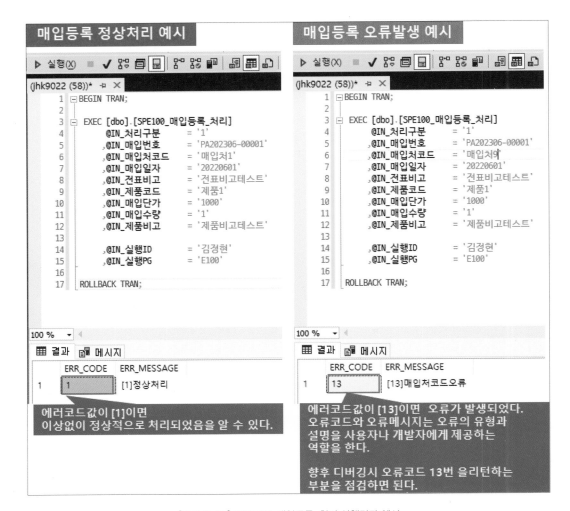

[그림 5-13] SPE100_매입등록_처리 실행결과 예시

매입등록 처리 실행 결과 예시를 살펴보면 @IN_처리구분이 "1"이기 때문에 입력 또는 수정 처리를 하고 있음을 알 수 있다. 매입번호는 아마도 별도 전표번호 관련 공통모듈을 통해서 채번한 매입번호를 입력했을 것이다. 매입처코드, 매입일자, 전표비고, 제품코드, 매입단가 수량 등의 값을 입력변수로 입력하였다.

프로시저 내에서 다수의 SQL 명령어들이 실행될 수 있기 때문에 트랜잭션 처리는 반드시 필요하다. 예제에서는 테스트를 위한 실행이기 때문에 COMMIT 하지 않고 ROLLBACK 처리하였다.

정상적으로 처리된 경우에는 ERR_CODE 칼럼값이 "1"로 리턴 된다. ERR_CODE 값이 "13"이 리턴 된 경우에는 오류가 발생되었음을 알 수 있다. 오류코드나 오류 메시지를 확인하면 소스코드 중 어느 위치에서 문제가 발생 되었는지 확인 가능하다.

```
1
2  ⊟ALTER PROCEDURE [dbo].[SPE100_매입등록_처리]
3       @IN_처리구분            NVARCHAR(50)      -- 1:신규/수정 4:삭제
4
5      ,@IN_매입번호            NVARCHAR(30)      -- 반드시 매입번호는 입력 받아야 한다
6      ,@IN_매입처코드          NVARCHAR(30)
7      ,@IN_매입일자            NVARCHAR(30)
8      ,@IN_전표비고            NVARCHAR(100)
9      ,@IN_제품코드            NVARCHAR(30)
10     ,@IN_매입단가            NUMERIC(18, 2)
11     ,@IN_매입수량            NUMERIC(18, 2)
12     ,@IN_제품비고            NVARCHAR(100)
13
14     ,@IN_실행ID             NVARCHAR(50)
15     ,@IN_실행PG             NVARCHAR(50)
16  AS
17 ⊟BEGIN
18
19     SET NOCOUNT ON;
20
21 ⊟   DECLARE @IN_실행공인IP     NVARCHAR(50)
22          ,@IN_호스트명         NVARCHAR(50)
23          ,@IN_현재일시         NVARCHAR(50)
24          ,@NUM_매입금액        NUMERIC(18, 2)
25
26 ⊟   SELECT @IN_실행공인IP    = A.접속공인IP
27          ,@IN_호스트명        = A.접속호스트
28          ,@IN_현재일시        = A.현재일시
29     FROM FTA_세션정보_조회() A
30     WHERE 1 = 1
31
32     -- 매일일자가 정상적인 날짜값이 아닐 경우에는 오류 (예: 20220332)
33 ⊟   IF ISDATE(@IN_매입일자) = 0 BEGIN
34        SELECT ERR_CODE = 11, ERR_MESSAGE = N'[11]매입일자입력오류'
35        RETURN(11)
36     END
37
38 ⊟   IF NOT EXISTS (SELECT * FROM TBC_업체 WHERE 업체코드 = @IN_매입처코드) BEGIN
39        SELECT ERR_CODE = 13, ERR_MESSAGE = N'[13]매입처코드오류'
40        RETURN(13)
41     END
42
43 ⊟   IF NOT EXISTS (SELECT * FROM TBC_제품 WHERE 제품코드 = @IN_제품코드) BEGIN
44        SELECT ERR_CODE = 13, ERR_MESSAGE = N'[14]제품코드오류'
45        RETURN(14)
46     END
```

> 비정상 일자, 매입처, 제품코드 체크

[그림 5-14] SPE100_매입등록_처리 소스코드 (1/4)

```
48          -- 이미 진행중인 매입D 건이 존재하면 오류발생 (상태코드 10(최초입력), 20~90(진행 또는 확정))
49     IF EXISTS (SELECT A.*
50                   FROM TBE_매입D A
51                  WHERE 1 = 1                           이미 확정 또는 진행중인
52                    AND A.매입번호 = @IN_매입번호         상태가 있으면 오류발생
53                    AND A.상태코드 BETWEEN '20' AND '90') BEGIN
54         SELECT ERR_CODE = 14, ERR_MESSAGE = N'[15]진행또는확정된전표오류'
55         RETURN(15)
56     END
57
58     IF @IN_처리구분 IN ('1') BEGIN              입력(수정) 처리의 경우
59
60          -- 기존에 매입H가 존재 여부를 확인하여 INSERT 또는 UPDATE를 수행한다
61          IF NOT EXISTS (SELECT A.* FROM TBE_매입H A (NOLOCK) WHERE A.매입번호 = @IN_매입번호) BEGIN
62
63              INSERT INTO TBE_매입H
64                        (매입번호,        매입처코드,      매입일자,       전표비고,
65                         등록일시,        등록자ID,        등록자IP,       등록자PG)
66                  VALUES (@IN_매입번호,   @IN_매입처코드,  @IN_매입일자,   @IN_전표비고,
67                         @IN_현재일시,    @IN_실행ID,      @IN_실행공인IP, @IN_실행PG)
68
69              IF @@ERROR <> 0 OR @@ROWCOUNT <> 1 BEGIN
70                  SELECT ERR_CODE = 21, ERR_MESSAGE = N'[21]매입H신규등록오류'
71                  RETURN(21)
72              END
73          END ELSE BEGIN
74                                                      매입헤더 테이블
75              UPDATE A SET                            INSERT 또는 UPDATE 수행
76                   A.매입처코드    = @IN_매입처코드
77                  ,A.매입일자      = @IN_매입일자
78                  ,A.전표비고      = @IN_전표비고
79                  ,A.수정일시      = @IN_현재일시
80                  ,A.수정자ID      = @IN_실행ID
81                  ,A.수정자IP      = @IN_실행공인IP
82                  ,A.수정자PG      = @IN_실행PG
83               FROM TBE_매입H A
84              WHERE 1 = 1
85                AND A.매입번호 = @IN_매입번호
86
87              IF @@ERROR <> 0 OR @@ROWCOUNT <> 1 BEGIN
88                  SELECT ERR_CODE = 22, ERR_MESSAGE = N'[22]매입H수정오류'
89                  RETURN(22)
90              END
91
92          END
93
           처리구분[1] 계속 ...
```

[그림 5-15] SPE100_매입등록_처리 소스코드 (2/4)

```
94    IF NOT EXISTS (SELECT A.*
95                     FROM TBE_매입D A (NOLOCK)
96                    WHERE A.매입번호 = @IN_매입번호
97                      AND A.제품코드 = @IN_제품코드) BEGIN
98
99         INSERT INTO TBE_매입D
100                   (매입번호,          제품코드,        상태코드,          매입단가,            매입예정수량,
101                    제품비고,
102                    등록일시,          등록자ID,        등록자IP,          등록자PG)
103            VALUES (@IN_매입번호,     @IN_제품코드,    '10',            @IN_매입단가,       @IN_매입수량,
104                    @IN_제품비고,
105                    @IN_현재일시,     @IN_실행ID,      @IN_실행공인IP,   @IN_실행PG)
106
107        IF @@ERROR <> 0 OR @@ROWCOUNT <> 1 BEGIN
108           SELECT ERR_CODE = 23, ERR_MESSAGE = N'[23]매입D신규등록오류'
109           RETURN(23)
110        END
111
112    END ELSE BEGIN
113        UPDATE A SET
114              A.매입단가        = @IN_매입단가
115             ,A.매입예정수량    = @IN_매입수량
116             ,A.제품비고        = @IN_제품비고
117             ,A.수정일시        = @IN_현재일시
118             ,A.수정자ID        = @IN_실행ID
119             ,A.수정자IP        = @IN_실행공인IP
120             ,A.수정자PG        = @IN_실행PG
121          FROM TBE_매입D A
122         WHERE 1 = 1
123           AND A.매입번호 = @IN_매입번호
124           AND A.제품코드 = @IN_제품코드
125           AND A.상태코드 ='10'        -- 신규등록 상태인 데이터만 수정 가능
126
127        IF @@ERROR <> 0 OR @@ROWCOUNT <> 1 BEGIN
128           SELECT ERR_CODE = 24, ERR_MESSAGE = N'[21]매입D수정오류'
129           RETURN(24)
130        END
131    END
132
```

> 매입디테일 테이블
> INSERT 또는 UPDATE 수행

처리구분[1] 처리 끝 지점

[그림 5-16] SPE100_매입등록_처리 소스코드 (3/4)

117

```
133    END ELSE IF @IN_처리구분 = '4' BEGIN                              삭제 처리의 경우
134
135        -- 해당 매입전표D 내역을 삭제한다
136        DELETE A
137          FROM TBE_매입D A
138         WHERE 1 = 1
139           AND A.매입번호 = @IN_매입번호
140           AND A.제품코드 = @IN_제품코드
141           AND A.상태코드 = '10'
142
143        IF @@ERROR <> 0 OR @@ROWCOUNT <> 1 BEGIN
144            SELECT ERR_CODE = 31, ERR_MESSAGE = N'[31]매입D삭제오류'
145            RETURN(31)
146        END
147
148        -- 한건이라도 존재하는지를 확인한다
149        IF NOT EXISTS (SELECT A.*
150                        FROM TBE_매입D A
151                       WHERE A.매입번호 = @IN_매입번호) BEGIN
152
153            -- 매입D 내역이 하나도 존재하지 않는 경우에 매입H 를 삭제한다
154            DELETE A
155              FROM TBE_매입H A               매입 디테일이 모두
156             WHERE 1 = 1                    삭제된 경우
157               AND A.매입번호 = @IN_매입번호   헤더테이블도
158                                            삭제처리 한다.
159            IF @@ERROR <> 0 OR @@ROWCOUNT <> 1 BEGIN
160                SELECT ERR_CODE = 32, ERR_MESSAGE = N'[32]매입H삭제오류'
161                RETURN(32)
162            END
163
164        END
165
166    END ELSE BEGIN                          처리구분이 [1],[4]가
167        SELECT ERR_CODE = 99, ERR_MESSAGE = N'[99]처리구분오류'   아닌경우 오류처리함
168        RETURN(99)
169    END
170
171    SELECT ERR_CODE = 1, ERR_MESSAGE = N'[1]정상처리'    문제없이 처리된 경우
172    RETURN(1)                                          [1]을 리턴함
173
174 END;
```

[그림 5-17] SPE100_매입등록_처리 소스코드 (4/4)

나. 엑셀 VBA

매입등록의 엑셀 VBA 화면 구성은 [TBE_매입H] 테이블 헤더 영역에 입력할 매입번호, 매입일자, 매입처코드 등을 입력해야 하기 때문에 기존에 개발하였던 화면들보다는 화면이 조금 더 복잡하다.

또한, 제품 목록이 화면에 먼저 표시되고, 사용자가 매입단가와 수량 등의 데이터만 추가 입력하면 처리가 되도록 구성하였다. 입력 시에 수량과 단가를 입력하거나 변경하면 바로 매입금액도 바로 계산해서 표시하도록 구성하였다.

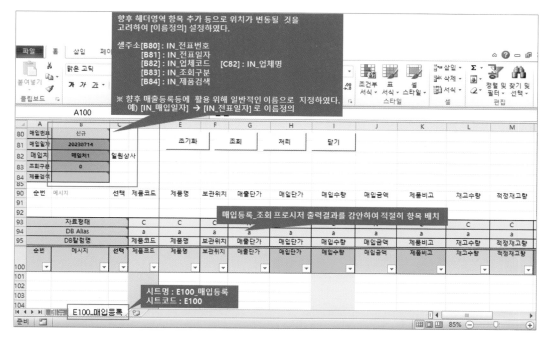

[그림 5-18] 매입등록 VBA 화면 설정

(1) 매입등록 조회

엑셀 VBA화면 헤더 영역의 매입번호 등의 입력 매개변수 값을 [SPE100_매입등록_조회] 프로시저에 전달하여 데이터베이스에서 실행된 결과를 화면에 출력한다.

기준정보에서 보았던 소스코드와 거의 동일하고 DB 프로시저를 호출하는 부분만 일부 수정하면 된다.

```
Sub 기본_조회()

    Dim txt_Sql      As String       ' SQL문장 저장을 위한 변수 선언
    Dim txt_현재시트 As String       ' 현재 작업 시트명을 저장/관리하기 위한 변수 선언
    Dim 화면배열()

    On Error Resume Next

    txt_현재시트 = ActiveSheet.Name         ' 조회시트명을 변수에 저장
    txt_현재시트코드 = ActiveSheet.CodeName ' 조회시트코드를 변수에 저장

    Sheets(txt_현재시트).Select      ' 조회시트로 이동

    Call 공통_초기화                 ' 101번 라인 이하를 삭제(클리어)시킴

    txt_Sql = "EXEC [dbo].[SPE100_매입등록_조회]          " & vbLf & _
    "            @IN_매입번호      = '<<매입번호>>'       " & vbLf & _
    "           ,@IN_매입일자      = '<<매입일자>>'       " & vbLf & _
    "           ,@IN_매입처코드    = '<<매입처코드>>'     " & vbLf & _
    "           ,@IN_조회구분      = '<<조회구분>>'       " & vbLf & _
    "           ,@IN_제품검색      = '<<제품검색>>'       " & vbLf & _
    "           ,@IN_실행ID        = '<<실행ID>>'         " & vbLf & _
    "           ,@IN_실행PG        = '<<실행PG>>'         " & vbLf

    txt_Sql = Replace(txt_Sql, "<<매입번호>>", Trim(Range("IN_전표번호")))
    txt_Sql = Replace(txt_Sql, "<<매입일자>>", Trim(Range("IN_전표일자")))
    txt_Sql = Replace(txt_Sql, "<<매입처코드>>", Trim(Range("IN_업체코드")))
    txt_Sql = Replace(txt_Sql, "<<조회구분>>", Trim(Range("IN_조회구분")))
    txt_Sql = Replace(txt_Sql, "<<제품검색>>", Trim(Range("IN_제품검색")))
    txt_Sql = Replace(txt_Sql, "<<실행ID>>", Trim(A100.Range("사용자ID")))
    txt_Sql = Replace(txt_Sql, "<<실행PG>>", ActiveSheet.CodeName)

    If 공통_DB1_Connect() = False Then              ' 관리시트에 있는 접속환경으로 DB에 접속함
        MsgBox "[오류]DB연결이 정상적이지 않습니다!!"
        Exit Sub
    End If

    Range("IN_업체명") = ""

    If 공통_DB1_Select(txt_Sql) = False Then        ' txt_Sql변수의 SQL문장을 실행함
        MsgBox "[오류]해당하는 자료가 존재하지 않습니다"
        Exit Sub
    End If
```

> 매입등록 조회 관련 DB 프로시저 실행 명령을 Txt_Sql 변수에 저장한다.

[그림 5-19] 매입등록 엑셀 VBA 조회관련 소스코드 (1/2)

사용자에 의해 가변적으로 단가, 수량 등의 칼럼의 위치나 순서가 바뀔 수 있기 때문에 Col_매입단가, Col_매입수량, Col_매입금액 변수들이 필요하다. 이 변수는 해당 칼럼명의 있는 열(Column) 위치를 공통함수(Function)을 통해 리턴 받아서 열의 순번 값을 저장한다. 예를 들면 매입단가가 "H" 열에 있으니까 Col_매입단가 변수에는 "8"이 저장된다.

매입금액 칼럼에는 매입 금액을 계산할 수 있는 엑셀 수식을 저장하여 매입단가와 수량이 변경되면 바로 금액이 변경되도록 개발하였다. (=매입단가의 셀 위치 * 매입수량의 셀 위치)

```
    i = 101                                     ' 출력시작을 위한 기준행(제목행 Row 위치값을 설정함)
    num_최대조회건수 = A100.Range("최대조회건수")      ' 화면에 최대로 조회할 행수
    num_열개수 = Application.CountA(Sheets(txt_현재시트).Range("A90:ZZ90")) + 5

    Call 공통_화면이벤트_OFF

    Range("IN_전표번호") = RS1!매입번호
    Range("IN_전표일자") = RS1!매입일자
    Range("IN_업체코드") = RS1!매입처코드
    Range("IN_업체명") = RS1!매입처명
```

> 기존 입력되어 있는
> 매입일자, 매입처코드, 매입처명을
> 헤더영역 화면에 표시한다.

```
    Col_매입단가 = 공통_칼럼위치(txt_현재시트, 90, "매입단가")
    Col_매입수량 = 공통_칼럼위치(txt_현재시트, 90, "매입수량")
    Col_매입금액 = 공통_칼럼위치(txt_현재시트, 90, "매입금액")
```

> 90행의 칼럼명을 기준으로
> 위치값(숫자)를 저장함
> ※ 칼럼의 위치가 바뀔수 있는 문제 고려

```
    Do Until (RS1.EOF)                          ' RS1 Record Set이 끝이 날때까지 Loop까지 계속 반복

        Cells(i, 1) = i - 100

        For kk = 4 To num_열개수

            If Cells(95, kk) <> "" Then

                ' txt_칼럼명 = Cells(95, kk)
                Cells(i, kk) = RS1.Fields(Cells(95, kk).Value)

            End If
```

> Cells(x, y).Address :수식에서 활용하기 위해 엑셀주소값으로 변환
> 예) Cells(100, 2).Address 결과 : [$B$100]

```
        Next

        Cells(i, Col_매입금액) = "=" & Cells(i, Col_매입단가).Address & " * " & Cells(i, Col_매입수량).Address
```

> 단가, 수량을 수정하면 매입금액이 자동 계산되도록
> 수식으로 매입금액 셀에 입력한다.

```
        i = i + 1

        If i > num_최대조회수 Then
            MsgBox "[확인]데이터가 " & num_최대조회수 & "건보다 많습니다. 조회조건을 변경 바랍니다"
            Exit Do
        End If

        RS1.MoveNext                            ' RecordSet의 다음자료(다음위치)로 이동함

    Loop

    Cells(101, 3).Select

    Call 공통_DB1_Close                          ' 연결되었던 DB와의 접속을 끊음
    Call 공통_화면이벤트_ON

End Sub
```

[그림 5-20] 매입등록 엑셀 VBA 조회관련 소스코드 (2/2)

(2) 매입등록 처리

매입등록 처리와 관련된 VBA 소스코드는 다른 화면들과 다르게 매입번호가 없을 경우에는 매입번호를 채번하는 로직이 추가되어 있다.

매입번호를 입력하기 위한 엑셀주소 Range("IN_전표번호")의 값이 공백이거나 "신규"일 경우에는 전표번호가 아직 부여받지 않은 것으로 판단하고 먼저 새로운 매입번호를 채번 후에 매입등록 처리를 수행한다.

```
Sub 기본_처리()

    Dim txt_Sql        As String      ' SQL문장 저장을 위한 변수 선언
    Dim txt_현재시트 As String       ' 현재 작업 시트명을 저장/관리하기 위한 변수 선언

    On Error Resume Next

    txt_현재시트 = ActiveSheet.Name      ' 조회시트명을 변수에 저장

    Sheets(txt_현재시트).Select          ' 조회시트로 이동

    Call 공통_필터초기화                 ' 필터에 조건이 지정되어 있는 것을 대비하여 필터초기화

    In사용자ID = A100.Range("사용자ID")            ' 향후 Insert/Update시 사용할 ID,IP,시간등을 변수에 저장
    In_공인IP = A100.Range("공인IP")               ' 각종 정보는 관리시트에 있음
    In_MAC = A100.Range("MAC")                     ' 각종 정보는 관리시트에 있음
    In_현재일시 = 공통_시스템시간()

    txt_현재시트 = ActiveSheet.Name                ' 조회시트명을 변수에 저장
    In_현재시트코드 = ActiveSheet.CodeName          ' 조회시트코드를 변수에 저장

    Err_flag = 0                                   ' 향후 에러여부를 체크할 변수 0:정상 1:오류 (초기값은 0)
    tot_cnt = ActiveSheet.Cells.SpecialCells(xlCellTypeLastCell).Row   ' 해당시트 데이터가 입력된 마지막행을 확인

    If 공통_DB1_Connect() = False Then             ' 관리시트에 있는 접속환경으로 DB에 접속함
        MsgBox "[오류]DB연결이 정상적이지 않습니다!!"
        Exit Sub
    End If

    If Range("IN_전표번호") = "신규" Or Range("IN_전표번호") = "" Then

        txt_Sql = " EXEC [dbo].[SPA100_공통_전표번호_채번]        " & vbLf & _
              "          @IN_전표유형        = N'PA'              " & vbLf & _
              "         ,@IN_일자            = N'<<일자>>'         "

        txt_Sql = Replace(txt_Sql, "<<일자>>", Trim(Range("IN_전표일자")))

        If 공통_DB1_Select(txt_Sql) = False Then        ' txt_Sql변수의 SQL문장을 실행함
            Call 공통_DB1_Close                         ' 모든 작업이 완료되었기 때문에 DB접속을 끊는다
            MsgBox "[11]전표채번오류"
            Exit Sub
        End If

        Range("IN_전표번호") = Trim(RS1!전표번호)

    End If
```

> 전표번호가 공백이거나 [신규]인 경우에는
> 새로운 전표번호를 채번하기 위해 공통모듈을 실행한다.

[그림 5-21] 매입등록 엑셀 VBA 처리관련 소스코드 (1/3)

```
    txt_처리Sql = "EXEC [dbo].[SPE100_매입등록_처리]     " & vbLf & _
        "      @IN_처리구분      = '<<처리구분>>'      " & vbLf & _
        "     ,@IN_매입번호      = '<<매입번호>>'      " & vbLf & _
        "     ,@IN_매입일자      = '<<매입일자>>'      " & vbLf & _
        "     ,@IN_매입처코드    = '<<매입처코드>>'    " & vbLf & _
        "     ,@IN_전표비고      = '<<전표비고>>'      " & vbLf & _
        "     ,@IN_제품코드      = '<<제품코드>>'      " & vbLf & _
        "     ,@IN_매입단가      = '<<매입단가>>'      " & vbLf & _
        "     ,@IN_매입수량      = '<<매입수량>>'      " & vbLf & _
        "     ,@IN_제품비고      = '<<제품비고>>'      " & vbLf & _
        "     ,@IN_실행ID        = '<<실행ID>>'        " & vbLf & _
        "     ,@IN_실행PG        = '<<실행PG>>'        " & vbLf

    txt_처리Sql = Replace(txt_처리Sql, "<<매입번호>>", Trim(Range("IN_전표번호")))
    txt_처리Sql = Replace(txt_처리Sql, "<<매입일자>>", Trim(Range("IN_전표일자")))
    txt_처리Sql = Replace(txt_처리Sql, "<<매입처코드>>", Trim(Range("IN_업체코드")))
    txt_처리Sql = Replace(txt_처리Sql, "<<전표비고>>", "")

    txt_처리Sql = Replace(txt_처리Sql, "<<실행ID>>", Trim(A100.Range("사용자ID")))
    txt_처리Sql = Replace(txt_처리Sql, "<<실행PG>>", ActiveSheet.CodeName)

    Col_제품코드 = 공통_칼럼위치(txt_현재시트, 90, "제품코드")
    Col_매입단가 = 공통_칼럼위치(txt_현재시트, 90, "매입단가")
    Col_매입수량 = 공통_칼럼위치(txt_현재시트, 90, "매입수량")
    Col_제품비고 = 공통_칼럼위치(txt_현재시트, 90, "제품비고")

    Err.Clear
    DB_Conn1.BeginTrans                             ' *** 트랜잭션 시작 ****

    If Err.Number <> 0 Then                         ' Begin Tran이 계속 존재하는 경우를 대비하여 Rollback 처리함
        DB_Conn1.RollbackTrans
        MsgBox "[오류]트랜잭션을 시작하지 못했습니다. 다시 시도 바랍니다"
        Exit Sub
    End If                                          ' 오류 메시지를 표시한다
```

[그림 5-22] 매입등록 엑셀 VBA 처리관련 소스코드 (2/3)

```
        For i = 101 To tot_cnt                                    ' 101번행부터 데이터가 입력되어 있는 행(Row)까지 반복함

            If Cells(i, 2) <> "" Then Cells(i, 2) = ""

            If Cells(i, Col_제품코드) <> "" And Trim(Cells(i, 3)) <> "" Then         ' 선택값 1(입력)을 입력하고 4번열값에 데이터가 있는 경우

                txt_Sql = txt_처리Sql

                txt_Sql = Replace(txt_Sql, "<<처리구분>>", Trim(Cells(i, 3)))

                txt_Sql = Replace(txt_Sql, "<<제품코드>>", Trim(Cells(i, Col_제품코드)))
                txt_Sql = Replace(txt_Sql, "<<매입단가>>", Trim(Cells(i, Col_매입단가)))
                txt_Sql = Replace(txt_Sql, "<<매입수량>>", Trim(Cells(i, Col_매입수량)))
                txt_Sql = Replace(txt_Sql, "<<제품비고>>", Trim(Cells(i, Col_제품비고)))

                If 공통_DB1_Select(txt_Sql) = False Then         ' txt_Sql변수의 SQL문장을 실행함
                    Err_flag = 1
                    Cells(i, 2) = "[처리오류]" & A100.Range("SELECT1_MSG")
                Else
                    If RS1!ERR_CODE <> 1 Then
                        Err_flag = 1
                        Cells(i, 2) = RS1!ERR_MESSAGE
                    End If
                End If

            End If

        Next

        If Err_flag = 0 Then                                    ' 지금까지 오류가 없으면

            Err.Clear
            DB_Conn1.CommitTrans                                ' 트랜잭션을 정상적으로 완료처리 한다

            If Err.Number = 0 Then                              ' 만약 트랜잭션 완료가 정상이면 정상 메시지를 표시
                MsgBox "[완료]요청한 작업이 완료되었습니다"
            Else
                MsgBox "[오류]최종 Commit 작업에 문제가 생겼습니다, 작업 결과를 확인 바랍니다."
                Err_flag = 1                                    ' 트랜잭션 최종 완료시에 문제가 발생하면 메시지를 표시하고
            End If                                              ' 오류 메시지를 표시한다
        Else

            Err.Clear
            DB_Conn1.RollbackTrans                              ' 위의 업무처리시 오류가 발생하여 Err_flag가 1이면
            MsgBox "[오류]작업중 문제가 발생 했습니다, 확인 요망!!"   ' 트랜잭션을 Rollback 처리하고 오류메시지를 보여 준다

        End If

        Call 공통_DB1_Close                                     ' 모든 작업이 완료되었기 때문에 DB접속을 끊는다

        If Err_flag = 0 Then                                    ' 작업에 이상이 없었다면 다시 정보를 조회하여
            Call 기본_조회                                       ' 정상적으로 입력되었는지를 보여준다.
        End If

End Sub
```

[그림 5-23] 매입등록 엑셀 VBA 처리관련 소스코드 (3/3)

(3) 초기화 및 기타

초기화( )는 새롭게 화면(시트)가 열리거나 초기화 버튼을 클릭했을 경우에 실행된다. 화면 상단의 매입일자, 매입처코드, 매입번호 등 헤더 영역의 값들을 초기화하고 101행 이하의 데이터가 출력되는 영역들을 모두 깨끗하게 지워 초기 상태로 만든다.

Worksheet_Change( )는 101행 이하에서 매입수량이나 매입단가 등을 입력하거나 수정하였을 때 선택 항목에 자동으로 "1"이 표시되도록 하였다. 필수적인 기능은 아니지만 사용자가 일일이 선택 항목에 입력하지 않아도 되는 편리함이 있다.

```
Private Sub Worksheet_Change(ByVal Target As Range)

    If Target.Row > 100 And Target.Column > 3 Then
        Call 공통_화면이벤트_OFF
        If Cells(Target.Row, 3) = "" Then Cells(Target.Row, 3) = 1
        Call 공통_화면이벤트_ON
    End If

End Sub

Sub 기본_초기화()

    Dim txt_Sql       As String      ' SQL문장 저장을 위한 변수 선언
    Dim txt_현재시트 As String      ' 현재 작업 시트명을 저장/관리하기 위한 변수 선언

    On Error Resume Next

    txt_현재시트 = ActiveSheet.Name    ' 조회시트명을 변수에 저장

    Sheets(txt_현재시트).Select        ' 조회시트로 이동

    Call 공통_필터초기화              ' 필터에 조건이 지정되어 있는 것을 대비하여 필터초기화

    In사용자ID = A100.Range("사용자ID")              ' 향후 Insert/Update시 사용할 ID,IP,시간등을 변수에 저장
    In_공인IP = A100.Range("공인IP")                 ' 각종 정보는 관리시트에 있음
    In_호스트명 = A100.Range("호스트명")             ' 각종 정보는 관리시트에 있음
    In_현재일시 = 공통_시스템시간()

    Range("IN_전표번호") = "신규"
    Range("IN_전표일자") = Left(In_현재일시, 8)
    Range("IN_업체코드") = "매입처1"
    Range("IN_조회구분") = "0"
    Range("IN_제품검색") = ""

End Sub
```

> 사용자 편의를 위해
> 디테일영역 (101행 이하)에서 값이 변경되면
> [선택]칼럼에 [1]을 기본적으로 표시한다.

> 화면이 처음 열리거나
> 초기화 버튼을 누를 경우 실행되는 로직이다.
>
> 1.공통_초기화_버튼() 실행
>   - 101행 이하 데이터 삭제
>   - 기타 공통처리
> 2.해당 시트의 기본_초기화() 실행
>   - 초기값 설정 외 사용자 변경 가능

[그림 5-24] 매입등록 엑셀 VBA 초기화/기타 소스코드

124

5-3 매입확정

가. DB 프로시저

매입확정은 매입 등록된 내역과 실제 제품의 수량과 품질에 문제가 없다고 판단되어 인수인계가 완료되는 단계이다. 매입확정이 되면 현재고는 증가(+)되며 매입 등록된 내역의 상태코드가 "10" 신규 상태에서 "90" 확정 상태로 변경된다.

이외에도 매입처의 물건을 매입(구매)하였기 때문에 매입처에 줘야 할 돈(매입채무)도 증가(+)하게 된다. 이후 매입처에 금액을 결제하면 매입채무가 감소(-)되는 흐름을 보이겠지만 여기에서는 시스템 복잡도 등을 감안하여 매입채무 등의 절차 등을 생략하고 개발하였다.

[그림 5-25] 매입확정 엑셀 VBA 화면 예시

(1) 매입확정 조회

[SPE200_매입확정_조회] 프로시저는 매입등록만 하고 아직 매입확정 처리가 되지 않는 내역들을 화면에 출력한다.

[TBE_매입D] 테이블의 저장된 데이터 중 상태코드가 "10"인 내역이 그 대상이며 매입 내역 이외에 재고정보, 최근 매입현황 등의 정보도 함께 화면에 출력한다.

125

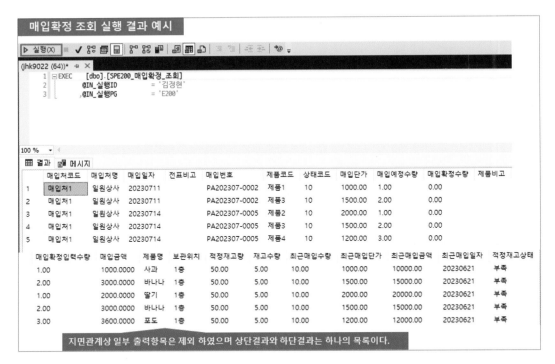

[그림 5-26] 매입확정 조회 실행결과 예시

소스코드를 살펴보면 하나의 SELECT 명령으로 원하는 값들을 모두 출력할 수도 있지만 향후 유지보수나 소스코드를 좀 더 쉽게 이해할 수 있도록 분리하였다.

먼저 기본적인 데이터를 SELECT 명령으로 #임시테이블을 생성하고 이후 추가적인 정보들을 UPDATE 명령을 사용하여 값을 채워 넣는 방식이다. 시스템의 성능적인 측면으로 보자면 조금 느릴 수도 있겠으나 속도보다는 향후 유지보수와 확정성에 좀 더 신경 쓴 형태라 할 수 있다.

```
1  ⊟ALTER PROCEDURE [dbo].[SPE200_매입확정_조회]
2        @IN_실행ID              NVARCHAR(50)
3       ,@IN_실행PG              NVARCHAR(50)
4   AS
5  ⊟BEGIN
6
7        SET NOCOUNT ON;
8
9  ⊟     DECLARE @IN_실행공인IP     NVARCHAR(50)
10              ,@IN_호스트명        NVARCHAR(50)
11              ,@IN_현재일시        NVARCHAR(50)
12
13 ⊟     SELECT @IN_실행공인IP    = A.접속공인IP
14           ,@IN_호스트명       = A.접속호스트
15           ,@IN_현재일시       = A.현재일시
16       FROM FTA_세션정보_조회() A
17      WHERE 1 = 1
18
19        -- 기본 자료를 조회하여 #TEMP1 임시테이블에 저장한다
20 ⊟     SELECT 매입처코드       = A.매입처코드
21           ,매입처명          = C.업체명
22           ,매입일자          = A.매입일자
23           ,전표비고          = A.전표비고
24           ,B.*
25           ,매입확정입력수량 = B.매입예정수량
26           ,매입금액          = B.매입예정수량 * B.매입단가
27           ,D.제품명
28           ,D.보관위치
29           ,적정재고량        = ISNULL(D.적정재고량, 0)
30           ,재고수량          = ISNULL(G.재고수량, 0)
31           ,최근매입수량      = CONVERT(NUMERIC(18, 2), 0)
32           ,최근매입단가      = CONVERT(NUMERIC(18, 2), 0)
33           ,최근매입금액      = CONVERT(NUMERIC(18, 2), 0)
34           ,최근매입일자      = CONVERT(NVARCHAR(30), '')
35           ,적정재고상태      = CONVERT(NVARCHAR(30), '')
36        INTO #TEMP_매입확정조회
37        FROM TBE_매입H       A
38   INNER JOIN TBE_매입D    B ON A.매입번호   = B.매입번호
39    LEFT JOIN TBC_업체     C ON A.매입처코드 = C.업체코드
40    LEFT JOIN TBC_제품     D ON B.제품코드   = D.제품코드
41    LEFT JOIN TBJ_현재고   G ON B.제품코드   = G.제품코드
42       WHERE 1 = 1
43         AND B.상태코드 = '10'
44
```

복잡한 **SELECT** 문장을 유지보수가 용이하도록 임시테이블을 활용 했다.

최근매입수량 등은 데이터타입과 기본값을 지정했다.

[그림 5-27] SPE200_매입확정_조회 소스코드 (1/2)

127

```
45        -- 최근매입단가 등을 추가로 계산한다 (복잡도가 높아 SELECT 문장을 분리함)
46   UPDATE A SET
47           A.최근매입수량 = ISNULL(Z.매입확정수량, 0)
48          ,A.최근매입단가 = ISNULL(Z.매입단가,    0)
49          ,A.최근매입금액 = ISNULL(Z.매입금액,    0)
50          ,A.최근매입일자 = ISNULL(Z.매입일자, '')
51          ,A.적정재고상태 = IIF(A.재고수량 >= A.적정재고량, '.', '부족')
52     FROM #TEMP_매입확정조회 A
53     OUTER APPLY (SELECT TOP 1 X.매입확정수량, X.매입단가
54                         ,매입금액  = X.매입확정수량 * X.매입단가
55                         ,Y.매입일자
56                   FROM TBE_매입D X
57                   INNER JOIN TBE_매입H Y ON X.매입번호 = Y.매입번호
58                  WHERE X.제품코드 = A.제품코드
59                    AND X.상태코드 = '90'
60                    AND Y.매입일자 < A.매입일자
61                  ORDER BY Y.매입일자 DESC, Y.매입번호 DESC) Z
62         WHERE 1 = 1
63
64        -- 최종 결과를 화면에 표시
65   SELECT A.*
66     FROM #TEMP_매입확정조회 A
67    WHERE 1 = 1
68    ORDER BY A.매입번호, A.제품코드
69
70   END
```

가장 최근의
매입내역을 조회하기 위해
OUTER APPLY JOIN 하였다.

OUTER APPLY는
상위 결과행만큼 반복실행
하면서 **APPLY** 결과가 없더라도
조회되는 **JOIN** 유형이다.

[그림 5-28] SPE200_매입확정_조회 소스코드 (2/2)

(2) 공통 현재고 반영

매입확정을 할 경우에는 해당 제품의 현재고 수량이 증가(+)되고 매출확정을 했을 때는 감소(-)된다. 현재고 데이터는 매입확정, 매입확정 취소, 매출확정, 매출확정 취소 등 여러 프로그램에서 데이터를 매우 빈번하게 변경 작업을 수행한다.

만약 매입확정, 매입확정 취소, 매출확정, 매출확정 취소 프로그램에서 각기 다른 소스코드로 UPDATE, INSERT를 수행하는 중에 뭔가 문제가 발생 된다면 어느 화면(프로그램)에서 오류가 발생 되었는지 원인 확인이 어려울 수 있다.

공통 모듈화는 이러한 문제를 해결하기 위한 좋은 방안이 될 수 있다. 공통모듈화함으로써 중복적인 개발을 할 필요가 없어 생산성이 높아지고 모든 화면(프로그램)에서 동일한 업무 로직이 수행되기 때문에 일관성 있는 결과를 기대할 수 있다.

공통모듈 [SPA200_공통_현재고_반영] 프로시저는 주로 다른 프로시저 내에서 사용되기 때문에 실행결과를 SELECT 명령으로 결과를 리턴 받을 경우에는 오히려 프로그래밍이 어렵고 복잡해 질 수 있다. 매개변수에 OUTPUT 옵션을 부여하여 변수로 결과를 리턴 받으면 좀 더 쉽게 프로그래밍할 수 있다.

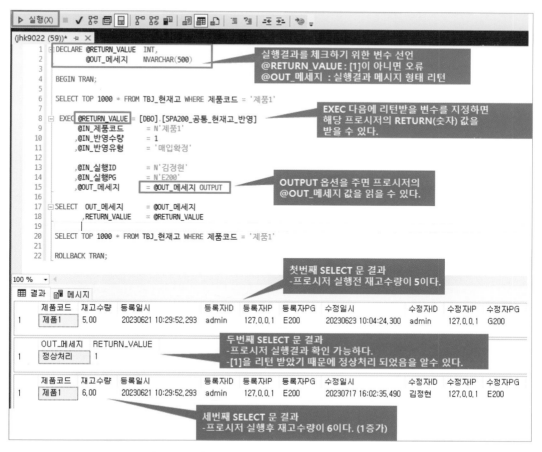

[그림 5-29] SPA200_공통_현재고_반영 실행결과 예시

```
1  ⊟ALTER PROCEDURE [dbo].[SPA200_공통_현재고_반영]
2        @IN_제품코드            NVARCHAR(30)
3       ,@IN_반영수량            NUMERIC(18, 2)              -- 양수: 재고(+)    음수: 재고(-)
4       ,@IN_반영유형            NVARCHAR(30) = ''          -- 매입/매출 등 입력 (향후 확장용)
5
6       ,@IN_실행ID             NVARCHAR(50)
7       ,@IN_실행PG             NVARCHAR(50)
8       ,@OUT_메세지            NVARCHAR(500) = '  OUTPUT    -- 오류값을 출력하기 위한 변수
9  AS
10 ⊟BEGIN
11      SET NOCOUNT ON;
12  |
13 ⊟     DECLARE @IN_실행공인IP      NVARCHAR(50)
14             ,@IN_호스트명         NVARCHAR(50)
15             ,@IN_현재일시         NVARCHAR(50)
16             ,@IN_입고일시         NVARCHAR(50) = ''
17             ,@IN_출고일시         NVARCHAR(50) = ''
18
19 ⊟     SELECT @IN_실행공인IP    = A.접속공인IP
20            ,@IN_호스트명        = A.접속호스트
21            ,@IN_현재일시        = A.현재일시
22        FROM FTA_세션정보_조회() A
23       WHERE 1 = 1
24
25      -- 등록되지 않은 제품코드가 입력된 경우 오류 발생
26 ⊟     IF NOT EXISTS (SELECT A.*
27                        FROM TBC_제품 A
28                       WHERE 1 = 1
29 ⊟                        AND A.제품코드 = @IN_제품코드) BEGIN
30          SET @OUT_메세지 = N'[11:제품코드오류]'
31          RETURN(11)
32      END
33
34      -- 이미 해당하는 데이터가 존재 하는지를 체크함
35 ⊟     IF NOT EXISTS (SELECT A.*
36                        FROM TBJ_현재고 A
37                       WHERE 1 = 1
38 ⊟                        AND A.제품코드 = @IN_제품코드) BEGIN
39
40          -- 존재하는 데이터가 없을 경우 INSERT
41 ⊟         INSERT INTO TBJ_현재고
42                      (제품코드,        재고수량,
43                       등록일시,        등록자ID,          등록자IP,          등록자PG)
44              VALUES (@IN_제품코드,   @IN_반영수량,
45                      @IN_현재일시,    @IN_실행ID,       @IN_실행공인IP,   @IN_실행PG)
46
47 ⊟         IF @@ERROR <> 0 OR @@ROWCOUNT <> 1 BEGIN
48              SET @OUT_메세지 = N'[22:현재고INSERT오류]'
49              RETURN(22)
50          END
```

오류내용을 리턴하기 위해 **OUTPUT** 옵션을 추가 하였다.

오류처리시 @OUT_메세지 및 **RETURN(1)** 이 아닌 숫자를 입력한다 오류 숫자는 향후 추적이 용이하도록 부여하면 된다.

[그림 5-30] SPA200_공통_현재고_반영 소소코드 (1/2)

```
51  |
52  ⊟      END ELSE BEGIN
53  |
54  |          -- 이미 해당 데이터가 있을 경우 UPDATE
55  ⊟          UPDATE A SET
56  |                   A.재고수량         = A.재고수량 + @IN_반영수량
57  |                  ,A.수정일시         = @IN_현재일시
58  |                  ,A.수정자ID         = @IN_실행ID
59  |                  ,A.수정자IP         = @IN_실행공인IP
60  |                  ,A.수정자PG         = @IN_실행PG
61  |              FROM TBJ_현재고 A
62  |             WHERE A.제품코드 = @IN_제품코드
63  |
64  ⊟          IF @@ERROR <> 0 OR @@ROWCOUNT <> 1 BEGIN
65  |             SET @OUT_메세지 = N'[23:현재고수정오류]'
66  |             RETURN(23)
67  |          END
68  |
69  |      END
70  |
71  |      -- 처리된 현재고 데이터의 최종수량이 (-)이면 오류 발생
72  ⊟      IF EXISTS (SELECT A.*
73  |                   FROM TBJ_현재고 A
74  |                  WHERE 1 = 1
75  |                    AND A.제품코드 = @IN_제품코드
76  ⊟                    AND A.재고수량 < 0) BEGIN
77  |          SET @OUT_메세지 = N'[30:현재고수량부족오류]'
78  |          RETURN(30)
79  |      END
80  |
81  |      SET @OUT_메세지 = N'정상처리'
82  |      RETURN(1)    -- 정상처리
83  |
84  └  END;
```

> 정상적으로 처리되면
> [@OUT_메세지]에 [정상처리],
> **RETURN** 값으로 [1]을 리턴한다.

[그림 5-31] SPA200_공통_현재고_반영 소소코드 (2/2)

(3) 매입확정

아직 매입확정 되지 않는 내역을 대상으로 실제 매입확정 처리를 하는 프로시저이다. 이 프로시저는 상태코드를 "10" → "90"으로 변경하고 매입확정수량을 UPDATE 한 후 앞에서 보았던 공통모듈인 "현재고 반영" 프로시저를 호출하여 현재고 수량을 증가(+) 시킨다.

호출된 현재고 반영 프로시저는 반드시 리턴값이 [1]인지 확인하는 것이 매우 중요하다. [1]이 아닌 값이 리턴 되었다면 오류가 발생된 것이다. 당연한 얘기이지만 트랜잭션 처리(BEGIN TRAN ~ COMMIT 또는 ROLLBACK TRAN)를 필히 수행해야 한다.

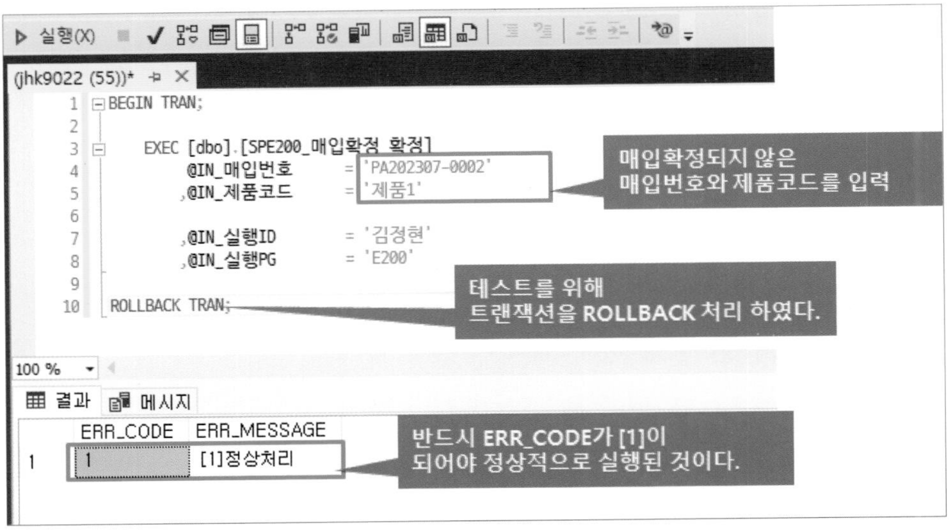

[그림 5-32] SPE200_매입확정_확정 실행결과 예시

[그림 5-33] SPE200_매입확정_확정 소스코드 (1/2)

```
41
42   DECLARE @OUT_현재고반영메시지        NVARCHAR(500)
43         ,@RETURN_VALUE              INT
44
45   EXEC @RETURN_VALUE = [dbo].[SPA200_공통_현재고_반영]
46         @IN_제품코드          = @IN_제품코드
47        ,@IN_반영수량         = @NUM_매입예정수량
48        ,@IN_반영유형         = '매입확정'
49
50        ,@IN_실행ID           = @IN_실행ID
51        ,@IN_실행PG           = @IN_실행PG
52        ,@OUT_메세지           = @OUT_현재고반영메시지  OUTPUT
53
54   IF @RETURN_VALUE <> 1 BEGIN
55       SELECT ERR_CODE = 20, ERR_MESSAGE = N'[20]현재고반영오류' + ISNULL(@OUT_현재고반영메시지,'')
56       RETURN(20)
57   END
58
59   UPDATE A SET
60         A.상태코드          = '90'
61        ,A.매입확정수량       = A.매입예정수량
62        ,A.수정일시          = @IN_현재일시
63        ,A.수정자ID          = @IN_실행ID
64        ,A.수정자IP          = @IN_실행공인IP
65        ,A.수정자PG          = @IN_실행PG
66     FROM TBE_매입D A
67    WHERE A.매입번호       = @IN_매입번호
68      AND A.제품코드       = @IN_제품코드
69      AND A.상태코드       = '10'
70      AND A.매입예정수량   = @NUM_매입예정수량
71
72   IF @@ERROR <> 0 OR @@ROWCOUNT <> 1 BEGIN
73       SELECT ERR_CODE = 20, ERR_MESSAGE = N'[21]매입D확정오류' + @IN_매입번호 + '-' + @IN_제품코드
74       RETURN(21)
75   END
76
77   SELECT ERR_CODE = 1, ERR_MESSAGE = N'[1]정상처리'
78   RETURN(1)
79
80   END;
81
```

현재고 반영 관련
공통모듈을 호출하고 있다.

@RETURN_VALUE 값과
@OUT_메세지 를 OUTPUT으로
결과값을 체크할 수 있다.

다른사용자가 이미 변경 또는
처리했을 수 있기 때문에
상태코드가 [10]이고
예정수량이 위에서 SELECT 받은
값이 정확히 일치해야만
상태코드를 [90]으로 변경한다.

[그림 5-34] SPE200_매입확정_확정 소스코드 (2/2)

나. 엑셀 VBA

(1) 매입확정 조회

매입확정 조회 화면은 [SPE200_매입확정_조회] 프로시저 실행 결과를 참고하여 적절하게 101행 이하에 출력되는 항목들에 대해 적절히 배치하면 된다.

매입확정 시에는 매입번호와 제품코드가 반드시 필요하기 때문에 필히 추가 해야 한다.

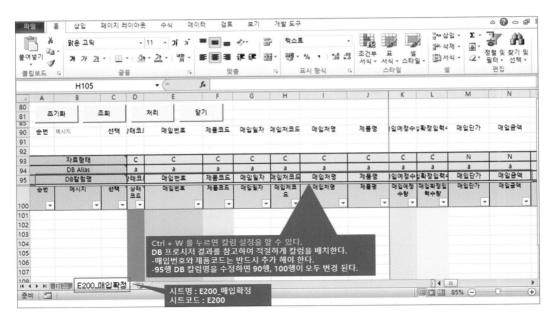

[그림 5-35] 매입확정 엑셀 VBA 화면 설정 예시

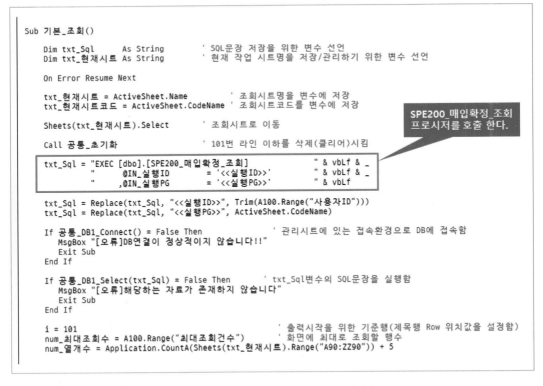

[그림 5-36] 매입확정 조회 관련 소스코드 (1/2)

```
    Call 공통_화면이벤트_OFF

    Do Until (RS1.EOF)                                    ' RS1 Record Set이 끝이 날때까지 Loop까지 계속 반복

        Cells(i, 1) = i - 100

        For kk = 4 To num_열개수

            If Cells(95, kk) <> "" Then

                ' txt_칼럼명 = Cells(95, kk)
                Cells(i, kk) = RS1.Fields(Cells(95, kk).Value)

            End If

        Next

        Cells(i, Col_매출금액) = "=" & Cells(i, Col_매출단가).Address & " * " & Cells(i, Col_매출수량).Address

        i = i + 1

        If i > num_최대조회수 Then
            MsgBox "[확인]데이터가 " & num_최대조회수 & "건보다 많습니다. 조회조건을 변경 바랍니다"
            Exit Do
        End If

        RS1.MoveNext                                      ' RecordSet의 다음자료(다음위치)로 이동함

    Loop

    Cells(101, 3).Select

    Call 공통_DB1_Close                                    ' 연결되었던 DB와의 접속을 끊음
    Call 공통_화면이벤트_ON

End Sub
```

[그림 5-37] 매입확정 조회 관련 소스코드 (2/2)

(2) 매입확정 처리

실무에서는 매입확정을 하는 과정에서 매입내역의 단가, 수량 등이 달라 매입 내역을 수정하거나 삭제해야 하는 경우도 발생될 수 있다. 이러한 예외적인 상황에 대응을 하다 보면 매입확정 처리 화면이 복잡하고 어려워진다.

우리가 개발하는 시스템에서는 예외 사항 없이 매입번호와 제품코드만 전달받아 매입 확정 처리하는 업무로 한정하여 개발하였다. 매입확정시에는 선택 구분을 "7"로 입력하면 된다. ("1", "4"와 같은 입력, 수정, 삭제와 같은 기능과 구분하기 위함이다)

135

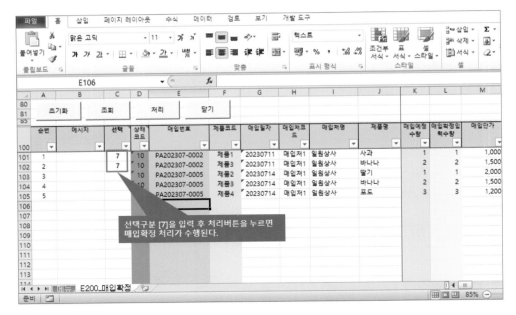

[그림 5-38] 매입확정 처리 화면 예시

```
Sub 기본_처리()

    Dim txt_Sql        As String    ' SQL문장 저장을 위한 변수 선언
    Dim txt_현재시트 As String    ' 현재 작업 시트명을 저장/관리하기 위한 변수 선언

    On Error Resume Next

    txt_현재시트 = ActiveSheet.Name    ' 조회시트명을 변수에 저장

    Sheets(txt_현재시트).Select    ' 조회시트로 이동

    Call 공통_필터초기화    ' 필터에 조건이 지정되어 있는 것을 대비하여 필터초기화

    In사용자ID = A100.Range("사용자ID")                    ' 향후 Insert/Update시 사용할 ID,IP,시간등을 변수에 저장
    In_공인IP = A100.Range("공인IP")                        ' 각종 정보는 관리시트에 있음
    In_호스트명 = A100.Range("호스트명")                    ' 각종 정보는 관리시트에 있음
    In_현재일시 = 공통_시스템시간()

    txt_현재시트 = ActiveSheet.Name                        ' 조회시트명을 변수에 저장
    In_현재시트코드 = ActiveSheet.CodeName                  ' 조회시트코드를 변수에 저장

    Col_매입번호 = 공통_칼럼위치(txt_현재시트, 90, "매입번호")
    Col_매입일자 = 공통_칼럼위치(txt_현재시트, 90, "매입일자")
    Col_매입처코드 = 공통_칼럼위치(txt_현재시트, 90, "매입처코드")
    Col_전표비고 = 공통_칼럼위치(txt_현재시트, 90, "전표비고")

    Col_제품코드 = 공통_칼럼위치(txt_현재시트, 90, "제품코드")
    Col_매입단가 = 공통_칼럼위치(txt_현재시트, 90, "매입단가")
    Col_매입예정수량 = 공통_칼럼위치(txt_현재시트, 90, "매입예정수량")
    Col_제품비고 = 공통_칼럼위치(txt_현재시트, 90, "제품비고")

    Err_flag = 0                                            ' 향후 에러여부를 체크할 변수 0:정상 1:오류 (초기값은 0)
    tot_cnt = ActiveSheet.Cells.SpecialCells(xlCellTypeLastCell).Row    ' 해당시트 데이터가 입력된 마지막행을 확인

    ' 실제 매입확정시 사용함
    txt_매입확정 = "EXEC [dbo].[SPE200_매입확정_확정]        " & vbLf & _
    "        @IN_매입번호     = '<<매입번호>>'        " & vbLf & _
    "        ,@IN_제품코드     = '<<제품코드>>'        " & vbLf & _
    "        ,@IN_실행ID      = '<<실행ID>>'          " & vbLf & _
    "        ,@IN_실행PG      = '<<실행PG>>'          " & vbLf

    txt_매입확정 = Replace(txt_매입확정, "<<실행ID>>", Trim(A100.Range("사용자ID")))
    txt_매입확정 = Replace(txt_매입확정, "<<실행PG>>", ActiveSheet.CodeName)

    If 공통_DB1_Connect() = False Then                      ' 관리시트에 있는 접속환경으로 DB에 접속함
        MsgBox "[오류]DB연결이 정상적이지 않습니다!!"
        Exit Sub
    End If
```

[그림 5-39] 매출확정 엑셀 VBA 소스코드 (1/3)

```
        Err.Clear
        DB_Conn1.BeginTrans                                      ' *** 트랜잭션 시작 ****

        If Err.Number <> 0 Then
            DB_Conn1.RollbackTrans                               ' Begin Tran이 계속 존재하는 경우를 대비하여 Rollback 처리함
            MsgBox "[오류]트랜잭션을 시작하지 못했습니다. 다시 시도 바랍니다"
            Exit Sub
        End If                                                   ' 오류 메시지를 표시한다


        For i = 101 To tot_cnt                                   ' 101번행부터 데이터가 입력되어 있는 행(Row)까지 반복함

            If Cells(i, 2) <> "" Then Cells(i, 2) = ""

            If Cells(i, 3) = "7" And Cells(i, Col_매입번호) <> "" Then        ' 선택값 1(입력)을 입력하고 4번열값에 데이터가 있는 경우

                txt_Sql = txt_매입확정        ' 7 일때는 매입확정 처리

                txt_Sql = Replace(txt_Sql, "<<처리구분>>", Trim(Cells(i, 3)))

                txt_Sql = Replace(txt_Sql, "<<매입번호>>", Trim(Cells(i, Col_매입번호)))
                txt_Sql = Replace(txt_Sql, "<<제품코드>>", Trim(Cells(i, Col_제품코드)))

                If 공통_DB1_Select(txt_Sql) = False Then         ' txt_Sql변수의 SQL문장을 실행함
                    Err_flag = 1
                    Cells(i, 2) = "[처리오류]" & A100.Range("SELECT1_MSG")
                Else
                    If RS1!ERR_CODE <> 1 Then
                        Err_flag = 1
                        Cells(i, 2) = RS1!ERR_MESSAGE
                    End If
                End If

            End If

        Next
```

[그림 5-40] 매출확정 엑셀 VBA 소스코드 (2/3)

```
    If Err_flag = 0 Then                                     ' 지금까지 오류가 없으면

        Err.Clear
        DB_Conn1.CommitTrans                                 ' 트랜잭션을 정상적으로 완료처리 한다

        If Err.Number = 0 Then                               ' 만약 트랜잭션 완료가 정상이면 정상 메시지를 표시
            MsgBox "[완료]요청한 작업이 완료되었습니다"
        Else
            MsgBox "[오류]최종 Commit 작업에 문제가 생겼습니다, 작업 결과를 확인 바랍니다."
            Err_flag = 1                                     ' 트랜잭션 최종 완료시에 문제가 발생하면 메시지를 표시하고
        End If                                               ' 오류 메시지를 표시한다

    Else

        Err.Clear
        DB_Conn1.RollbackTrans                               ' 위의 업무처리시 오류가 발생하여 Err_flag가 1이면
        MsgBox "[오류]작업중 문제가 발생 했습니다. 확인 요망!!"    ' 트랜잭션을 Rollback 처리하고 오류메시지를 보여 준다

    End If


    Call 공통_DB1_Close                                      ' 모든 작업이 완료되었기 때문에 DB접속을 끊는다

    If Err_flag = 0 Then                                     ' 작업에 이상이 없었다면 다시 정보를 조회하여
        Call 기본_조회                                        ' 정상적으로 입력되었는지를 보여준다.
    End If

End Sub
```

[그림 5-41] 매출확정 엑셀 VBA 소스코드 (3/3)

5-4 매입전표 발행

가. DB 프로시저

매입확정이 완료되면 매입처에 정상적으로 매입을 잘 받았다는 증빙인 "매입전표"를 발행해 달라는 요구를 받을 수 있다. 매입전표는 전표단위로 출력 하기 때문에 매입전표 발행을 위한 화면도 당연히 매입번호 단위로 집계하여 전표 출력 대상 리스트를 화면에 보여 준다.

(1) 매입전표 발행대상 조회

[SPE210_매입전표발행_대상조회]는 매입전표를 발행해야 할 대상(매입 확정된 내역)을 전표단위로 집계하여 화면에 출력하는 프로시저이다. 전표단위로 제품 수, 수량, 금액 등을 집계하여야 하기 때문에 SELECT 문장에서 GROUP BY를 사용한 것을 볼 수 있다.

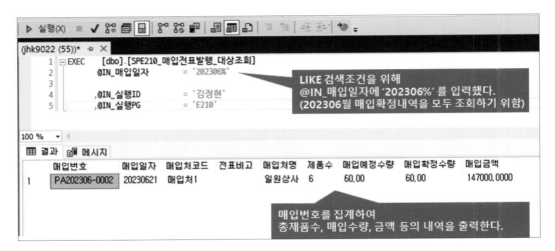

[그림 5-42] 매입전표 발행 조회 프로시저 실행결과 예시

```
 1 ┌ALTER PROCEDURE [dbo].[SPE210_매입전표발행_대상조회]
 2 │       @IN_매입일자          NVARCHAR(50) = '%'
 3 │      ,@IN_실행ID            NVARCHAR(50)
 4 │      ,@IN_실행PG            NVARCHAR(50)
 5 │ AS
 6 ┌BEGIN
 7 │
 8 │     SET NOCOUNT ON;
 9 │
10 ┌    DECLARE @IN_실행공인IP    NVARCHAR(50)
11 │           ,@IN_호스트명      NVARCHAR(50)
12 │           ,@IN_현재일시      NVARCHAR(50)
13 │
14 ┌    SELECT @IN_실행공인IP   = A.접속공인IP
15 │          ,@IN_호스트명     = A.접속호스트
16 │          ,@IN_현재일시     = A.현재일시
17 │      FROM FTA_세션정보_조회() A
18 │     WHERE 1 = 1
19 │
20 ┌    SELECT A.매입번호, A.매입일자, A.매입처코드, A.전표비고
21 │          ,매입처명      = C.업체명
22 │          ,제품수        = COUNT(*)
23 │          ,매입예정수량  = SUM(B.매입예정수량)
24 │          ,매입확정수량  = SUM(B.매입확정수량)
25 │          ,매입금액      = SUM(B.매입확정수량 * B.매입단가)
26 │      FROM TBE_매입H        A
27 │     INNER JOIN TBE_매입D    B ON A.매입번호  = B.매입번호
28 │      LEFT JOIN TBC_업체     C ON A.매입처코드 = C.업체코드
29 │     WHERE 1 = 1
30 │       AND B.상태코드 = '90'
31 │       AND A.매입일자 LIKE @IN_매입일자
32 │     GROUP BY A.매입번호, A.매입일자, A.매입처코드, A.전표비고, C.업체명
33 │     ORDER BY A.매입번호
34 │
35 │ END
```

> 조회조건은 실행ID, 실행PG 외에
> @IN_매입일자 조건을 입력 받는다.

> 매입번호를 집계를 위해 그룹핑을 위한
> COUNT(), SUM( ) 함수를 사용했다.

[그림 5-43] SPE210_매입전표발행_대상조회 소스코드

(2) 매입전표 출력

실제 매입전표 출력을 위한 [SPE210_매입전표발행_출력] 프로시저이다. 매입전표 출력은 선택된 매입번호에 대해 하나씩 하나씩 독립적으로 [SPE210_매입전표발행_출력] 프로시저를 호출하고 그 결과를 엑셀 양식을 저장하여 실제 프린터로 출력되는 방식이다.

따라서 [SPE210_매입전표발행_출력]의 입력 매개변수는 단 하나의 매입전표를 입력받고 그 결과로 매입전표에 출력에 필요한 데이터를 리턴한다. 개발 편의상 헤더 정보인 매입처, 일자 그리고 상세한 디테일 정보인 제품, 수량, 단가, 금액 등의 데이터를 하나의 테이블 형태로 결과를 제공한다.

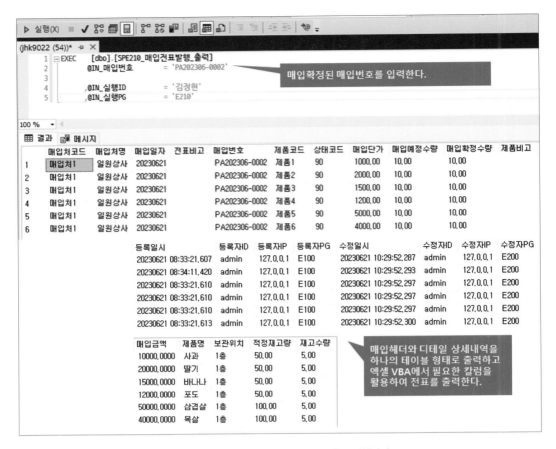

[그림 5-44] SPE210_매입전표발행_출력 실행예시

```
 1  ⊟ALTER PROCEDURE [dbo].[SPE210_매입전표발행_출력]
 2        @IN_매입번호              NVARCHAR(50)
 3
 4       ,@IN_실행ID               NVARCHAR(50)
 5       ,@IN_실행PG               NVARCHAR(50)
 6  AS
 7  ⊟BEGIN
 8
 9      SET NOCOUNT ON;
10
11  ⊟    DECLARE @IN_실행공인IP      NVARCHAR(50)
12           ,@IN_호스트명           NVARCHAR(50)
13           ,@IN_현재일시           NVARCHAR(50)
14
15  ⊟    SELECT @IN_실행공인IP    = A.접속공인IP
16          ,@IN_호스트명       = A.접속호스트
17          ,@IN_현재일시       = A.현재일시
18      FROM FTA_세션정보_조회() A
19      WHERE 1 = 1
20
21  ⊟    SELECT 매입처코드 = A.매입처코드
22          ,매입처명   = C.업체명
23          ,매입일자   = A.매입일자
24          ,전표비고   = A.전표비고
25          ,B.*
26          ,매입금액   = B.매입확정수량 * B.매입단가
27          ,D.제품명
28          ,D.보관위치
29          ,적정재고량 = ISNULL(D.적정재고량, 0)
30          ,재고수량   = ISNULL(G.재고수량, 0)
31      FROM TBE_매입H          A
32      INNER JOIN TBE_매입D    B ON A.매입번호    = B.매입번호
33      LEFT JOIN TBC_업체      C ON A.매입처코드  = C.업체코드
34      LEFT JOIN TBC_제품      D ON B.제품코드    = D.제품코드
35      LEFT JOIN TBJ_현재고    G ON B.제품코드    = G.제품코드
36      WHERE 1 = 1
37        AND A.매입번호 = @IN_매입번호
38        AND B.상태코드 = '90'
39      ORDER BY A.매입번호, B.제품코드
40
41      -- 발행 이력을 관리하려면 별도 테이블에 발행일시, 발행자 등의 정보를 INSERT 하면 됨
42
43  END
```

조회조건은 실행ID, 실행PG 외에 @IN_매입번호 조건을 입력 받는다.

하나의 매입번호를 대상으로 전표를 출력하기 때문이다.

상태코드가 90(매입확정)된 내역만을 대상으로 헤더, 디테일 및 부가적인 정보를 출력에 활용하기 위해 JOIN 했다.

업체, 제품, 현재고 데이터는 혹여라도 해당 데이터가 없을 경우에도 출력될 수 있도록 LEFT JOIN 하였다.

[그림 5-45] SPE210_매입전표발행_출력 소스코드

나. 엑셀 VBA

(1) 매입전표 발행대상 조회

[SPE210_매입전표발행_대상조회] 프로시저를 호출하여 매입전표를 발행하기 위한 대상내역을 화면에 출력한다.

매입일자의 범위를 입력하기 위해 엑셀 이름정의 기능을 활용하여 [IN_일자]를 정의하였다.

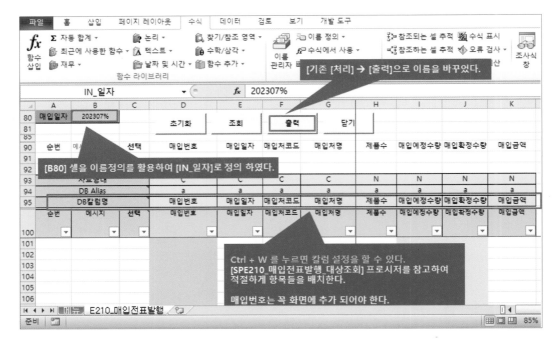

[그림 5-46] 매입전표발행 화면 구성

```
Sub 기본_조회()

    Dim txt_Sql       As String         ' SQL문장 저장을 위한 변수 선언
    Dim txt_현재시트 As String         ' 현재 작업 시트명을 저장/관리하기 위한 변수 선언

    On Error Resume Next

    txt_현재시트 = ActiveSheet.Name          ' 조회시트명을 변수에 저장
    txt_현재시트코드 = ActiveSheet.CodeName  ' 조회시트코드를 변수에 저장

    Sheets(txt_현재시트).Select           ' 조회시트로 이동

    Call 공통_초기화                      ' 101번 라인 이하를 삭제(클리어)시킴

    txt_Sql = "EXEC [dbo].[SPE210_매입전표발행_대상조회] " & vbLf & _
              "    @IN_매입일자     = '<<매입일자>>'      " & vbLf & _
              "   ,@IN_실행ID       = '<<실행ID>>'        " & vbLf & _
              "   ,@IN_실행PG       = '<<실행PG>>'        " & vbLf

    txt_Sql = Replace(txt_Sql, "<<매입일자>>", Trim(Range("IN_일자")))
    txt_Sql = Replace(txt_Sql, "<<실행ID>>", Trim(A100.Range("사용자ID")))
    txt_Sql = Replace(txt_Sql, "<<실행PG>>", ActiveSheet.CodeName)

    If 공통_DB1_Connect() = False Then              ' 관리시트에 있는 접속환경으로 DB에 접속함
        MsgBox "[오류]DB연결이 정상적이지 않습니다!!"
        Exit Sub
    End If

    If 공통_DB1_Select(txt_Sql) = False Then        ' txt_Sql변수의 SQL문장을 실행함
        MsgBox "[오류]해당하는 자료가 존재하지 않습니다"
        Exit Sub
    End If

    i = 101                                          ' 출력시작을 위한 기준행(제목행 Row 위치값을 설정함)
    num_최대조회수 = A100.Range("최대조회건수")       ' 화면에 최대로 조회할 행수
    num_열개수 = Application.CountA(Sheets(txt_현재시트).Range("A90:ZZ90")) + 5
```

[그림 5-47] 매입전표발행 조회VBA 소스코드 (1/2)

```
Call 공통_화면이벤트_OFF

Do Until (RS1.EOF)                              ' RS1 Record Set이 끝이 날때까지 Loop까지 계속 반복

    Cells(i, 1) = i - 100

    For kk = 4 To num_열개수

        If Cells(95, kk) <> "" Then

            '  txt_칼럼명 = Cells(95, kk)
            Cells(i, kk) = RS1.Fields(Cells(95, kk).Value)

        End If

    Next


    i = i + 1

    If i > num_최대조회수 Then
        MsgBox "[확인]데이터가 " & num_최대조회수 & "건보다 많습니다. 조회조건을 변경 바랍니다"
        Exit Do
    End If

    RS1.MoveNext                                ' RecordSet의 다음자료(다음위치)로 이동함

Loop

Cells(101, 3).Select

Call 공통_DB1_Close                             ' 연결되었던 DB와의 접속을 끊음
Call 공통_화면이벤트_ON

End Sub
```

[그림 5-48] 매입전표발행 조회VBA 소스코드 (2/2)

(2) 매입전표 출력

매입전표 출력을 하기 위해서는 매입전표 발행 대상 선택을 위한 "조회화면" 외에 출력을 위한 출력양식 시트를 추가로 만들어야 한다. 출력을 위한 양식시트에 매입전표를 원하는 형태로 구성하면 된다.

매입전표 양식에는 몇 개의 제품 목록이 출력될지 모르기 때문에 충분한 개수의 제품이 출력될 수 있도록 구성해야 한다. 실제 출력되는 범위까지만 인쇄 영역으로 지정하면 나머지 영역들은 출력되지 않도록 설정하여 필요 없는 영역들은 출력되지 않는다.

매입전표 양식은 "양식100_매입전표"라는 시트 이름으로 만들어 두었다. 이 양식을 참고하여 상황에 맞도록 변형하여 사용하길 바란다.

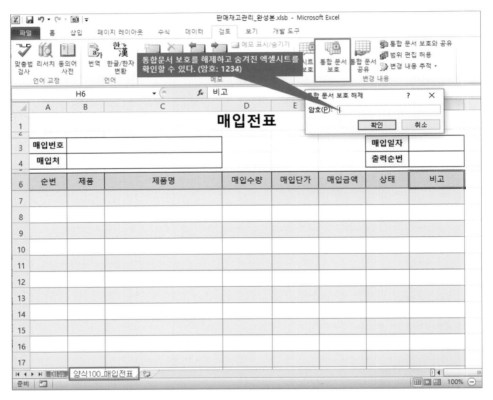

[그림 5-49] 매입전표 양식

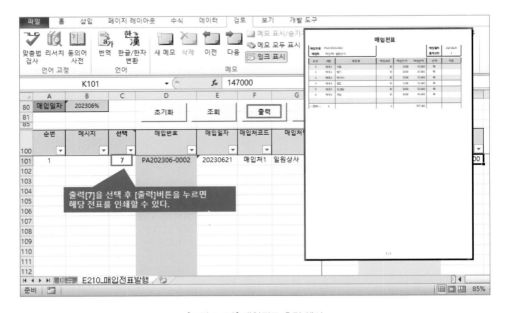

[그림 5-50] 매입전표 출력 예시

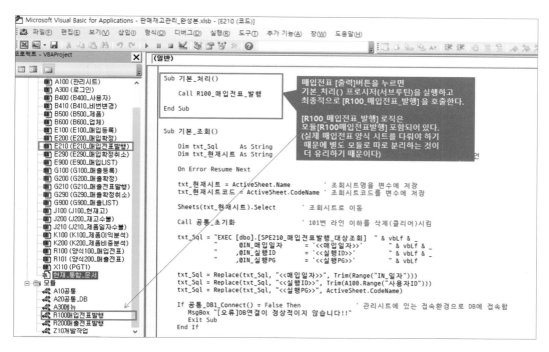

[그림 5-51] 매입전표발행 출력 버튼 관련 소스코드

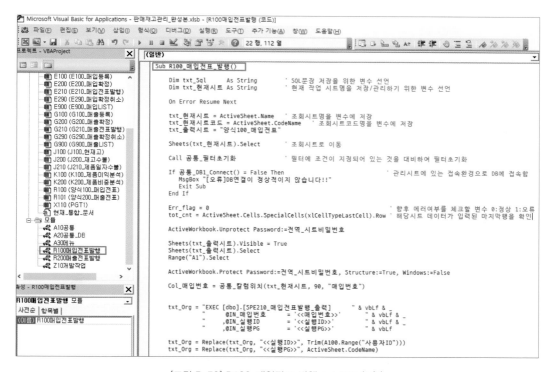

[그림 5-52] R100_매입전표_발행 소스코드 (1/3)

```
For i = 101 To tot_cnt                              ' 101번행부터 데이터가 입력되어 있는 행(Row)까지 반복함

    If Sheets(txt_현재시트).Cells(i, 3) = "7" And Sheets(txt_현재시트).Cells(i, Col_매입번호) <> "" Then
                                                        선택구분이 [7]인 내역만 매입전표 발행
        txt_Sql = txt_Org

        txt_Sql = Replace(txt_Sql, "<<매입번호>>", Trim(Sheets(txt_현재시트).Cells(i, Col_매입번호)))

        If 공통_DB1_Select(txt_Sql) = False Then
            MsgBox "[오류]자료가 정상적이지 않습니다. 다시 확인 바랍니다"
            Err_flag = 1
            Exit For                                    매입전표번호별로 출력 DB 프로시저 호출
        End If

        Rows("7:3000").Select                           이전 처리된 내역이 있을 수 있으므로 양식 Clear
        Selection.ClearContents

        Range("IN_매입번호") = "   " & RS1!매입번호
        Range("IN_매입처") = "   " & RS1!매입처코드 & "   " & RS1!매입처명
        Range("IN_매입일자") = RS1!매입일자              헤더영역 출력(작성)
        Range("IN_출력순번") = Sheets(txt_현재시트).Cells(i, 1)

        num_수량합계 = 0
        num_금액합계 = 0
        num_제품수 = 0

        num_출력라인 = 6

        Do Until (RS1.EOF)

            num_출력라인 = num_출력라인 + 1

            Cells(num_출력라인, 1) = num_출력라인 - 6
            Cells(num_출력라인, 2) = Trim(RS1!제품코드)
            Cells(num_출력라인, 3) = Trim(RS1!제품명)     출력 DB 프로시저 결과를 한 Record씩
            Cells(num_출력라인, 4) = RS1!매입확정수량      읽으면서 상세내역 출력
            Cells(num_출력라인, 5) = RS1!매입단가
            Cells(num_출력라인, 6) = RS1!매입금액
            Cells(num_출력라인, 7) = Trim(RS1!상태코드)

            num_수량합계 = num_수량합계 + RS1!매입수량
            num_금액합계 = num_금액합계 + RS1!매입금액
            num_제품수 = num_제품수 + 1

            RS1.MoveNext

        Loop
```

[그림 5-53] R100_매입전표_발행 소스코드 (2/3)

```
            num_출력라인 = num_출력라인 + 2

            Cells(num_출력라인, 1) = "<<합계>>"
            Cells(num_출력라인, 2) = num_제품수
            Cells(num_출력라인, 4) = num_수량합계
            Cells(num_출력라인, 6) = num_금액합계

            ActiveSheet.PageSetup.PrintArea = "$A$1:$H$" & num_출력라인


            If First_flag = 0 Then
                First_flag = 1
                ActiveWindow.SelectedSheets.PrintPreview

                Yn_chk = MsgBox("계속 출력하시겠습니까?", vbYesNo, "확인")
            Else
                If Yn_chk = vbYes Then
                    ActiveWindow.SelectedSheets.PrintOut Copies:=1, Collate:=True
                Else
                    MsgBox "[확인]출력작업을 중단 합니다"
                    Call 공통_DB1_Close
                    Exit Sub
                End If
            End If
        End If

    Next

    Call 공통_DB1_Close

    ActiveWorkbook.Unprotect Password:=전역_시트비밀번호

    Sheets(txt_출력시트).Visible = False
    Sheets(txt_현재시트).Select
    Range("A101").Select

    ActiveWorkbook.Protect Password:=전역_시트비밀번호, Structure:=True, Windows:=False

    MsgBox "[완료]출력이 완료되었습니다!"

End Sub
```

전표 합계금액을 표시

데이터가 기록된 영역만 인쇄영역으로 설정

첫페이지는 화면에 미리보기를 보여주고
나머지 두번째 페이지 부터는 바로 출력함

출력이 끝나면 양식 시트를 숨긴다

[그림 5-54] R100_매입전표_발행 소스코드 (3/3)

5-5 매입확정 취소

가. DB 프로시저

매입확정과 반대되는 개념이다. 업무를 수행하다 보면 의도하지 않게 매입확정을 하였을 경우에 이를 취소하는 프로세스이다.

매입확정취소 처리를 하면 증가(+) 되었던 현재고는 원래대로 감소(-)시키고 매입 내역의 상태코드를 "90" 확정 상태에서 "10" 신규 상태로 변경한다. 우리가 개발하지는 않았지만, 매입확정 취소를 하면 매입처에 줘야 할 잔액인 매입채무 금액도 다시 감소(-)할 것이다.

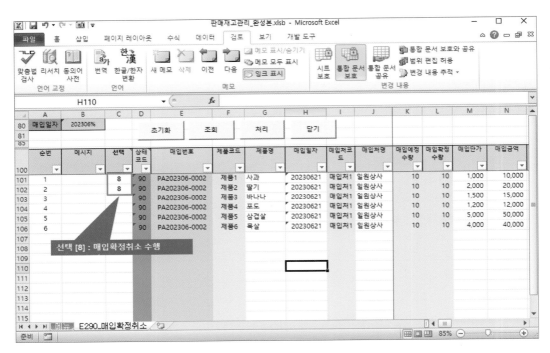

[그림 5-55] 매입확정취소 엑셀 VBA 화면 예시

(1) 매입확정취소 조회

[SPE290_매입확정취소_조회] 프로시저는 매입 취소를 하기 위한 대상으로 매입 확정된 내역들을 화면에 출력한다. [TBE_매입D] 테이블의 데이터 중 상태코드가 "90"인 내역들이 그 대상이다.

사용자의 업무 편의를 위해 매입 확정된 매입내역 데이터 외에 재고정보, 제품명, 보관 위치 등의 정보도 함께 출력하고 있다.

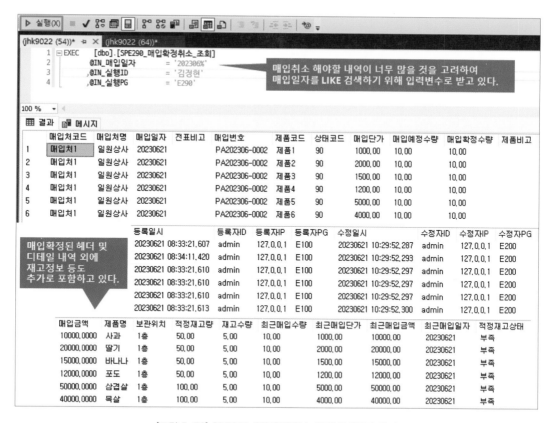

[그림 5-56] SPE290_매입확정취소_조회 실행결과 예시

```
 1  ⊟ALTER PROCEDURE [dbo].[SPE290_매입확정취소_조회]
 2        @IN_매입일자            NVARCHAR(50) = '%'
 3
 4        ,@IN_실행ID             NVARCHAR(50)
 5        ,@IN_실행PG             NVARCHAR(50)
 6   AS
 7  ⊟BEGIN
 8
 9        --SET TRANSACTION ISOLATION LEVEL READ UNCOMMITTED
10        SET NOCOUNT ON;
11
12  ⊟   DECLARE @IN_실행공인IP       NVARCHAR(50)
13           ,@IN_호스트명         NVARCHAR(50)
14           ,@IN_현재일시         NVARCHAR(50)
15
16  ⊟   SELECT @IN_실행공인IP   = A.접속공인IP
17           ,@IN_호스트명     = A.접속호스트
18           ,@IN_현재일시     = A.현재일시
19      FROM FTA_세션정보_조회() A
20      WHERE 1 = 1
21
22        -- 기본적인 조회 자료를 임시테이블에 저장한다
23  ⊟   SELECT  매입처코드 = A.매입처코드
24           ,매입처명 = C.업체명
25           ,매입일자 = A.매입일자
26           ,전표비고 = A.전표비고
27           ,B.*
28           ,매입금액      = B.매입확정수량 * B.매입단가
29           ,D.제품명,  D.보관위치
30           ,적정재고량 = ISNULL(D.적정재고량, 0)
31           ,재고수량   = ISNULL(G.재고수량, 0)
32           ,최근매입수량 = CONVERT(NUMERIC(18, 2), 0)
33           ,최근매입단가 = CONVERT(NUMERIC(18, 2), 0)
34           ,최근매입금액 = CONVERT(NUMERIC(18, 2), 0)
35           ,최근매입일자 = CONVERT(NVARCHAR(30), '')
36           ,적정재고상태 = CONVERT(NVARCHAR(30), '')
37      INTO #TEMP1
38      FROM TBE_매입H       A
39      INNER JOIN TBE_매입D   B ON A.매입번호   = B.매입번호
40      LEFT JOIN TBC_업체    C ON A.매입처코드 = C.업체코드
41      LEFT JOIN TBC_제품    D ON B.제품코드   = D.제품코드
42      LEFT JOIN TBJ_현재고   G ON B.제품코드   = G.제품코드
43      WHERE 1 = 1
44        AND B.상태코드 = '90'
45        AND A.매입일자 LIKE @IN_매입일자
46
47        -- 임시테이블의 매입단가 등을 UPDATE 한다
48  ⊟   UPDATE A SET
49           A.최근매입수량 = ISNULL(Z.매입확정수량, 0)
50           ,A.최근매입단가 = ISNULL(Z.매입단가,   0)
51           ,A.최근매입금액 = ISNULL(Z.매입금액,   0)
52           ,A.최근매입일자 = ISNULL(Z.매입일자, '')
53           ,A.적정재고상태 = IIF(A.재고수량 >= A.적정재고량, '.', '부족')
54      FROM #TEMP1 A
55      OUTER APPLY (SELECT TOP 1 X.매입확정수량, X.매입단가, Y.매입일자
56                    ,매입금액 = X.매입확정수량 * X.매입단가
57               FROM TBE_매입D X
58               INNER JOIN TBE_매입H Y ON X.매입번호 = Y.매입번호
59               WHERE X.제품코드  = A.제품코드
60                 AND X.상태코드 = '90'
61                 AND Y.매입일자 <= A.매입일자
62               ORDER BY Y.매입일자 DESC, Y.매입번호 DESC) Z
63      WHERE 1 = 1
64
65        -- 최종결과를 화면에 표시
66  ⊟   SELECT A.*
67      FROM #TEMP1 A
68      WHERE 1 = 1
69      ORDER BY A.매입번호, A.제품코드
70
71
72   END
```

[그림 5-57] SPE290_매입확정취소_조회 소스코드

(2) 매입확정취소 처리

[SPE290_매입확정취소_취소] 는 매입확정 취소처리를 실제 수행하는 프로시저이다.

상태코드를 "90" → "10"으로 변경하고 매입확정수량을 0으로 UPDATE 한다. 마지막으로 공통모듈인 현재고 반영 프로시저를 호출하여 현재고 수량을 감소(-)시킨다.

만약, 매입 확정된 수량 중에 이미 매출된 수량이 있어 현재 시점에 현재고 수량이 매입 취소를 해야 할 수량 보다 작게 남아 있다면 취소 처리를 할 수 없어 오류가 발생된다. 왜냐하면 매입 확정 취소 후에 현재고 수량 이 (-)상태가 되기 때문이다.

```
▶ 실행(X)   ■  ✓  ☷ ☲ ☲  ☷ ☷ ☲  ☲ ☲ ☲ | ☲ ☲ | ☲ ☲ | ☲ =
(jhk9022 (67))*  ⊣⊢ ✕
  1 ⊟BEGIN TRAN;
  2
  3  SELECT * FROM TBJ_현재고 WHERE 제품코드 = '제품1'
  4  SELECT * FROM TBE_매입D WHERE 매입번호 = 'PA202306-0002'  AND 제품코드 = '제품1'
  5
  6 ⊟EXEC [dbo].[SPE290_매입확정취소_취소]
  7     @IN_매입번호      = 'PA202306-0002'        취소하고자 하는 제품의 현재고와
  8    ,@IN_제품코드      = '제품1'                매입내역을 SELECT 하였다.
  9    ,@IN_실행ID       = '김정현'
 10    ,@IN_실행PG       = 'E290'
 11
 12  ROLLBACK TRAN;
100 %  ▾
```

	제품코드	재고수량	등록일시	등록자HD	등록자HP	등록자PG	수정일시	수정자HD	수정자HP	수정자PG
1	제품1	5.00	20230621 10:29:52.293	admin	127.0.0.1	E200	20230623 10:04:24.300	admin	127.0.0.1	G200

	매입번호	제품코드	상태코드	매입단가	매입예정수량	매입확정수량	제품비고	등록일시	등록자HD	등록자HP
1	PA202306-0002	제품1	90	1000.00	10.00	10.00		20230621 08:33:21.607	admin	127.0.0.1

확정취소 할 수량보다 현재고 수량이 부족하기 때문에 오류코드 [20]이 발생되었다. 오류가 발생되었기 때문에 반드시 Rollback 처리 해야 한다.

	ERR_CODE	ERR_MESSAGE
1	20	[20]현재고반영오류[30:현재고수량부족오류]

[그림 5-58] SPE290_매입확정취소_취소 실행 예시

```
 1 ⊟ALTER PROCEDURE [dbo].[SPE290_매입확정취소_취소]       47 ⊟  DECLARE @OUT_현재고반영메시지    NVARCHAR(500)
 2     @IN_매입번호         NVARCHAR(30)                 48        ,@RETURN_VALUE           INT
 3    ,@IN_제품코드         NVARCHAR(30)                 49
 4                                                     50     EXEC @return_value = [dbo].[SPA200_공통_현재고_반영]
 5    ,@IN_실행ID          NVARCHAR(50)                 51        @IN_제품코드        = @IN_제품코드
 6    ,@IN_실행PG          NVARCHAR(50)                 52       ,@IN_반영수량        = @NUM_현재고반영수량
 7  AS                                                 53       ,@IN_반영유형        = '매입확정취소'
 8 ⊟BEGIN                                               54
 9                                                     55       ,@IN_실행ID         = @IN_실행ID
10     SET NOCOUNT ON;                                 56       ,@IN_실행PG         = @IN_실행PG
11                                                     57       ,@OUT_메세지         = @OUT_현재고반영메시지 OUTPUT
12 ⊟  DECLARE @IN_실행공인IP    NVARCHAR(50)             58
13        ,@IN_호스트명        NVARCHAR(50)             59 ⊟  IF @RETURN_VALUE <> 1 BEGIN
14        ,@IN_현재일시        NVARCHAR(50)             60 ⊟      SELECT ERR_CODE = 20
15                                                     61           , ERR_MESSAGE = N'[20]현재고반영오류' + ISNULL(@OUT_현재고반영메시지,'')
16     SELECT @IN_실행공인IP   = A.접속공인IP             62        RETURN(20)
17        ,@IN_호스트명        = A.접속호스트             63     END
18        ,@IN_현재일시        = A.현재일시              64
19      FROM FTA_세션정보_조회() A                        65     UPDATE A SET
20     WHERE 1 = 1                                     66        A.상태코드         = '10'             -- 상태코드 90 -> 10 으로 변경
21                                                     67        ,A.매입확정수량      = 0
22                                                     68        ,A.수정일시         = @IN_현재일시
23     DECLARE @NUM_매입확정수량    NUMERIC(18, 2)        69        ,A.수정자ID         = @IN_실행ID
24        ,@NUM_현재고반영수량     NUMERIC(18, 2)        70        ,A.수정자IP         = @IN_실행공인IP
25        ,@TXT_상태코드        NVARCHAR(50)            71        ,A.수정자PG         = @IN_실행PG
26                                                     72      FROM TBE_매입D A
27     SELECT @NUM_매입확정수량 = A.매입확정수량           73     WHERE A.매입번호 = @IN_매입번호
28        ,@TXT_상태코드       = A.상태코드              74       AND A.제품코드 = @IN_제품코드
29      FROM TBE_매입D A                                75       AND A.상태코드 = '90'              -- 상태코드가 90인 내역만 취소 가능
30     WHERE A.매입번호 = @IN_매입번호                    76
31       AND A.제품코드 = @IN_제품코드                    77 ⊟  IF @@ERROR <> 0 OR @@ROWCOUNT <> 1 BEGIN
32                                                     78 ⊟      SELECT ERR_CODE = 21
33 ⊟  IF @@ERROR <> 0 OR @@ROWCOUNT <> 1 BEGIN          79           , ERR_MESSAGE = N'[21]매입D확정오류' + @IN_매입번호 + '-' + @IN_제품코드
34        SELECT ERR_CODE = 11, ERR_MESSAGE = N'[11]매입내역없음'  80        RETURN(21)
35        RETURN(11)                                   81     END
36     END                                             82
37                                                     83     SELECT ERR_CODE = 1, ERR_MESSAGE = N'[1]정상처리'
38     -- 매입수량에서 (-)를 곱해서 반대로 현재고를 반영하기 위함   84     RETURN(1)
39     SET @NUM_현재고반영수량 = @NUM_매입확정수량 * -1    85
40                                                     86 END;
41 ⊟  IF @TXT_상태코드 <> '90' BEGIN
42        SELECT ERR_CODE = 12
43           , ERR_MESSAGE = N'[12]매입취소대상아님' + @TXT_상태코드
44        RETURN(12)
45     END
46
```

[그림 5-59] SPE290_매입확정취소_취소 소스코드

151

나. 엑셀 VBA

(1) 매입확정취소 조회

매입 확정된 내역이 많을 수 있기 때문에 조회 시에 특정 매입일자만 조회할 수 있도록 하는 것이 좋다. 화면 상단에 매입일자 조건을 입력할 수 있도록 [IN_일자]로 엑셀 이름 정의를 설정하였다. (가급적 이름정의 시 해당 시트에만 한정하도록 설정하는 것이 좋다)

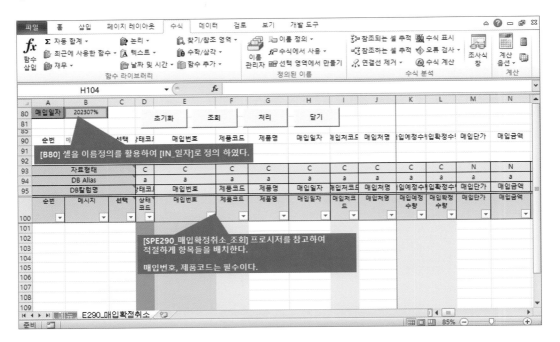

[그림 5-60] 매출확정취소 화면 정의

```vba
Sub 기본_조회()

    Dim txt_Sql        As String        ' SQL문장 저장을 위한 변수 선언
    Dim txt_현재시트 As String         ' 현재 작업 시트명을 저장/관리하기 위한 변수 선언

    On Error Resume Next

    txt_현재시트 = ActiveSheet.Name          ' 조회시트명을 변수에 저장
    txt_현재시트코드 = ActiveSheet.CodeName ' 조회시트코드를 변수에 저장

    Sheets(txt_현재시트).Select        ' 조회시트로 이동

    Call 공통_초기화                   ' 101번 라인 이하를 삭제(클리어)시킴

    txt_Sql = "EXEC [dbo].[SPE290_매입확정취소_조회]      " & vbLf & _
        "      @IN_매입일자      = '<<매입일자>>'       " & vbLf & _
        "     ,@IN_실행ID       = '<<실행ID>>'         " & vbLf & _
        "     ,@IN_실행PG       = '<<실행PG>>'         " & vbLf

    txt_Sql = Replace(txt_Sql, "<<매입일자>>", Trim(Range("IN_일자")))
    txt_Sql = Replace(txt_Sql, "<<실행ID>>", Trim(A100.Range("사용자ID")))
    txt_Sql = Replace(txt_Sql, "<<실행PG>>", ActiveSheet.CodeName)

    If 공통_DB1_Connect() = False Then          ' 관리시트에 있는 접속환경으로 DB에 접속함
        MsgBox "[오류]DB연결이 정상적이지 않습니다!!"
        Exit Sub
    End If

    If 공통_DB1_Select(txt_Sql) = False Then     ' txt_Sql변수의 SQL문장을 실행함
        MsgBox "[오류]해당하는 자료가 존재하지 않습니다"
        Exit Sub
    End If

    i = 101                                      ' 출력시작을 위한 기준행(제목행 Row 위치값을 설정함)
    num_최대조회수 = A100.Range("최대조회건수")    ' 화면에 최대로 조회할 행수
    num_열개수 = Application.CountA(Sheets(txt_현재시트).Range("A90:ZZ90")) + 5
```

[그림 5-61] 매입확정취소 엑셀 VBA 조회 소스코드 (1/2)

```vba
    Call 공통_화면이벤트_OFF

    Do Until (RS1.EOF)                            ' RS1 Record Set이 끝이 날때까지 Loop까지 계속 반복

        Cells(i, 1) = i - 100

        For kk = 4 To num_열개수

            If Cells(95, kk) <> "" Then

                '  txt_칼럼명 = Cells(95, kk)
                Cells(i, kk) = RS1.Fields(Cells(95, kk)).Value

            End If

        Next


        i = i + 1

        If i > num_최대조회수 Then
            MsgBox "[확인]데이터가 " & num_최대조회수 & "건보다 많습니다. 조회조건을 변경 바랍니다"
            Exit Do
        End If

        RS1.MoveNext                               ' RecordSet의 다음자료(다음위치)로 이동함

    Loop

    Cells(101, 3).Select

    Call 공통_DB1_Close                            ' 연결되었던 DB와의 접속을 끊음
    Call 공통_화면이벤트_ON

End Sub
```

[그림 5-62] 매입확정취소 엑셀 VBA 조회 소스코드 (2/2)

(2) 매입확정취소 처리

매입확정 취소 시에는 좀 더 신중한 처리를 위해서 선택 구분을 "8"로 설정하였다. 취소된 매입내역은 다시 매입확정 처리를 할 수 있는 상태로 전환되며 해당 수량만큼 현재고 수량은 감소(-) 된다.

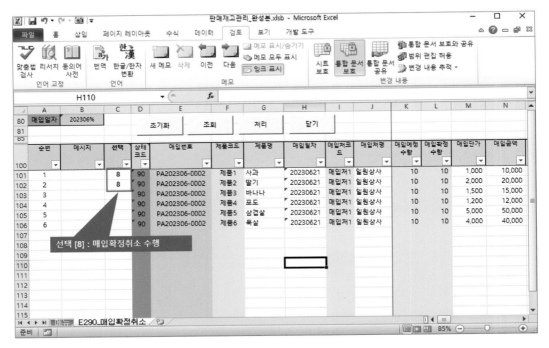

[그림 5-63] 매입확정취소 VBA화면 예시

```
Sub 기본_처리()

    Dim txt_Sql      As String      ' SQL문장 저장을 위한 변수 선언
    Dim txt_현재시트 As String      ' 현재 작업 시트명을 저장/관리하기 위한 변수 선언

    On Error Resume Next

    txt_현재시트 = ActiveSheet.Name     ' 조회시트명을 변수에 저장

    Sheets(txt_현재시트).Select          ' 조회시트로 이동

    Call 공통_필터초기화                 ' 필터에 조건이 지정되어 있는 것을 대비하여 필터초기화

    In사용자ID = A100.Range("사용자ID")              ' 향후 Insert/Update시 사용할 ID,IP,시간등을 변수에 저장
    In_공인IP = A100.Range("공인IP")                 ' 각종 정보는 관리시트에 있음
    In_호스트명 = A100.Range("호스트명")             ' 각종 정보는 관리시트에 있음
    In_현재일시 = 공통_시스템시간()

    txt_현재시트 = ActiveSheet.Name                  ' 조회시트명을 변수에 저장
    In_현재시트코드 = ActiveSheet.CodeName           ' 조회시트코드를 변수에 저장

    Err_flag = 0                                     ' 향후 에러여부를 체크할 변수 0:정상 1:오류 (초기값은 0)
    tot_cnt = ActiveSheet.Cells.SpecialCells(xlCellTypeLastCell).Row   ' 해당시트 데이터가 입력된 마지막행을 확인

    Col_매입번호 = 공통_칼럼위치(txt_현재시트, 90, "매입번호")
    Col_매입일자 = 공통_칼럼위치(txt_현재시트, 90, "매입일자")
    Col_매입처코드 = 공통_칼럼위치(txt_현재시트, 90, "매입처코드")
    Col_전표비고 = 공통_칼럼위치(txt_현재시트, 90, "전표비고")

    Col_제품코드 = 공통_칼럼위치(txt_현재시트, 90, "제품코드")
    Col_매입단가 = 공통_칼럼위치(txt_현재시트, 90, "매입단가")
    Col_매입수량 = 공통_칼럼위치(txt_현재시트, 90, "매입수량")
    Col_제품비고 = 공통_칼럼위치(txt_현재시트, 90, "제품비고")

    txt_매입확정취소 = "EXEC [dbo].[SPE290_매입확정취소_취소] " & vbLf & _
        "        ,@IN_매입번호      = '<<매입번호>>'        " & vbLf & _
        "        ,@IN_제품코드      = '<<제품코드>>'        " & vbLf & _
        "        ,@IN_실행ID        = '<<실행ID>>'          " & vbLf & _
        "        ,@IN_실행PG        = '<<실행PG>>'          " & vbLf

    txt_매입확정취소 = Replace(txt_매입확정취소, "<<실행ID>>", Trim(A100.Range("사용자ID")))
    txt_매입확정취소 = Replace(txt_매입확정취소, "<<실행PG>>", ActiveSheet.CodeName)

    If 공통_DB1_Connect() = False Then                    ' 관리시트에 있는 접속환경으로 DB에 접속함
        MsgBox "[오류]DB연결이 정상적이지 않습니다!!"
        Exit Sub
    End If
```

[그림 5-64] 매입확정취소 처리VBA 소스코드 (1/2)

155

```
    Err.Clear                                              ' *** 트랜잭션 시작 ****
    DB_Conn1.BeginTrans

    If Err.Number <> 0 Then                                ' Begin Tran이 계속 존재하는 경우를 대비하여 Rollback 처리함
        DB_Conn1.RollbackTrans
        MsgBox "[오류]트랜잭션을 시작하지 못했습니다. 다시 시도 바랍니다"
        Exit Sub                                           ' 오류 메시지를 표시한다
    End If

    For i = 101 To tot_cnt                                 ' 101번행부터 데이터가 입력되어 있는 행(Row)까지 반복함

        If Cells(i, 2) <> "" Then Cells(i, 2) = ""

        If Cells(i, 3) = "8" And Cells(i, Col_매입번호) <> "" Then

            txt_Sql = txt_매입확정취소

            txt_Sql = Replace(txt_Sql, "<<처리구분>>", Trim(Cells(i, 3)))

            txt_Sql = Replace(txt_Sql, "<<매입번호>>", Trim(Cells(i, Col_매입번호)))
            txt_Sql = Replace(txt_Sql, "<<제품코드>>", Trim(Cells(i, Col_제품코드)))

            If 공통_DB1_Select(txt_Sql) = False Then       ' txt_Sql변수의 SQL문장을 실행함
                Err_flag = 1
                Cells(i, 2) = "[처리오류]" & A100.Range("SELECT1_MSG")
            Else
                If RS1!ERR_CODE <> 1 Then
                    Err_flag = 1
                    Cells(i, 2) = RS1!ERR_MESSAGE
                End If
            End If

        End If
    Next

    If Err_flag = 0 Then                                   ' 지금까지 오류가 없으면
        Err.Clear                                          ' 트랜잭션을 정상적으로 완료처리 한다
        DB_Conn1.CommitTrans

        If Err.Number = 0 Then                             ' 만약 트랜잭션 완료가 정상이면 정상 메시지를 표시
            MsgBox "[완료]요청한 작업이 완료되었습니다"
        Else
            MsgBox "[오류]최종 Commit 작업에 문제가 생겼습니다, 작업 결과를 확인 바랍니다."
            Err_flag = 1                                   ' 트랜잭션 최종 완료시에 문제가 발생하면 메시지를 표시하고
        End If                                             ' 오류 메시지를 표시한다
    Else
        Err.Clear                                          ' 위의 업무처리시 오류가 발생하여 Err_flag가 1이면
        DB_Conn1.RollbackTrans                             ' 트랜잭션을 Rollback 처리하고 오류를 보여 준다
        MsgBox "[오류]작업중 문제가 발생 했습니다. 확인 요망!!"

    End If

    Call 공통_DB1_Close                                    ' 모든 작업이 완료되었기 때문에 DB접속을 끊는다

    If Err_flag = 0 Then                                   ' 작업에 이상이 없었다면 다시 정보를 조회하여
        Call 기본_조회                                     ' 정상적으로 입력되었는지를 보여준다.
    End If

End Sub
```

[그림 5-65] 매입확정취소 처리VBA 소스코드 (2/2)

5-6 매입 LIST

매입 LIST는 매입확정 여부와 상관없이 상세하게 전체적인 매입 내역을 조회할 수 있다. 매입내역은 전표단위가 아닌 디테일한 제품 단위로 조회된다. 매입 LIST는 데이터를 조회하기 위한 목적이기 때문에 별도로 수정이나 처리 등의 로직은 존재하지 않는다.

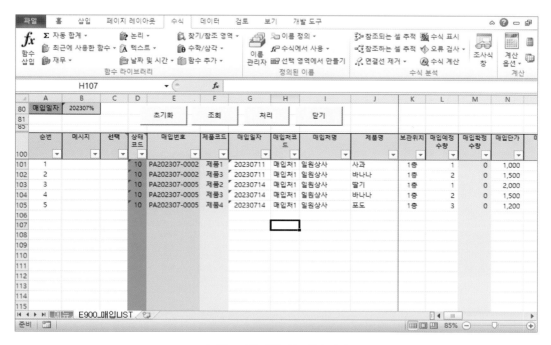

[그림 5-66] 매입 LIST 화면 예시

가. DB 프로시저

(1) 매입 LIST 조회

[SPE900_매입 LIST_조회] 프로시저는 매입내역은 데이터의 양이 많을 수 있기 때문에 조회 범위를 제한하기 위해 입력 매개변수로 "@IN_매입일자"를 추가 하였다. @IN_매입일자는 프로시저 내에서 LIKE 조건으로 사용된다.

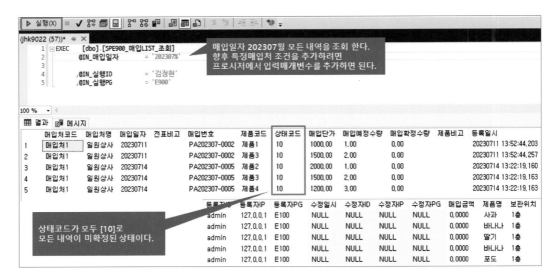

[그림 5-67] SPE900_매입 LIST_조회 프로시저 실행예시

```
1  ☐ALTER PROCEDURE [dbo].[SPE900_매입LIST_조회]
2          @IN_매입일자              NVARCHAR(50) = '%'
3
4        ,@IN_실행ID              NVARCHAR(50)
5        ,@IN_실행PG              NVARCHAR(50)
6   AS
7  ☐BEGIN
8
9      SET NOCOUNT ON;
10
11 ☐   DECLARE @IN_실행공인IP      NVARCHAR(50)
12          ,@IN_호스트명          NVARCHAR(50)
13          ,@IN_현재일시          NVARCHAR(50)
14
15 ☐   SELECT @IN_실행공인IP    = A.접속공인IP
16          ,@IN_호스트명       = A.접속호스트
17          ,@IN_현재일시       = A.현재일시
18      FROM FTA_세션정보_조회() A
19     WHERE 1 = 1
20
21      -- 기본자료를 SELECT 하여 임시테이블에 저장한다
22 ☐   SELECT 매입처코드    = A.매입처코드
23          ,매입처명      = C.업체명
24          ,매입일자      = A.매입일자
25          ,전표비고      = A.전표비고
26          ,B.*
27          ,매입금액      = B.매입단가 * B.매입확정수량
28          ,D.제품명
29          ,D.보관위치
30      FROM TBE_매입H          A
31 INNER JOIN TBE_매입D     B ON A.매입번호    = B.매입번호
32  LEFT JOIN TBC_업체      C ON A.매입처코드 = C.업체코드
33  LEFT JOIN TBC_제품      D ON B.제품코드   = D.제품코드
34  LEFT JOIN TBJ_현재고    G ON B.제품코드    = G.제품코드
35     WHERE 1 = 1
36       AND A.매입일자 LIKE @IN_매입일자
37     ORDER BY A.매입번호, B.제품코드
38
39  END
```

[그림 5-68] SPE900_매입 LIST_조회 프로시저 소스코드

159

나. 엑셀 VBA

(1) 매입 LIST 조회

매입 LIST를 조회하기 위해 VBA 조회 프로시저에서 DB의 [SPE900_매입 LIST_조회] 프로시저를 호출한다.

매입 LIST는 별도 데이터를 처리하는 기능은 별도로 없지만 향후 기능 확장을 고려하여 [처리] 버튼을 그대로 유지하였다. 대신, "현재 사용할 수 없다"는 메시지만 표시한다.

```
Sub 기본_조회()

    Dim txt_Sql      As String        ' SQL문장 저장을 위한 변수 선언
    Dim txt_현재시트 As String        ' 현재 작업 시트명을 저장/관리하기 위한 변수 선언

    On Error Resume Next

    txt_현재시트 = ActiveSheet.Name        ' 조회시트명을 변수에 저장
    txt_현재시트코드 = ActiveSheet.CodeName ' 조회시트코드를 변수에 저장

    Sheets(txt_현재시트).Select        ' 조회시트로 이동

    Call 공통_초기화                   ' 101번 라인 이하를 삭제(클리어)시킴

    txt_Sql = "EXEC [dbo].[SPE900_매입LIST_조회]        " & vbLf & _
        "      @IN_매입일자      = '<<매입일자>>'        " & vbLf & _
        "     ,@IN_실행ID        = '<<실행ID>>'          " & vbLf & _
        "     ,@IN_실행PG        = '<<실행PG>>'          " & vbLf

    txt_Sql = Replace(txt_Sql, "<<매입일자>>", Trim(Range("IN_일자")))
    txt_Sql = Replace(txt_Sql, "<<실행ID>>", Trim(A100.Range("사용자ID")))
    txt_Sql = Replace(txt_Sql, "<<실행PG>>", ActiveSheet.CodeName)

    If 공통_DB1_Connect() = False Then        ' 관리시트에 있는 접속환경으로 DB에 접속함
        MsgBox "[오류]DB연결이 정상적이지 않습니다!!"
        Exit Sub
    End If

    If 공통_DB1_Select(txt_Sql) = False Then    ' txt_Sql변수의 SQL문장을 실행함
        MsgBox "[오류]해당하는 자료가 존재하지 않습니다"
        Exit Sub
    End If

    i = 101                                     ' 출력시작을 위한 기준행(제목행 Row 위치값을 설정함)
    num_최대조회수 = A100.Range("최대조회건수")   ' 화면에 최대로 조회할 행수
    num_열개수 = Application.CountA(Sheets(txt_현재시트).Range("A90:ZZ90")) + 5
```

[그림 5-69] 매입 LIST 조회 VBA 소스코드 (1/2)

```
        Call 공통_화면이벤트_OFF

        Do Until (RS1.EOF)                                      ' RS1 Record Set이 끝이 날때까지 Loop까지 계속 반복

            Cells(i, 1) = i - 100

            For kk = 4 To num_열개수

                If Cells(95, kk) <> "" Then

                    '  txt_칼럼명 = Cells(95, kk)
                    Cells(i, kk) = RS1.Fields(Cells(95, kk).Value)

                End If

            Next

            i = i + 1

            If i > num_최대조회수 Then
                MsgBox "[확인]데이터가 " & num_최대조회수 & "건보다 많습니다. 조회조건을 변경 바랍니다"
                Exit Do
            End If

            RS1.MoveNext                                        ' RecordSet의 다음자료(다음위치)로 이동함

        Loop

        Cells(101, 3).Select

        Call 공통_DB1_Close                                     ' 연결되었던 DB와의 접속을 끊음
        Call 공통_화면이벤트_ON

End Sub


Sub 기본_처리()

    MsgBox "[확인]현재는 사용할수 없습니다"
    Exit Sub

End Sub
```

매입LIST에서는 사용하지 않지만
향후 확장성을 고려하여 [처리]버튼은 유지한다.

다만, 메시지로 사용할 수 없다는 안내 멘트만 출력한다.

[그림 5-70] 매입 LIST 조회 VBA 소스코드 (2/2)

매출업무 개발

06

매출업무 개발

6-1 주요 테이블 및 개발목록

매출업무는 매입업무와 반대되는 개념이지만 비슷한 점이 많다. 매입업무를 통해 고객(매출처)에게 판매할 제품이 확보된 이후 고객이 이를 요청하거나 영업 활동을 통해 고객에게 제품을 판매함으로써 이익을 창출하는 단계이다. 매출확정이 되면 창고에 보관된 재고는 매출수량 만큼 차감(-)된다. 재고의 수량이 일정 수량 이하로 떨어지게 되면 다시 매입담당자가 매입 관련 업무를 수행하고 이를 다시 매출 처리하는 반복적인 흐름이다.

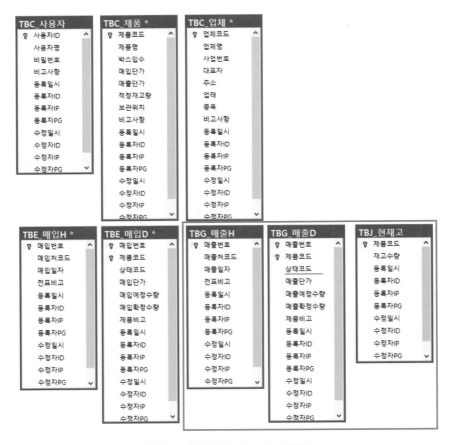

[그림 6-1] 매출업무 관련 주요 테이블

판매재고관리 테이블의 구조 역시 매입 관련 테이블 구조와 거의 비슷한 형태를 가진다. 매입이라는 글자가 매출로 바뀐 정도이다. 차이점이라면 매입업무는 현재고가 증가(+)되지만 매출업무는 현재고를 감소(-) 하는 정도이다.

이번 장은 매입업무를 다시 한번 복습하면서 매출 업무를 개발한다는 생각으로 접근하기를 바란다.

매출과 관련된 테이블은 [TBG_매출H], [TBG_매출D] 테이블, 그리고 공통적으로 사용되고 있는 "TBJ_현재고" 정도로 볼 수 있겠다.

[TBG_매출D] 테이블에는 "상태코드" 칼럼이 있는데, 매출 관련 업무의 진행상태를 알 수 있다. 최초 매출 등록 시 기본값으로 "10"이 저장된다. "10"은 아직 확정되지 않은 상태를 의미한다. 최종적으로 고객에서 제품을 인도하고 모든 과정이 마무리된 시점에서 매출확정 처리를 하면 상태코드가 "90"으로 변경되고 "TBJ_현재고" 테이블의 현재고 수량이 감소(-) 처리된다.

우리가 개발해야 할 목록은 MS SQL의 프로시저 9본, 엑셀 화면을 5본이다.

구분		메뉴ID	DB프로시저	내용
매출등록	조회	G100	SPG100_매출등록_조회	매출등록을 위한 화면 조회
	등록		SPG100_매출등록_처리	실제 매출등록 처리 (입력,수정,삭제)
매출확정	대상조회	G200	SPG200_매출확정_조회	매출확정 가능한 목록을 화면 조회
	확정처리		SPG200_매출확정_확정	실제 매출확정 처리
매출전표발행	대상조회	G210	SPG210_매출전표발행_대상조회	매출확정된 발행대상 전표번호 조회
	전표발행		SPG210_매출전표발행_출력	실제 전표출력
매출확정취소	대상조회	G290	SPG290_매출확정취소_조회	매출확정취소 가능한 목록을 화면 조회
	취소처리		SPG290_매출확정취소_취소	실제 매출확정취소 처리
매출LIST	조회	G900	SPG900_매출LIST_조회	매출내역 전체 화면 조회

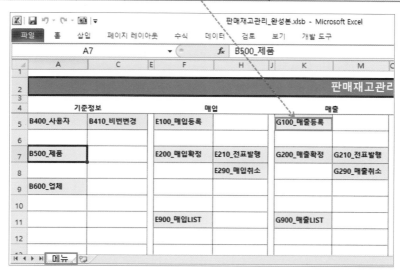

[그림 6-2] 매출관리 개발 목록

6-2 매출등록

가. DB 프로시저

매출해야 할 매출처와 제품 목록들을 시스템에 입력하는 단계이다. 입력이 완료되었다고 해서 매출이 완료된 것은 아니고, 추가로 매출확정 처리를 해야 만 실제 매출이 완료된 것이다.

매출 등록 시 해당 레코드의 "상태코드" 칼럼값이 "10"으로 저장되었다가 매출확정이 완료되면 상태코드가 "90"으로 변경된다.

(1) 매출등록 조회

먼저 [SPG100_매출등록_조회] 프로시저를 살펴보도록 하자. 입력화면은 사용자 편의성을 고려하여 일일이 제품코드를 입력하지 않고 미리 화면에 전체 제품의 목록을 표시하고, 그중에서 원하는 제품을 선택하여 수량이나 단가만 입력하여 매출 화면을 구성하였다.

또한, "@IN_조회구분"이라는 매개변수를 추가 하였는데 이는 매출 등록된 제품만 표시할 것인지 아니면 등록되지 않은 제품도 모두 표시할 것인지를 결정하기 위한 변수로 사용자가 임의로 상황에 따라 원하는 내용을 조회할 수 있도록 하기 위함이다.

입력변수 "@IN_조회구분"이 "1"일 입력한 경우에는 해당 전표번호로 입력된 제품 목록만 조회되도록 하였다. 해당 전표에 어떤 제품이 입력되었는지 명확히 확인하고자 할 때 사용할 수 있다. 반대로 "0"을 입력한 경우에는 모든 제품목록 들이 모두 표시되기 때문에 최초 입력 시에 편리하게 사용할 수 있을 것이다.

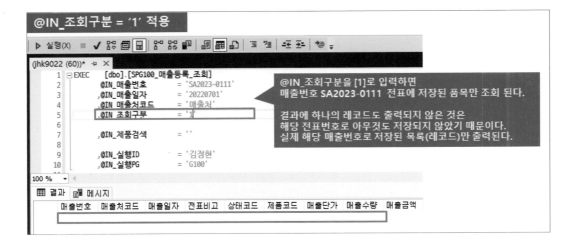

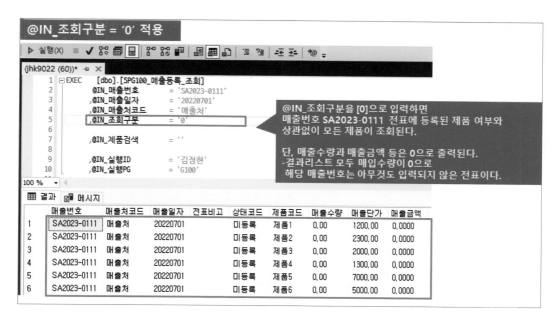

[그림 6-3] SPG100_매출등록_조회 @IN_조회구분 입력변수에 따른 결과 비교

[SPG100_매출등록_조회] 프로시저의 소스코드를 살펴보면 입력 매개변수 "@IN_조회구분"의 "0" 또는 "1"에 따라 IF 명령으로 각기 다른 SELECT 문장을 실행하도록 구성하였다.

또한 제품코드나 제품명으로 조건 검색을 할 수 있도록 "@IN_제품검색" 입력변수를 추가하여 SELECT 문장에서 LIKE 검색을 사용하였다.

```
1  /*------------------------------------------------------------------------------
2    작 성 일: 2023년 07월 01일
3    작 성 자: 김정현
4    기   능:
5  ------------------------------------------------------------------------------
6    수정일    수정자    요청자    내용
7  ------------------------------------------------------------------------------
8
9  EXEC   [dbo].[SPG100_매출등록_조회]
10        @IN_매출번호       = 'SA202307-0111'
11       ,@IN_매출일자       = '20220701'
12       ,@IN_매출처코드     = '매출처'
13       ,@IN_조회구분       = '1'
14
15       ,@IN_제품검색       = ''
16
17       ,@IN_실행ID         = '김정현'
18       ,@IN_실행PG         = 'G100'
19
20
21
22  ------------------------------------------------------------------------------*/
23  ALTER PROCEDURE [dbo].[SPG100_매출등록_조회]
24        @IN_매출번호            NVARCHAR(50)
25       ,@IN_매출일자            NVARCHAR(50)
26       ,@IN_매출처코드          NVARCHAR(50)
27       ,@IN_조회구분            NVARCHAR(50)    -- 1:매출번호를 기준으로 기등록된 제품만 조회
28                                                -- 0:매출등록 여부 관계없이 모든제품 조회
29       ,@IN_제품검색            NVARCHAR(50)
30
31       ,@IN_실행ID              NVARCHAR(50)
32       ,@IN_실행PG              NVARCHAR(50)
33  AS
34  BEGIN
35
36     SET NOCOUNT ON;
37
38     DECLARE @IN_실행공인IP     NVARCHAR(50)
39            ,@IN_호스트명        NVARCHAR(50)
40            ,@IN_현재일시        NVARCHAR(50)
41
42     SELECT @IN_실행공인IP    = A.접속공인IP
43           ,@IN_호스트명       = A.접속호스트
44           ,@IN_현재일시       = A.현재일시
45       FROM FTA_세션정보_조회() A
46      WHERE 1 = 1
47
48     -- 제품을 LIKE 검색하기 위해 입력받은 조회검색값 왼쪽, 오른쪽에 '%'를 추가한다
49     SET @IN_제품검색 = CONCAT('%', TRIM(@IN_제품검색), '%')
50
```

제품코드나 제품명을 LIKE 검색을 위해
[@IN_제품검색] 입력값 앞뒤에 [%]를 붙인다.
예) 실행이전 : 살
      실행이후 : %살%

[그림 6-4] SPG100_매출등록_조회 소스코드 (1/3)

```
51
52       -- 매출전표 등록 여부와 상관없이 제품을 검색 하여야 하는 경우
53   ┌   IF @IN_조회구분 = '0' BEGIN
54
55          SELECT 매출번호      = ISNULL(B.매출번호,       @IN_매출번호)
56                ,매출처코드     = ISNULL(B.매출처코드,     @IN_매출처코드)
57                ,매출일자      = ISNULL(B.매출일자,      @IN_매출일자)
58                ,전표비고      = ISNULL(B.전표비고,      '')
59                ,상태코드      = ISNULL(C.상태코드,      '미등록')
60                ,제품코드      = ISNULL(C.제품코드,      A.제품코드)
61                ,매출수량      = ISNULL(C.매출예정수량,   0)
62                ,매출단가      = ISNULL(C.매출단가,      A.매출단가)
63                ,매출금액      = ISNULL(C.매출예정수량 * C.매출단가,      0)
64                ,제품비고      = ISNULL(C.제품비고,      '')
65                ,C.등록일시, C.등록자ID,   C.등록자IP,     C.등록자PG
66                ,C.수정일시, C.수정자ID,   C.수정자IP,     C.수정자PG
67                ,A.제품명,   A.박스입수,   A.보관위치,     A.매입단가
68                ,적정재고량     = ISNULL(A.적정재고량,   0)
69                ,재고수량      = ISNULL(G.재고수량,    0)
70                ,매출처       = D.업체명
71            INTO #TEMP_매출등록조회0
72            FROM TBC_제품       A
73            LEFT JOIN TBG_매출H    B ON B.매출번호    = @IN_매출번호
74            LEFT JOIN TBG_매출D    C ON C.매출번호    = B.매출번호      AND C.제품코드 = A.제품코드
75            LEFT JOIN TBC_업체     D ON D.업체코드    = @IN_매출처코드
76            LEFT JOIN TBJ_현재고    G ON G.제품코드    = A.제품코드
77           WHERE 1 = 1
78             AND (A.제품코드 LIKE @IN_제품검색  OR A.제품명 LIKE @IN_제품검색)
79
80       -- 화면표시를 제품코드 순으로 정렬하여 출력
81   ┌   SELECT A.*
82           FROM #TEMP_매출등록조회0 A
83          WHERE 1 = 1
84          ORDER BY A.제품코드
85
```

조회구분값이 [0]일 경우에는 매출등록된 내역이 없더라도 해당하는 모든 제품목록이 표시되도록 **LEFT JOIN**을 수행하고 있다.

[그림 6-5] SPG100_매출등록_조회 소스코드 (2/3)

```
86   ┌   END ELSE IF @IN_조회구분 = '1' BEGIN
87
88       -- 매출전표 입력 내역중 조건에 맞는 데이터를 조회하는 경우
89       -- 매출전표를 기준으로 관련자료를 조회 한다 (매출데이터가 존재하는 내역만 조회, FROM TBC_매출H)
90   ┌   SELECT A.매출번호, A.매출처코드, A.매출일자,     A.전표비고
91                ,B.상태코드, B.제품코드
92                ,B.매출단가
93                ,매출수량      = B.매출예정수량
94                ,매출금액      = B.매출예정수량 * B.매출단가
95                ,B.제품비고
96                ,B.등록일시, B.등록자ID,   B.등록자IP,     B.등록자PG
97                ,B.수정일시, B.수정자ID,   B.수정자IP,     B.수정자PG
98                ,C.제품명,   C.박스입수,   C.보관위치,     C.매입단가
99                ,매출처       = D.업체명
100               ,적정재고량     = ISNULL(C.적정재고량,   0)
101               ,재고수량      = ISNULL(G.재고수량,    0)
102           INTO #TEMP_매출등록조회1
103           FROM TBG_매출H       A
104           INNER JOIN TBG_매출D   B ON B.매출번호    = A.매출번호
105           INNER JOIN TBC_제품    C ON C.제품코드    = B.제품코드
106           INNER JOIN TBC_업체    D ON D.업체코드    = A.매출처코드
107           LEFT JOIN TBJ_현재고    G ON G.제품코드    = C.제품코드
108          WHERE 1 = 1
109            AND A.매출번호 = @IN_매출번호
110            AND (B.제품코드 LIKE @IN_제품검색  OR C.제품명 LIKE @IN_제품검색)
111
112       -- 화면표시를 제품코드 순으로 정렬하여 출력
113   ┌   SELECT A.*
114           FROM #TEMP_매출등록조회1 A
115          WHERE 1 = 1
116          ORDER BY A.제품코드
117
118
119      END
120
121  END
```

조회구분값이 [1]일 경우에는 매출등록된 내역만 출력되도록 **INNER JOIN**을 수행하고 있다.

단, 현재고는 있을 수도 없을수도 있기 때문에 **LEFT JOIN**을 수행한다.

[그림 6-6] SPG100_매출등록_조회 소스코드 (3/3)

(2) 매출번호 채번

매출등록은 보통 여러 제품을 하나로 묶어 입력하며 이때 이것을 관리해야 할 고유번호가 필요하다. 여러 사용자가 동시에 매출번호를 채번할 경우 동일한 번호를 부여받거나 충돌 등으로 오류나 무한정 대기가 발생될 수도 있는데 이를 해결하기 위해 데이터베이스에서는 시퀀스(Sequence) 기능을 제공한다.

이 기능을 활용하면 여러 사용자가 동시에 매출번호를 채번하여도 충돌이나 중복 없이 각자 고유한 번호를 채번할 수 있다. 우리가 개발하는 판매재고 관리 시스템의 채번규칙은 구분자(구매 : PA, 영업 : SA)와 년월(YYYYMM) 그리고 일련번호 4자리로 구성된다.

매입번호 채번규칙

| 구분자
(PA) | 년월
(YYYYMM) | - | 일련번호
(4자리) |

예) PA202307-0001 : 2023년07월에 1번째로 채번한 매입번호
PA202512-0007 : 2025년12월에 7번째로 채번한 매입번호

※ DB 시퀀스(SEQUENCE)를 활용하여 전표번호 중복 채번이 되지 않도록 처리

매출번호 채번규칙

| 구분자
(SA) | 년월
(YYYYMM) | - | 일련번호
(4자리) |

예) SA202307-0001 : 2023년07월에 1번째로 채번한 매출번호
SA202512-0007 : 2025년12월에 7번째로 채번한 매출번호

※ DB 시퀀스(SEQUENCE)를 활용하여 전표번호 중복 채번이 되지 않도록 처리

[그림 6-7] 전표 채번 규칙 예시

매출번호를 채번을 위해서는 [SPA100_공통_전표번호_채번] 프로시저를 실행하면 된다. 프로시저명이 SPA로 시작하는 프로시저는 주로 공통적으로 시스템에서 활용하는 기능들이다.

참고로 매출과 관련된 프로시저는 SPG로 시작하는 프로시저이다.

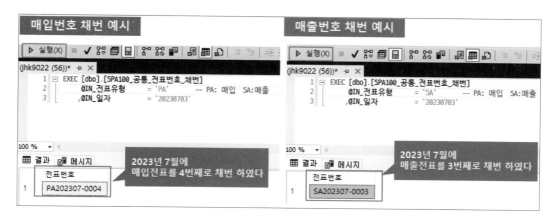

[그림 6-8] SPA100_공통_전표번호_채번 실행 예시

[SPA100_공통_전표번호_채번]의 소스코드를 살펴보기 전에 시퀀스(Sequence)를 어떻게 DB에서 생성하고 어디에서 확인할 수 있는지 살펴볼 필요가 있다. 생성된 시퀀스는 [프로그래밍 기능] – [시퀀스] 하위에 생성되어 있으며, CREATE SEQUENCE 명령으로 생성하고 SELECT NEXT VALUE FOR [시퀀스명] 명령으로 새로운 순번을 채번할 수 있다.

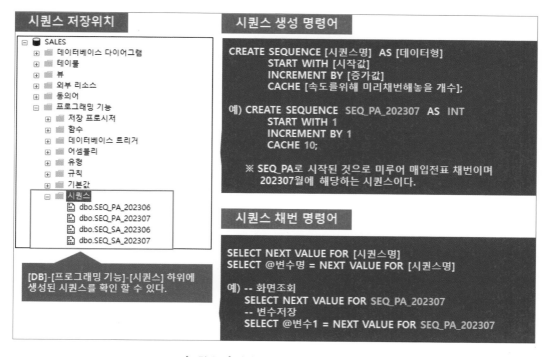

[그림 6-9] 시퀀스 생성 방법 및 저장 위치

매출번호는 매월마다 새롭게 1번부터 채번하도록 매출번호를 구성하고 있어 매월 새로운 이름의 시퀀스 (Sequence)가 생성되고, 이를 사용해야 하기 때문에 DB 프로시저에서 시퀀스의 이름을 고정할 수가 없다.

이러한 문제를 해결하기 위해서는 동적 SQL(Dynamic SQL)이 필요하다. 동적 SQL은 문자형 변수의 상황에 맞는 SQL 문장을 저장하고 이를 EXEC 명령어로 실행하는 방법이다. 이렇게 하면 시퀀스의 이름이나 고정된 명령어로 처리가 어려운 상황에서 보다 유연하게 개발할 수 있다.

추가로, 전표번호 채번 관련 공통 프로시저에서는 이미 생성된 시퀀스를 관리자 등에 의해 삭제(제거)될 수 있는 상황에서도 기존에 채번된 최종 순번을 확인하여 다시 최종 순번 이후부터 채번될 수 있도록 개발하였다.

```
1   /*-----------------------------------------------------------------
2       작 성 일: 2023년 07월 01일
3       작 성 자: 김정현
4       기     능: 매입, 매출전표의 전표번호를 채번하는 공통모듈 (시퀀스 기능을 활용하여 충돌 예방)
5              결과예 : [전표번호] 칼럼에 [PA202307-0001] 형태로 리턴함
6   -----------------------------------------------------------------
7       수정일    수정자    요청자    내용
8   -----------------------------------------------------------------
9
10  EXEC [dbo].[SPA100_공통_전표번호_채번]
11      @IN_전표유형        = N'PA'        -- PA: 매입  SA:매출
12     ,@IN_일자           = N'20230703'
13
14
15  -----------------------------------------------------------------*/
16  ALTER PROCEDURE [dbo].[SPA100_공통_전표번호_채번]
17      @IN_전표유형          NVARCHAR(50)         -- PA: 매입  SA:매출
18     ,@IN_일자             NVARCHAR(50) = ''     -- YYYYMMDD 또는 YYYYMM 입력 (미입력시 현재일자)
19  AS
20  BEGIN
21
22      SET NOCOUNT ON;
23
24      DECLARE @IN_실행공인IP      NVARCHAR(50)
25            ,@IN_호스트명        NVARCHAR(50)
26            ,@IN_현재일시        NVARCHAR(50)
27
28      SELECT @IN_실행공인IP    = A.접속공인IP
29           ,@IN_호스트명      = A.접속호스트
30           ,@IN_현재일시      = A.현재일시
31        FROM FTA_세션정보_조회() A
32       WHERE 1 = 1
33
34      DECLARE @TXT_시퀀스명       NVARCHAR(50)
35            ,@TXT_일자검검       NVARCHAR(20)
36            ,@TXT_쿼리문장       NVARCHAR(500)
37            ,@NUM_최대값         INT
38            ,@NUM_신규채번       INT
39
40      -- 일자 입력값이 공백일 경우에는 현재년월을 입력
41      IF @IN_일자 IS NULL OR @IN_일자 = '' SET @IN_일자 = LEFT(@IN_현재일시, 8)
```

[그림 6-10] SPA100_공통_전표번호_채번 소스코드 (1/3)

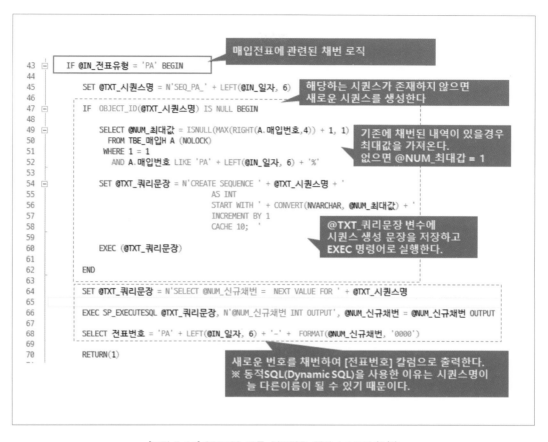

```
43  ┌  IF @IN_전표유형 = 'PA' BEGIN                      매입전표에 관련된 채번 로직
44
45        SET @TXT_시퀀스명 = N'SEQ_PA_' + LEFT(@IN_일자, 6)    해당하는 시퀀스가 존재하지 않으면
46                                                          새로운 시퀀스를 생성한다
47  ┌      IF OBJECT_ID(@TXT_시퀀스명) IS NULL BEGIN
48
49            SELECT @NUM_최대값 = ISNULL(MAX(RIGHT(A.매입번호,4)) + 1, 1)   기존에 채번된 내역이 있을경우
50              FROM TBE_매입H A (NOLOCK)                                최대값을 가져온다.
51             WHERE 1 = 1                                              없으면 @NUM_최대값 = 1
52               AND A.매입번호 LIKE 'PA' + LEFT(@IN_일자, 6) + '%'
53
54  ┌          SET @TXT_쿼리문장 = N'CREATE SEQUENCE ' + @TXT_시퀀스명 + '
55                                      AS INT
56                                      START WITH ' + CONVERT(NVARCHAR, @NUM_최대값) + '
57                                      INCREMENT BY 1                  @TXT_쿼리문장 변수에
58                                      CACHE 10; '                    시퀀스 생성 문장을 저장하고
59                                                                     EXEC 명령어로 실행한다.
60            EXEC (@TXT_쿼리문장)
61
62        END
63
64        SET @TXT_쿼리문장 = N'SELECT @NUM_신규채번 = NEXT VALUE FOR ' + @TXT_시퀀스명
65
66        EXEC SP_EXECUTESQL @TXT_쿼리문장, N'@NUM_신규채번 INT OUTPUT', @NUM_신규채번 = @NUM_신규채번 OUTPUT
67
68        SELECT 전표번호 = 'PA' + LEFT(@IN_일자, 6) + '-' + FORMAT(@NUM_신규채번, '0000')
69
70        RETURN(1)                  새로운 번호를 채번하여 [전표번호] 칼럼으로 출력한다.
                                     ※ 동적SQL(Dynamic SQL)을 사용한 이유는 시퀀스명이
                                        늘 다른이름이 될 수 있기 때문이다.
```

[그림 6-11] SPA100_공통_전표번호_채번 소스코드 (2/3)

```
71    |          END ELSE IF @IN_전표유형 = 'SA' BEGIN          매출전표에 관련된 채번 로직
72    ⊟                                                        위의 매입관련 사항과 동일한 구조이다.
73    |
74    |              SET @TXT_시퀀스명 = N'SEQ_SA_' + LEFT(@IN_일자, 6)
75    |
76    ⊟              IF  OBJECT_ID(@TXT_시퀀스명) IS NULL BEGIN
77    |
78    ⊟                  SELECT @NUM_최대값 = ISNULL(MAX(RIGHT(A.매출번호,4)) + 1, 1)
79    |                    FROM TBG_매출H A (NOLOCK)
80    |                   WHERE 1 = 1
81    |                     AND A.매출번호 LIKE 'SA' + LEFT(@IN_일자, 6) + '%'
82    |
83    ⊟                  SET @TXT_쿼리문장 = N'CREATE SEQUENCE ' + @TXT_시퀀스명 + '
84    |                                              AS INT
85    |                                              START WITH ' + CONVERT(NVARCHAR, @NUM_최대값) + '
86    |                                              INCREMENT BY 1
87    |                                              CACHE 10; '
88    |
89    |                  EXEC (@TXT_쿼리문장)
90    |
91    |              END
92    |
93    |              SET @TXT_쿼리문장 = N'SELECT @NUM_신규채번 =  NEXT VALUE FOR ' + @TXT_시퀀스명
94    |
95    |              EXEC SP_EXECUTESQL @TXT_쿼리문장, N'@NUM_신규채번 INT OUTPUT', @NUM_신규채번 = @NUM_신규채번 OUTPUT
96    |
97    |              SELECT 전표번호 = 'SA' + LEFT(@IN_일자, 6) + '-' + FORMAT(@NUM_신규채번, '0000')
98    |
99    |              RETURN(1)
100   |      END
101   |
102   |      RETURN(99)
103   |
104   |
105   |  END;
106   |
```

[그림 6-12] SPA100_공통_전표번호_채번 소스코드 (3/3)

(3) 매출등록 처리

실제 매출등록해야 할 자료를 [TBG_매출H]와 [TBG_매출D] 테이블에 INSERT, UPDATE, DELETE하는 프로시저이다. 매출은 헤더 테이블과 디테일 테이블로 구성되어 있기 때문에 각각 프로시저를 분리하여 작성할 수도 있지만, 여기에서는 [SPG100_매출등록_처리] 프로시저 하나로 통합하여 처리할 수 있도록 개발하였다.

물론, 헤더테이블의 값이 아무것도 변경이 없는 경우에도, 불필요하게 UPDATE가 될 수 있는 단점이 있지만, 한 번만 프로시저를 호출 실행하면 되기 때문에 개발이 용이한 장점이 있다.

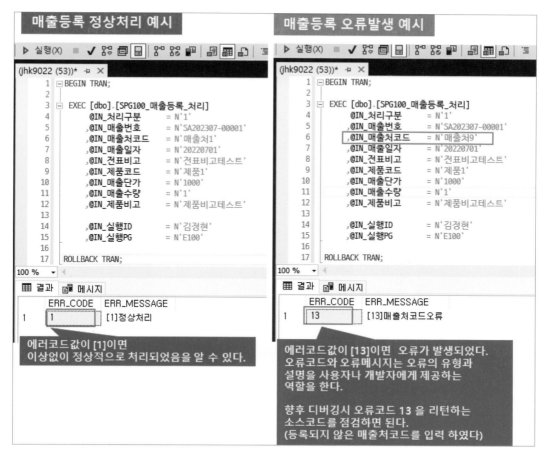

[그림 6-13] SPG100_매출등록_처리 실행결과 예시

먼저 [SPG100_매출등록_처리] 프로시저 실행결과를 살펴보자. 처리구분이 "1"이기 때문에 입력 또는 수정 처리를 하고 있음을 알 수 있다. 매출번호는 아마도 위의 전표번호 채번 공통모듈을 이용하여 채번한 매출번호를 입력했을 것이다. 추가로 매출처, 일자, 전표비고, 제품코드, 매출단가 수량 등의 값을 입력변수로 전달했다.

트랜잭션 처리는 프로시저 내에서 다수의 SQL 명령이 실행되기 때문에 일관성을 확보하기 위해서는 반드시 트랜잭션 기능을 사용하는 것이 필수이다. 여기에서는 테스트를 위해 COMMIT 하지 않고 ROLLBACK 처리하였다.

정상적으로 처리된 경우에는 ERR_CODE 칼럼값이 [1]로 리턴되며, [1]이 아닌 값이 리턴되면 오류가 발생되었다고 판단할 수 있다.

```
 1  ⊟ALTER PROCEDURE [dbo].[SPG100_매출등록_처리]
 2        @IN_처리구분           NVARCHAR(50)      -- 1:신규/수정 4:삭제
 3
 4       ,@IN_매출번호           NVARCHAR(30)      -- 반드시 매출번호는 입력 받아야 한다
 5       ,@IN_매출처코드         NVARCHAR(30)
 6       ,@IN_매출일자           NVARCHAR(30)
 7       ,@IN_전표비고           NVARCHAR(100)
 8       ,@IN_제품코드           NVARCHAR(30)
 9       ,@IN_매출단가           NUMERIC(18, 2)
10       ,@IN_매출수량           NUMERIC(18, 2)
11       ,@IN_제품비고           NVARCHAR(100)
12
13       ,@IN_실행ID             NVARCHAR(50)
14       ,@IN_실행PG             NVARCHAR(50)
15    AS
16  ⊟BEGIN
17
18        SET NOCOUNT ON;
19
20  ⊟     DECLARE @IN_실행공인IP     NVARCHAR(50)
21               ,@IN_호스트명       NVARCHAR(50)
22               ,@IN_현재일시       NVARCHAR(50)
23               ,@NUM_매출금액     NUMERIC(18, 2)
24
25  ⊟     SELECT @IN_실행공인IP   = A.접속공인IP
26             ,@IN_호스트명      = A.접속호스트
27             ,@IN_현재일시      = A.현재일시
28         FROM FTA_세션정보_조회() A
29        WHERE 1 = 1
30
31        -- 매일일자가 정상적인 날짜값이 아닐 경우에는 오류 (예: 20220332)
32  ⊟     IF ISDATE(@IN_매출일자) = 0 BEGIN
33            SELECT ERR_CODE = 11, ERR_MESSAGE = N'[11]매출일자입력오류'
34            RETURN(11)
35        END
36
37  ⊟     IF NOT EXISTS (SELECT * FROM TBC_업체 WHERE 업체코드 = @IN_매출처코드) BEGIN
38            SELECT ERR_CODE = 13, ERR_MESSAGE = N'[13]매출처코드오류'
39            RETURN(13)
40        END
41
42  ⊟     IF NOT EXISTS (SELECT * FROM TBC_제품 WHERE 제품코드 = @IN_제품코드) BEGIN
43            SELECT ERR_CODE = 13, ERR_MESSAGE = N'[14]제품코드오류'
44            RETURN(14)
45        END
46
```

비정상 일자, 매출처, 제품코드 체크

[그림 6-14] SPG100_매출등록_처리 소스코드 (1/4)

```
47        -- 이미 진행중인 매출D 건이 존재하면 오류발생 (상태코드 10(최초입력), 20~90(진행 또는 확정))
48        IF EXISTS (SELECT A.*
49                    FROM TBG_매출D A
50                   WHERE 1 = 1                                    이미 확정 또는 진행중인
51                     AND A.매출번호 = @IN_매출번호                  상태가 있으면 오류발생
52                     AND A.상태코드 BETWEEN '20' AND '90') BEGIN
53            SELECT ERR_CODE = 14, ERR_MESSAGE = N'[15]진행또는확정된전표오류'
54            RETURN(15)
55        END
56
57        IF @IN_처리구분 IN ('1') BEGIN                입력(수정) 처리의 경우
58
59            -- 기존에 매출H가 존재 여부를 확인하여 INSERT 또는 UPDATE를 수행한다
60            IF NOT EXISTS (SELECT A.* FROM TBG_매출H A (NOLOCK) WHERE A.매출번호 = @IN_매출번호) BEGIN
61
62                INSERT INTO TBG_매출H
63                    (매출번호,        매출처코드,      매출일자,        전표비고,
64                     등록일시,        등록자ID,       등록자IP,        등록자PG)
65                VALUES (@IN_매출번호,  @IN_매출처코드, @IN_매출일자,    @IN_전표비고,
66                     @IN_현재일시,     @IN_실행ID,    @IN_실행공인IP,   @IN_실행PG)
67
68                IF @@ERROR <> 0 OR @@ROWCOUNT <> 1 BEGIN
69                    SELECT ERR_CODE = 21, ERR_MESSAGE = N'[21]매출H신규등록오류'
70                    RETURN(21)
71                END
72            END ELSE BEGIN
73
74                UPDATE A SET
75                    A.매출처코드    = @IN_매출처코드            매출헤더 테이블
76                   ,A.매출일자      = @IN_매출일자            INSERT 또는 UPDATE 수행
77                   ,A.전표비고      = @IN_전표비고
78                   ,A.수정일시      = @IN_현재일시
79                   ,A.수정자ID      = @IN_실행ID
80                   ,A.수정자IP      = @IN_실행공인IP
81                   ,A.수정자PG      = @IN_실행PG
82                 FROM TBG_매출H A
83                WHERE 1 = 1
84                  AND A.매출번호 = @IN_매출번호
85
86                IF @@ERROR <> 0 OR @@ROWCOUNT <> 1 BEGIN
87                    SELECT ERR_CODE = 22, ERR_MESSAGE = N'[22]매출H수정오류'
88                    RETURN(22)
89                END
90
91            END
92
          처리구분[1] 계속 ...
```

[그림 6-15] SPG100_매출등록_처리 소스코드 (2/4)

```
93    IF NOT EXISTS (SELECT A.*
94                    FROM TBG_매출D A (NOLOCK)
95                   WHERE A.매출번호 = @IN_매출번호
96                     AND A.제품코드 = @IN_제품코드) BEGIN
97
98        INSERT INTO TBG_매출D
99                    (매출번호,         제품코드,        상태코드,        매출단가,        매출예정수량,
100                    제품비고,
101                    등록일시,         등록자ID,        등록자IP,        등록자PG)
102            VALUES (@IN_매출번호,     @IN_제품코드,    '10',           @IN_매출단가,    @IN_매출수량,
103                    @IN_제품비고,
104                    @IN_현재일시,     @IN_실행ID,      @IN_실행공인IP,   @IN_실행PG)
105
106        IF @@ERROR <> 0 OR @@ROWCOUNT <> 1 BEGIN
107            SELECT ERR_CODE = 23, ERR_MESSAGE = N'[23]매출D신규등록오류'
108            RETURN(23)
109        END
110
111    END ELSE BEGIN
112        UPDATE A SET
113            A.매출단가        = @IN_매출단가
114           ,A.매출예정수량    = @IN_매출수량
115           ,A.제품비고        = @IN_제품비고
116           ,A.수정일시        = @IN_현재일시
117           ,A.수정자ID        = @IN_실행ID
118           ,A.수정자IP        = @IN_실행공인IP
119           ,A.수정자PG        = @IN_실행PG
120         FROM TBG_매출D A
121        WHERE 1 = 1
122          AND A.매출번호 = @IN_매출번호
123          AND A.제품코드 = @IN_제품코드
124          AND A.상태코드 = '10'        -- 신규등록 상태인 데이터만 수정 가능
125
126        IF @@ERROR <> 0 OR @@ROWCOUNT <> 1 BEGIN
127            SELECT ERR_CODE = 24, ERR_MESSAGE = N'[21]매출D수정오류'
128            RETURN(24)
129        END
130    END
131
```

매출디테일 테이블
INSERT 또는 UPDATE 수행

처리구분[1] 처리 끝 지점

[그림 6-16] SPG100_매출등록_처리 소스코드 (3/4)

```
132 ┌ END ELSE IF @IN_처리구분 = '4' BEGIN ──────────┐ 삭제 처리의 경우
133
134       -- 해당 매출전표D 내역을 삭제한다
135 ┌    DELETE A
136        FROM TBG_매출D A
137       WHERE 1 = 1
138         AND A.매출번호 = @IN_매출번호
139         AND A.제품코드 = @IN_제품코드
140         AND A.상태코드 = '10'
141
142 ┌    IF @@ERROR <> 0 OR @@ROWCOUNT <> 1 BEGIN
143        SELECT ERR_CODE = 31, ERR_MESSAGE = N'[31]매출D삭제오류'
144        RETURN(31)
145     END
146
147       -- 한건이라도 존재하는지를 확인한다
148 ┌    IF NOT EXISTS (SELECT A.*
149                      FROM TBG_매출D A
150 ┌                   WHERE A.매출번호 = @IN_매출번호) BEGIN
151
152         -- 매출D 내역이 하나도 존재하지 않는 경우에 매출H 를 삭제한다
153 ┌      DELETE A
154          FROM TBG_매출H A                           매출 디테일이 모두
155         WHERE 1 = 1                                삭제된 경우
156           AND A.매출번호 = @IN_매출번호              헤더테이블도
157                                                    삭제처리 한다.
158 ┌        IF @@ERROR <> 0 OR @@ROWCOUNT <> 1 BEGIN
159            SELECT ERR_CODE = 32, ERR_MESSAGE = N'[32]매출H삭제오류'
160            RETURN(32)
161          END
162
163       END
164
165 ┌ END ELSE BEGIN
166     SELECT ERR_CODE = 99, ERR_MESSAGE = N'[99]처리구분오류'   처리구분이 [1],[4]가
167     RETURN(99)                                             아닌경우 오류처리함
168  END
169
170  SELECT ERR_CODE = 1, ERR_MESSAGE = N'[1]정상처리'    문제없이 처리된 경우
171  RETURN(1)                                          [1]을 리턴함
172
173 END;
174
```

[그림 6-17] SPG100_매출등록_처리 소스코드 (4/4)

179

나. 엑셀 VBA

매출등록 엑셀 화면은 기존에 개발하였던 화면들보다 다소 복잡하다. 헤더 영역에서 필요한 매출번호, 매출일자, 매출처코드 등의 항목들 때문이다. 그렇지만 전체적인 맥락에서는 큰 차이점은 없다.

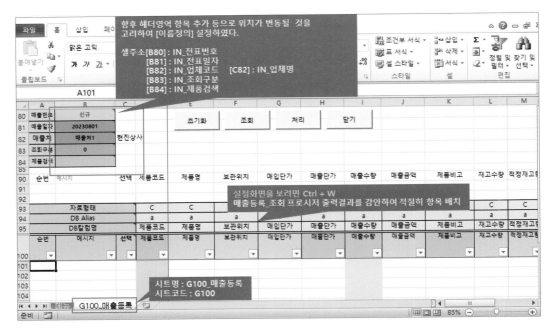

[그림 6-18] 매출등록 엑셀 VBA 화면 설정

(1) 매출등록 조회

엑셀 VBA 화면 헤더 영역의 입력된 값들을 [SPG100_매출등록_조회] 프로시저에 전달하고 그 결과를 101행 이하에 테이블 형태로 화면에 표시한다.

지금까지 보았던 조회 관련 소스코드와 거의 동일하고 DB 프로시저 호출 부분만 수정하면 된다.

```
Sub 기본_조회()

    Dim txt_Sql      As String        ' SQL문장 저장을 위한 변수 선언
    Dim txt_현재시트 As String        ' 현재 작업 시트명을 저장/관리하기 위한 변수 선언

    On Error Resume Next

    txt_현재시트 = ActiveSheet.Name        ' 조회시트명을 변수에 저장
    txt_현재시트코드 = ActiveSheet.CodeName ' 조회시트코드를 변수에 저장

    Sheets(txt_현재시트).Select        ' 조회시트로 이동

    Call 공통_초기화                   ' 101번 라인 이하를 삭제(클리어)시킴

    txt_Sql = "EXEC [dbo].[SPG100_매출등록_조회]        " & vbLf & _
        "            @IN_매출번호     = '<<매출번호>>'   " & vbLf & _
        "           ,@IN_매출일자     = '<<매출일자>>'   " & vbLf & _
        "           ,@IN_매출처코드   = '<<매출처코드>>' " & vbLf & _
        "           ,@IN_조회구분     = '<<조회구분>>'   " & vbLf & _
        "           ,@IN_제품검색     = '<<제품검색>>'   " & vbLf & _
        "           ,@IN_실행ID       = '<<실행ID>>'     " & vbLf & _
        "           ,@IN_실행PG       = '<<실행PG>>'     " & vbLf

    txt_Sql = Replace(txt_Sql, "<<매출번호>>", Trim(Range("IN_전표번호")))
    txt_Sql = Replace(txt_Sql, "<<매출일자>>", Trim(Range("IN_전표일자")))
    txt_Sql = Replace(txt_Sql, "<<매출처코드>>", Trim(Range("IN_업체코드")))
    txt_Sql = Replace(txt_Sql, "<<조회구분>>", Trim(Range("IN_조회구분")))
    txt_Sql = Replace(txt_Sql, "<<제품검색>>", Trim(Range("IN_제품검색")))
    txt_Sql = Replace(txt_Sql, "<<실행ID>>", Trim(A100.Range("사용자ID")))
    txt_Sql = Replace(txt_Sql, "<<실행PG>>", ActiveSheet.CodeName)

    If 공통_DB1_Connect() = False Then          ' 관리시트에 있는 접속환경으로 DB에 접속함
        MsgBox "[오류]DB연결이 정상적이지 않습니다!!"
        Exit Sub
    End If

    Range("IN_업체명") = ""

    If 공통_DB1_Select(txt_Sql) = False Then        ' txt_Sql변수의 SQL문장을 실행함
        MsgBox "[오류]해당하는 자료가 존재하지 않습니다"
        Exit Sub
    End If
```

> 매출등록 조회 관련
> DB 프로시저 실행 명령을
> Txt_Sql 변수에 저장한다.

[그림 6-19] 매출등록 엑셀 VBA 조회관련 소스코드 (1/2)

101행 이하의 실제 데이터가 조회되는 항목들은 사용자들의 요구에 따라 칼럼의 위치가 바뀔 수 있다. 이를 유연하게 대응하기 위해 Col_칼럼명과 같은 변수에 위치값을 저장하여 이를 활용하고 있다.

다시 말하면, Col_칼럼명의 저장 되어 있는 숫자로 해당 칼럼이 어느 열에 위치하고 있는지를 알 수 있다. Col_매출단가, Col_매출수량, Col_매출금액 변수들이 칼럼명과 관련된 변수들이다.

여기에서는 매출수량이나 매출단가가 변경되면 매출금액이 바로 계산되어 사용자에게 보이도록 하기 위해 매출금액 칼럼에 결과값이 아니라 엑셀 수식을 저장하기 위해 활용되었다.

```
    i = 101                                      ' 출력시작을 위한 기준행(제목행 Row 위치값을 설정함)
    num_최대조회수 = A100.Range("최대조회건수")         ' 화면에 최대로 조회할 행수
    num_열개수 = Application.CountA(Sheets(txt_현재시트).Range("A90:ZZ90")) + 5

    Call 공통_화면이벤트_OFF

    Range("IN_전표번호") = RS1!매출번호                     기존 입력되어 있는
    Range("IN_전표일자") = RS1!매출일자                     매출일자, 매출처코드, 매출처명을
    Range("IN_업체코드") = RS1!매출처코드                   헤더영역 화면에 표시한다.
    Range("IN_업체명") = RS1!매출처명

                                                         90행의 칼럼명을 기준으로
    Col_매출단가 = 공통_칼럼위치(txt_현재시트, 90, "매출단가")    위치값(숫자)를 저장함
    Col_매출수량 = 공통_칼럼위치(txt_현재시트, 90, "매출수량")    ※ 칼럼의 위치가 바뀔수 있는 문제 고려
    Col_매출금액 = 공통_칼럼위치(txt_현재시트, 90, "매출금액")

    Do Until (RS1.EOF)                             ' RS1 Record Set이 끝이 날때까지 Loop까지 계속 반복

        Cells(i, 1) = i - 100

        For kk = 4 To num_열개수

            If Cells(95, kk) <> "" Then

                ' txt_칼럼명 = Cells(95, kk)
                Cells(i, kk) = RS1.Fields(Cells(95, kk).Value)

            End If
                                            Cells(x, y).Address :수식에서 활용하기 위해 엑셀주소값으로 변환
        Next                                예) Cells(100, 2).Address 결과 :  [$B$100]

        Cells(i, Col_매출금액) = "=" & Cells(i, Col_매출단가).Address & " * " & Cells(i, Col_매출수량).Address

                                            단가, 수량을 수정하면 매출금액이 자동 계산되도록
        i = i + 1                           수식으로 매출금액 셀에 입력한다.

        If i > num_최대조회수 Then
            MsgBox "[확인]데이터가 " & num_최대조회수 & "건보다 많습니다. 조회조건을 변경 바랍니다"
            Exit Do
        End If

        RS1.MoveNext                                    ' RecordSet의 다음자료(다음위치)로 이동함

    Loop

    Cells(101, 3).Select

    Call 공통_DB1_Close                                 ' 연결되었던 DB와의 접속을 끊음
    Call 공통_화면이벤트_ON

End Sub
```

[그림 6-20] 매출등록 엑셀 VBA 조회관련 소스코드 (2/2)

(2) 매출등록 처리

매출을 등록하기 위해서는 매출번호가 채번되었는지를 먼저 체크해야 한다. 매출번호와 관련된 엑셀주소 Range("IN_전표번호")의 값이 공백이거나, [신규]일 경우에는 전표번호가 아직 채번되지 않은 것으로 간주하여, 전표번호 채번 공통모듈을 호출한다.

이렇게 채번된 매출번호를 활용하여 101행 이하의 매출 등록과 관련된 제품코드, 매입수량, 단가 등의 값들을 DB 매출등록 관련 프로시저에 전달하여 실제 매출 관련 데이터를 등록한다.

```
Sub 기본_처리()

    Dim txt_Sql      As String          ' SQL문장 저장을 위한 변수 선언
    Dim txt_현재시트 As String          ' 현재 작업 시트명을 저장/관리하기 위한 변수 선언

    On Error Resume Next

    txt_현재시트 = ActiveSheet.Name      ' 조회시트명을 변수에 저장

    Sheets(txt_현재시트).Select          ' 조회시트로 이동

    Call 공통_필터초기화                 ' 필터에 조건이 지정되어 있는 것을 대비하여 필터초기화

    In사용자ID = A100.Range("사용자ID")                 ' 향후 Insert/Update시 사용할 ID,IP,시간등을 변수에 저장
    In_공인IP = A100.Range("공인IP")                     ' 각종 정보는 관리시트에 있음
    In_호스트명 = A100.Range("호스트명")                 ' 각종 정보는 관리시트에 있음
    In_현재일시 = 공통_시스템시간()

    txt_현재시트 = ActiveSheet.Name                      ' 조회시트명을 변수에 저장
    In_현재시트코드 = ActiveSheet.CodeName               ' 조회시트코드를 변수에 저장

    Err_flag = 0                                         ' 향후 에러여부를 체크할 변수 0:정상 1:오류 (초기값은 0)
    tot_cnt = ActiveSheet.Cells.SpecialCells(xlCellTypeLastCell).Row   ' 해당시트 데이터가 입력된 마지막행을 확인

    If 공통_DB1_Connect() = False Then                   ' 관리시트에 있는 접속환경으로 DB에 접속함
        MsgBox "[오류]DB연결이 정상적이지 않습니다!!"
        Exit Sub
    End If

    If Range("IN_전표번호") = "신규" Or Range("IN_전표번호") = "" Then

        txt_Sql = " EXEC [dbo].[SPA100_공통_전표번호_채번]      " & vbLf & _
                  "         @IN_전표유형      = N'SA'           " & vbLf & _
                  "        ,@IN_일자          = N'<<일자>>'      "

        txt_Sql = Replace(txt_Sql, "<<일자>>", Trim(Range("IN_전표일자")))

        If 공통_DB1_Select(txt_Sql) = False Then            ' txt_Sql변수의 SQL문장을 실행함
            Call 공통_DB1_Close                             ' 모든 작업이 완료되었기 때문에 DB접속을 끊는다
            MsgBox "[11]전표채번오류"
            Exit Sub
        End If

        Range("IN_전표번호") = Trim(RS1!전표번호)

    End If
```

전표번호가 공백이거나 [신규]인 경우에는
새로운 전표번호를 채번하기 위해 공통모듈을 실행한다.

[그림 6-21] 매출등록 엑셀 VBA 처리관련 소스코드 (1/3)

```
    txt_매출등록 = "EXEC [dbo].[SPG100_매출등록_처리]          " & vbLf & _
                  "         @IN_처리구분      = '<<처리구분>>'   " & vbLf & _
                  "        ,@IN_매출번호      = '<<매출번호>>'   " & vbLf & _
                  "        ,@IN_매출일자      = '<<매출일자>>'   " & vbLf & _
                  "        ,@IN_매출처코드    = '<<매출처코드>>' " & vbLf & _
                  "        ,@IN_전표비고      = '<<전표비고>>'   " & vbLf & _
                  "        ,@IN_제품코드      = '<<제품코드>>'   " & vbLf & _
                  "        ,@IN_매출단가      = '<<매출단가>>'   " & vbLf & _
                  "        ,@IN_매출수량      = '<<매출수량>>'   " & vbLf & _
                  "        ,@IN_제품비고      = '<<제품비고>>'   " & vbLf & _
                  "        ,@IN_실행ID        = '<<실행ID>>'     " & vbLf & _
                  "        ,@IN_실행PG        = '<<실행PG>>'     " & vbLf

    txt_매출등록 = Replace(txt_매출등록, "<<매출번호>>", Trim(Range("IN_전표번호")))
    txt_매출등록 = Replace(txt_매출등록, "<<매출일자>>", Trim(Range("IN_전표일자")))
    txt_매출등록 = Replace(txt_매출등록, "<<매출처코드>>", Trim(Range("IN_업체코드")))
    txt_매출등록 = Replace(txt_매출등록, "<<전표비고>>", "")

    txt_매출등록 = Replace(txt_매출등록, "<<실행ID>>", Trim(A100.Range("사용자ID")))
    txt_매출등록 = Replace(txt_매출등록, "<<실행PG>>", ActiveSheet.CodeName)

    Col_제품코드 = 공통_칼럼위치(txt_현재시트, 90, "제품코드")
    Col_매출단가 = 공통_칼럼위치(txt_현재시트, 90, "매출단가")
    Col_매출수량 = 공통_칼럼위치(txt_현재시트, 90, "매출수량")
    Col_제품비고 = 공통_칼럼위치(txt_현재시트, 90, "제품비고")


    Err.Clear
    DB_Conn1.BeginTrans                              ' *** 트랜잭션 시작 ****

    If Err.Number <> 0 Then                          ' Begin Tran이 계속 존재하는 경우를 대비하여 Rollback 처리함
        DB_Conn1.RollbackTrans
        MsgBox "[오류]트랜잭션을 시작하지 못했습니다. 다시 시도 바랍니다"
        Exit Sub
    End If                                           ' 오류 메시지를 표시한다
```

[그림 6-22] 매출등록 엑셀 VBA 처리관련 소스코드 (2/3)

```
    For i = 101 To tot_cnt                                    ' 101번행부터 데이터가 입력되어 있는 행(Row)까지 반복함

        If Cells(i, 2) <> "" Then Cells(i, 2) = ""

        If Cells(i, Col_제품코드) <> "" And Trim(Cells(i, 3)) <> "" Then    ' 선택값에 값이 있고 제품코드도 있을 경우에 매출등록

            txt_Sql = txt_매출등록

            txt_Sql = Replace(txt_Sql, "<<처리구분>>", Trim(Cells(i, 3)))

            txt_Sql = Replace(txt_Sql, "<<제품코드>>", Trim(Cells(i, Col_제품코드)))
            txt_Sql = Replace(txt_Sql, "<<매출단가>>", Trim(Cells(i, Col_매출단가)))
            txt_Sql = Replace(txt_Sql, "<<매출수량>>", Trim(Cells(i, Col_매출수량)))
            txt_Sql = Replace(txt_Sql, "<<제품비고>>", Trim(Cells(i, Col_제품비고)))

            If 공통_DB1_Select(txt_Sql) = False Then          ' txt_Sql변수의 SQL문장을 실행함
                Err_flag = 1
                Cells(i, 2) = "[처리오류]" & A100.Range("SELECT1_MSG")
            Else
                If RS1!ERR_CODE <> 1 Then
                    Err_flag = 1
                    Cells(i, 2) = RS1!ERR_MESSAGE
                End If
            End If

        End If

    Next

    If Err_flag = 0 Then                                     ' 지금까지 오류가 없으면

        Err.Clear
        DB_Conn1.CommitTrans                                 ' 트랜잭션을 정상적으로 완료처리 한다

        If Err.Number = 0 Then                               ' 만약 트랜잭션 완료가 정상이면 정상 메시지를 표시
            MsgBox "[완료]요청한 작업이 완료되었습니다"
        Else
            MsgBox "[오류]최종 Commit 작업에 문제가 생겼습니다, 작업 결과를 확인 바랍니다."
            Err_flag = 1                                     ' 트랜잭션 최종 완료시에 문제가 발생하면 메시지를 표시하고
        End If                                               ' 오류 메시지를 표시한다

    Else

        Err.Clear
        DB_Conn1.RollbackTrans                               ' 위의 업무처리시 오류가 발생하여 Err_flag가 1이면
        MsgBox "[오류]작업중 문제가 발생 했습니다. 확인 요망!!"    ' 트랜잭션을 Rollback 처리하고 오류메시지를 보여 준다

    End If

    Call 공통_DB1_Close                                       ' 모든 작업이 완료되었기 때문에 DB접속을 끊는다

    If Err_flag = 0 Then                                     ' 작업에 이상이 없었다면 다시 정보를 조회하여
        Call 기본_조회                                          ' 정상적으로 입력되었는지를 보여준다.
    End If

End Sub
```

[그림 6-23] 매출등록 엑셀 VBA 처리관련 소스코드 (3/3)

(3) 초기화 및 기타

초기화( )는 새롭게 화면(시트)가 열리거나 초기화 버튼을 클릭했을 경우에 실행된다. 화면 상단의 매출일자, 매출처코드, 매출번호 등 헤더영역의 값들을 초기화하고 101행 이하의 데이터가 출력되는 영역들을 모두 깨끗하게 지워 초기 상태로 만든다.

Worksheet_Change( )는 101행 이하에서 매출수량이나 매출단가 등을 입력하거나 수정하였을 때 선택 항목에 자동으로 "1"이 표시되도록 하였다. 필수적인 기능은 아니지만 사용자가 일일이 선택 항목에 입력하지 않아도 되는 편리함이 있다.

```
Private Sub Worksheet_Change(ByVal Target As Range)

    If Target.Row > 100 And Target.Column > 3 Then
        Call 공통_화면이벤트_OFF
        If Cells(Target.Row, 3) = "" Then Cells(Target.Row, 3) = 1
        Call 공통_화면이벤트_ON
    End If

End Sub

Sub 기본_초기화()

    Dim txt_Sql     As String        ' SQL문장 저장을 위한 변수 선언
    Dim txt_현재시트 As String        ' 현재 작업 시트명을 저장/관리하기 위한 변수 선언

    On Error Resume Next

    txt_현재시트 = ActiveSheet.Name    ' 조회시트명을 변수에 저장

    Sheets(txt_현재시트).Select        ' 조회시트로 이동

    Call 공통_필터초기화               ' 필터에 조건이 지정되어 있는 것을 대비하여 필터초기화

    In사용자ID = A100.Range("사용자ID")                ' 향후 Insert/Update시 사용할 ID,IP,시간등을 변수에 저장
    In_공인IP = A100.Range("공인IP")                   ' 각종 정보는 관리시트에 있음
    In_호스트명 = A100.Range("호스트명")                ' 각종 정보는 관리시트에 있음
    In_현재일시 = 공통_시스템시간()

    Range("IN_전표번호") = "신규"
    Range("IN_전표일자") = Left(In_현재일시, 8)
    Range("IN_업체코드") = "매출처1"
    Range("IN_조회구분") = "0"
    Range("IN_제품검색") = ""

End Sub
```

사용자 편의를 위해 디테일영역 (101행 이하)에서 값이 변경되면 [선택]칼럼에 [1]을 기본적으로 표시한다.

화면이 처음 열리거나 초기화 버튼을 누를 경우 실행되는 로직이다.

1. 공통_초기화_버튼() 실행
   - 101행 이하 데이터 삭제
   - 기타 공통처리
2. 해당 시트의 기본_초기화() 실행
   - 초기값 설정 외 사용자 변경 가능

[그림 6-24] 매출등록 엑셀 VBA 초기화/기타 소스코드

185

6-3 매출확정

가. DB 프로시저

매출 등록된 내역이 실제 고객에게 안전하게 인계된 시점에 매출로 최종 처리하는 프로세스이다. 매출확정이 되면 현재고는 감소(-)되며 매출 등록된 내역의 상태코드가 "10" 신규 상태에서 "90" 확정 상태로 변경된다.

부가적으로 매출처에서 물건을 구매했기 때문에 매출처에서 받아야 할 돈(매출채권)도 증가(+)하고, 이후 매출처에 해당 금액을 입금하게 되면 잔액이 감소(-)되는 흐름을 보인다. 본 시스템 개발 목적상 매출채권(고객에게 받아야 할 잔액) 등의 업무는 개발범위에서 제외하였다.

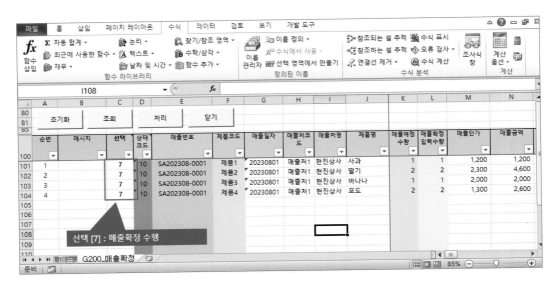

[그림 6-25] 매출확정 엑셀 VBA 화면 예시

(1) 매출확정 조회

[SPG200_매출확정_조회] 프로시저는 매출 확정 처리를 위해 아직 매출확정 처리가 되지 않은 내역들을 화면에 표시한다.

즉, [TBG_매출D] 테이블에 저장된 데이터 중에 상태코드가 "10"인 데이터들이 이에 해당하며 부가적으로 재고정보, 최근 매출현황 등의 항목들도 함께 화면에 출력한다.

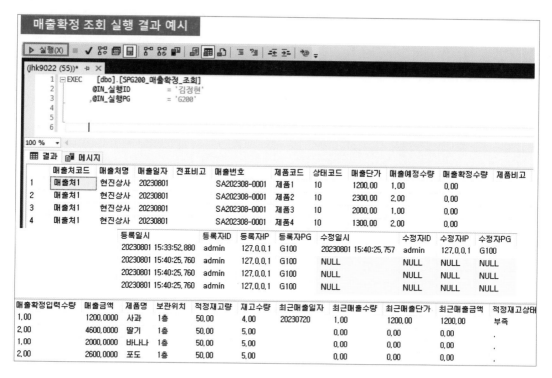

[그림 6-26] 매출확정 조회 실행결과 예시

소스코드를 살펴보면 하나의 SELECT 문장으로 원하는 값들을 모두 출력할 수도 있지만, 여기에서는 소스코드를 좀 더 이해하기 쉽도록 먼저 기본적인 항목과 형태를 임시테이블로 생성 후에 UPDATE 명령으로 추가적인 항목에 값을 채워 넣는 방식으로 개발하였다.

시스템의 성능적인 측면으로 보자면 조금 느릴 수도 있겠으나, 속도보다는 향후 유지보수와 확장성에 좀 더 고려한 형태라 할 수 있다.

```
1  ALTER PROCEDURE [dbo].[SPG200_매출확정_조회]
2        @IN_실행ID          NVARCHAR(50)
3       ,@IN_실행PG          NVARCHAR(50)
4  AS
5  BEGIN
6
7      SET NOCOUNT ON;
8
9      DECLARE @IN_실행공인IP     NVARCHAR(50)
10            ,@IN_호스트명       NVARCHAR(50)
11            ,@IN_현재일시       NVARCHAR(50)
12
13     SELECT @IN_실행공인IP    = A.접속공인IP
14           ,@IN_호스트명      = A.접속호스트
15           ,@IN_현재일시      = A.현재일시
16       FROM FTA_세션정보_조회() A
17      WHERE 1 = 1
18
19     --------------------------------------------------------------
20     -- 기본적인 조회내역을 임시테이블에 저장한다
21     --------------------------------------------------------------
22     SELECT 매출처코드 = A.매출처코드
23           ,매출처명     = C.업체명
24           ,매출일자     = A.매출일자
25           ,전표비고     = A.전표비고
26           ,B.*
27           ,매출확정입력수량 = B.매출예정수량
28           ,매출금액     = B.매출예정수량 * B.매출단가
29           ,D.제품명
30           ,D.보관위치
31           ,적정재고량 = ISNULL(D.적정재고량, 0)
32           ,재고수량   = ISNULL(G.재고수량, 0)
33           ,최근매출일자 = CONVERT(NVARCHAR(30), '')
34           ,최근매출수량 = CONVERT(NUMERIC(18, 2), 0)
35           ,최근매출단가 = CONVERT(NUMERIC(18, 2), 0)
36           ,최근매출금액 = CONVERT(NUMERIC(18, 2), 0)
37           ,적정재고상태 = IIF(ISNULL(D.적정재고량, 0) >= ISNULL(G.재고수량, 0) , '.', '부족')
38       INTO #TEMP_매출확정조회
39       FROM TBG_매출H          A
40      INNER JOIN TBG_매출D     B ON A.매출번호   = B.매출번호
41       LEFT JOIN TBC_업체      C ON A.매출처코드 = C.업체코드
42       LEFT JOIN TBC_제품      D ON B.제품코드   = D.제품코드
43       LEFT JOIN TBJ_현재고    G ON B.제품코드   = G.제품코드
44      WHERE 1 = 1
45        AND B.상태코드 = '10'
46
```

> 복잡한 **SELECT** 문장을
> 유지보수가 용이하도록
> 임시테이블을 활용 했다.
>
> 최근매출수량 등은
> 데이터타입과
> 기본값을 지정했다.
> 추후 **UPDATE**

[그림 6-27] SPG200_매출확정_조회 소스코드 (1/2)

188

```
47 ⊟   -----------------------------------------------------------------------------
48      -- 최근 30일이내 매출일자, 해당일 매출수량, 단가, 금액 등을 확인하기 위해 임시테이블을 생성한다
49      -----------------------------------------------------------------------------
50 ⊟   SELECT B.제품코드, A.매출일자
51           ,매출수량 = SUM(B.매출확정수량)
52           ,매출금액 = SUM(B.매출확정수량 * B.매출단가)
53           ,매출단가 = CONVERT(NUMERIC(18, 2), 0)
54           ,제품매출일자최근순번 = ROW_NUMBER() OVER(PARTITION BY B.제품코드 ORDER BY A.매출일자 DESC)
55        INTO #TEMP_최근매출실적
56        FROM TBG_매출H A
57       INNER JOIN TBG_매출D    B ON A.매출번호   = B.매출번호
58       WHERE 1 = 1
59         AND A.매출일자 >= FORMAT(DATEADD(DAY, -30, GETDATE()) ,'yyyyMMdd')
60         AND A.매출일자 <= FORMAT(GETDATE()                    ,'yyyyMMdd')
61         AND B.상태코드  = '90'
62       GROUP BY B.제품코드, A.매출일자
63
64 ⊟   UPDATE A SET
65            A.매출단가 = ROUND(A.매출금액 / A.매출수량, 0)
66        FROM #TEMP_최근매출실적 A
67       WHERE 1 = 1
68         AND A.매출수량 <> 0
69
70      -- 최근매출단가 등을 추가로 계산한다 (복잡도가 높아 SELECT 문장을 분리함)
71 ⊟   UPDATE A SET
72            A.최근매출수량 = ISNULL(B.매출수량, 0)
73           ,A.최근매출단가 = ISNULL(B.매출단가, 0)
74           ,A.최근매출금액 = ISNULL(B.매출금액, 0)
75           ,A.최근매출일자 = ISNULL(B.매출일자, '')
76           ,A.적정재고상태 = IIF(A.재고수량 >= A.적정재고량, '.', '부족')
77        FROM #TEMP_매출확정조회 A
78       INNER JOIN #TEMP_최근매출실적 B ON B.제품코드 = A.제품코드 AND B.제품매출일자최근순번 = 1
79       WHERE 1 = 1
80
81 ⊟   -----------------------------------------------------------------------------
82      -- 최종 결과를 화면(레코드셋)으로 출력한다
83      -----------------------------------------------------------------------------
84 ⊟   SELECT A.*
85        FROM #TEMP_매출확정조회 A
86       WHERE 1 = 1
87       ORDER BY A.매출번호, A.제품코드
88
```

> 최근3개월간의
> 매출수량, 금액합계를 가져와서
> 평균단가를 계산하여
> #TEMP_최근매출실적 임시테이블 생성
>
> 이후 최종결과를 UPDATE 한다.

[그림 6-28] SPG200_매출확정_조회 소스코드 (2/2)

(2) 공통 현재고 반영

현재고 데이터는 말 그대로 현재 시점의 재고 수량을 의미한다. 매입확정을 할 경우에는 해당 제품의 수량이 (+)되고 매출확정을 했을 때는 (−)처리된다. 매입과 매출확정 등의 주요 프로세스에서 현재고 데이터는 매우 중요하며 빈번하게 사용되는 데이터이다.

현재고와 같은 데이터들은 공통모듈을 통해 처리하는 것이 좋다. 중복적인 개발을 줄일 수 있을 뿐만 아니라 동일한 업무 로직을 수행할 수 있기 때문에 일관성 있는 결과를 기대할 수 있다. 즉, 틀리면 모두 틀리고, 맞으면 모두 맞다는 일관성 있는 결과를 기대할 수 있다는 뜻이다.

공통모듈 [SPA200_공통_현재고_반영] 프로시저는 주로 다른 프로시저 내에서 사용되기 때문에 실행결과를 SELECT 문을 통한 결과를 리턴 받으면, 오히려 프로그램이 더 복잡해지는 불편함이 발생 될 수 있다. 이러한

불편함을 극복하기 위해서 매개변수에 OUTPUT 옵션을 부여하여 DB 프로시저의 출력변수로 실행결과를 리턴 받는다면 좀 더 쉽게 개발이 가능하다.

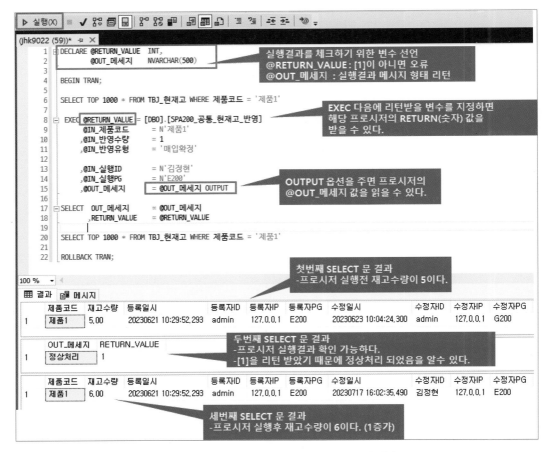

[그림 6-29] SPA200_공통_현재고_반영 실행결과 예시

```
 1  ⊟ALTER PROCEDURE [dbo].[SPA200_공통_현재고_반영]
 2       @IN_제품코드              NVARCHAR(30)
 3      ,@IN_반영수량              NUMERIC(18, 2)              -- 양수: 재고(+)   음수: 재고(-)
 4      ,@IN_반영유형              NVARCHAR(30) = ''          -- 매입/매출 등 입력 (향후 확장용)
 5
 6      ,@IN_실행ID               NVARCHAR(50)
 7      ,@IN_실행PG               NVARCHAR(50)
 8      ,@OUT_메세지              NVARCHAR(500) = '   OUTPUT    -- 오류값을 출력하기 위한 변수
 9   AS
10  ⊟BEGIN
11       SET NOCOUNT ON;
12   |
13       DECLARE @IN_실행공인IP     NVARCHAR(50)
14              ,@IN_호스트명        NVARCHAR(50)
15              ,@IN_현재일시        NVARCHAR(50)
16              ,@IN_입고일시        NVARCHAR(50) = ''
17              ,@IN_출고일시        NVARCHAR(50) = ''
18
19  ⊟    SELECT @IN_실행공인IP    = A.접속공인IP
20             ,@IN_호스트명       = A.접속호스트
21             ,@IN_현재일시       = A.현재일시
22        FROM FTA_세션정보_조회() A
23       WHERE 1 = 1
24
25       -- 등록되지 않은 제품코드가 입력된 경우 오류 발생
26  ⊟    IF NOT EXISTS (SELECT A.*
27                        FROM TBC_제품 A
28                       WHERE 1 = 1
29  ⊟                       AND A.제품코드 = @IN_제품코드) BEGIN
30           SET @OUT_메세지 = N'[11:제품코드오류]'
31           RETURN(11)
32       END
33
34       -- 이미 해당하는 데이터가 존재 하는지를 체크함
35  ⊟    IF NOT EXISTS (SELECT A.*
36                        FROM TBJ_현재고 A
37                       WHERE 1 = 1
38  ⊟                       AND A.제품코드 = @IN_제품코드) BEGIN
39
40           -- 존재하는 데이터가 없을 경우 INSERT
41  ⊟        INSERT INTO TBJ_현재고
42                      (제품코드,        재고수량,
43                       등록일시,        등록자ID,       등록자IP,        등록자PG)
44               VALUES (@IN_제품코드,    @IN_반영수량,
45                       @IN_현재일시,    @IN_실행ID,     @IN_실행공인IP,   @IN_실행PG)
46
47  ⊟        IF @@ERROR <> 0 OR @@ROWCOUNT <> 1 BEGIN
48               SET @OUT_메세지 = N'[22:현재고INSERT오류]'
49               RETURN(22)
50           END
```

오류내용을 리턴하기 위해 **OUTPUT** 옵션을 추가 하였다.

오류처리시 @**OUT**_메세지 및 **RETURN**(1) 이 아닌 숫자를 입력한다 오류 숫자는 향후 추적이 용이하도록 부여하면 된다.

[그림 6-30] SPA200_공통_현재고_반영 소소코드 (1/2)

191

```
51
52      END ELSE BEGIN
53
54          -- 이미 해당 데이터가 있을 경우 UPDATE
55          UPDATE A SET
56                  A.재고수량      = A.재고수량 + @IN_반영수량
57                 ,A.수정일시      = @IN_현재일시
58                 ,A.수정자ID      = @IN_실행ID
59                 ,A.수정자IP      = @IN_실행공인IP
60                 ,A.수정자PG      = @IN_실행PG
61            FROM TBJ_현재고 A
62           WHERE A.제품코드 = @IN_제품코드
63
64          IF @@ERROR <> 0 OR @@ROWCOUNT <> 1 BEGIN
65              SET @OUT_메세지 = N'[23:현재고수정오류]'
66              RETURN(23)
67          END
68
69      END
70
71      -- 처리된 현재고 데이터의 최종수량이 (-)이면 오류 발생
72      IF EXISTS (SELECT A.*
73                  FROM TBJ_현재고 A
74                 WHERE 1 = 1
75                   AND A.제품코드 = @IN_제품코드
76                   AND A.재고수량 < 0) BEGIN
77          SET @OUT_메세지 = N'[30:현재고수량부족오류]'
78          RETURN(30)
79      END
80
81      SET @OUT_메세지 = N'정상처리'
82      RETURN(1)   -- 정상처리
83
84  END;
```

정상적으로 처리되면
[@OUT_메세지]에 [정상처리],
RETURN 값으로 [1]을 리턴한다.

[그림 6-31] SPA200_공통_현재고_반영 소소코드 (2/2)

(3) 매출확정

매출 확정해야 할 대상을 화면에서 선택 후 실제 매출확정을 처리하는 프로시저이다. 이 프로시저는 상태코드를 "10" → "90"으로 변경하고, 매출확정수량을 UPDATE 한다. 마지막 과정으로 현재고 반영 공통 프로시저를 실행하여 현재고 수량을 감소(-)시킨다.

호출된 현재고 반영 프로시저는 반드시 리턴 값이 "1"이 리턴 되었는지 확인하는 것이 중요하다. 매출확정과 관련된 프로시저나 SQL 명령어들은 하나의 트랜잭션으로 처리될 수 있도록 트랜잭션 처리 BEGIN TRAN ~ COMMIT 또는 ROLLBACK TRAN을 필히 수행해야 한다.

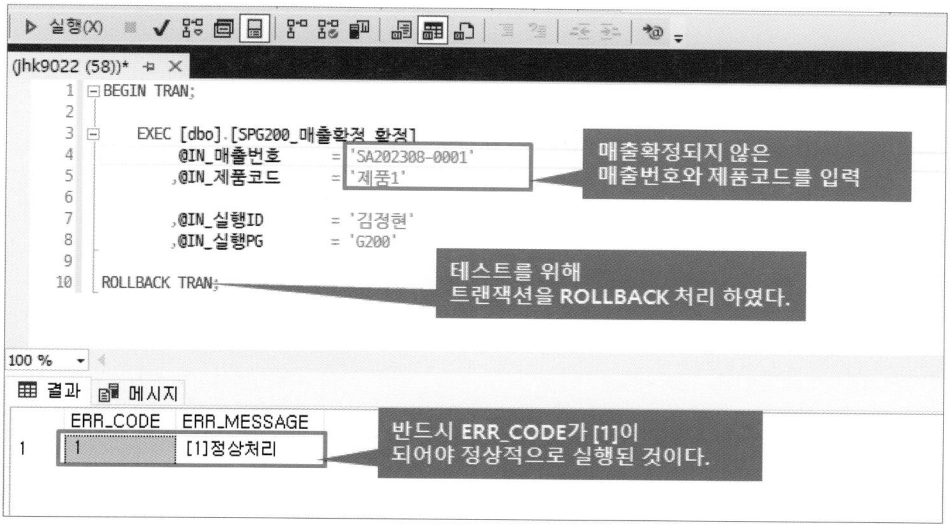

[그림 6-32] SPG200_매출확정_확정 실행결과 예시

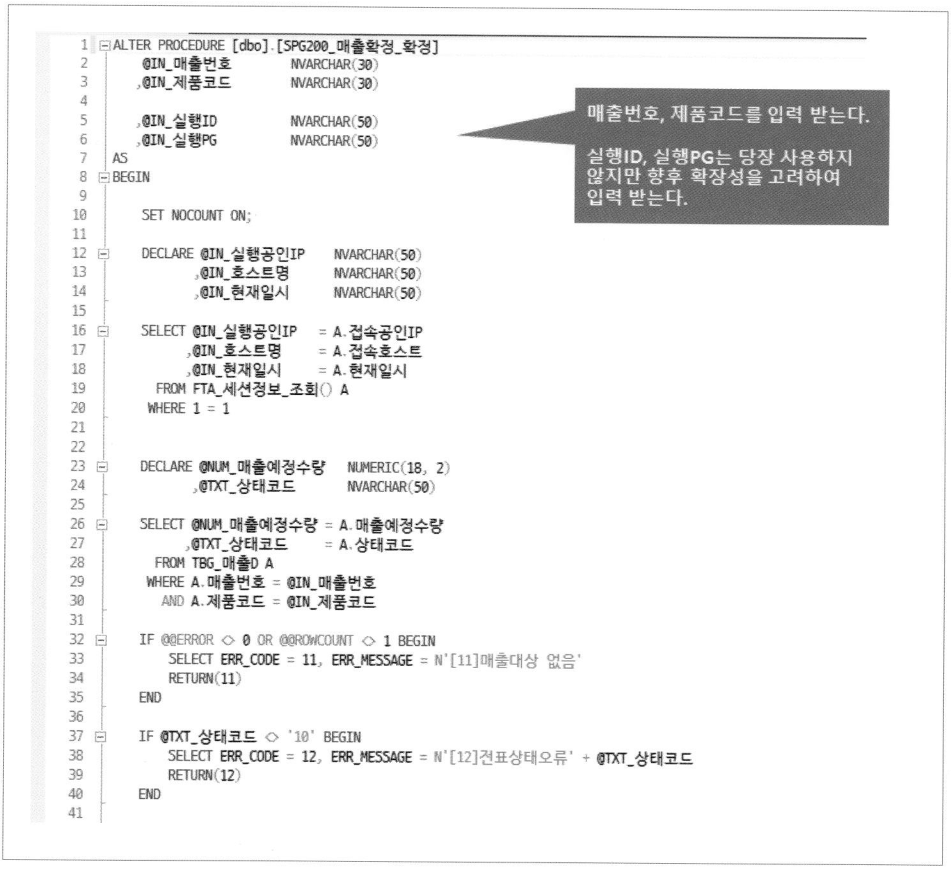

[그림 6-33] SPG200_매출확정_확정 소스코드 (1/2)

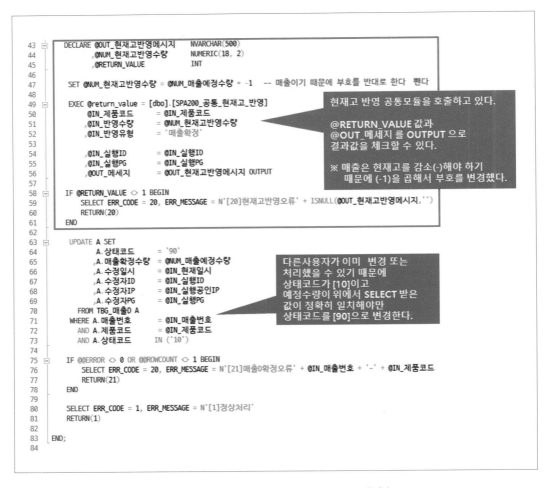

[그림 6-34] SPG200_매출확정_확정 소스코드 (2/2)

나. 엑셀 VBA

(1) 매출확정 조회

매출확정 화면은 [SPG200_매출확정_조회] 프로시저의 실행결과를 참고하여 적절하게 항목들을 배치하면 된다.

매출번호와 제품코드는 매출확정 시에 필수적으로 필요한 항목이기 때문에 빠지지 않도록 주의하자.

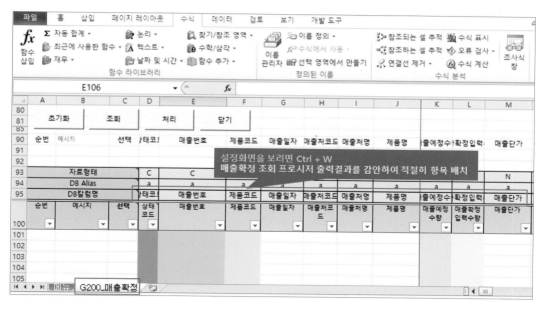

[그림 6-35] 매출확정 엑셀 VBA 화면 설정 예시

```
Sub 기본_조회()

    Dim txt_Sql        As String        ' SQL문장 저장을 위한 변수 선언
    Dim txt_현재시트 As String          ' 현재 작업 시트명을 저장/관리하기 위한 변수 선언

    On Error Resume Next

    txt_현재시트 = ActiveSheet.Name         ' 조회시트명을 변수에 저장
    txt_현재시트코드 = ActiveSheet.CodeName ' 조회시트코드를 변수에 저장

    Sheets(txt_현재시트).Select            ' 조회시트로 이동

    Call 공통_초기화                       ' 101번 라인 이하를 삭제(클리어)시킴

    txt_Sql = "EXEC [dbo].[SPE200_매입확정_조회]        " & vbLf & _
        "       @IN_실행ID      = '<<실행ID>>'          " & vbLf & _
        "      ,@IN_실행PG      = '<<실행PG>>'          " & vbLf

    txt_Sql = Replace(txt_Sql, "<<실행ID>>", Trim(A100.Range("사용자ID")))
    txt_Sql = Replace(txt_Sql, "<<실행PG>>", ActiveSheet.CodeName)

    If 공통_DB1_Connect() = False Then     ' 관리시트에 있는 접속환경으로 DB에 접속함
        MsgBox "[오류]DB연결이 정상적이지 않습니다!!"
        Exit Sub
    End If

    If 공통_DB1_Select(txt_Sql) = False Then    ' txt_Sql변수의 SQL문장을 실행함
        MsgBox "[오류]해당하는 자료가 존재하지 않습니다"
        Exit Sub
    End If

    i = 101                                      ' 출력시작을 위한 기준행(제목행 Row 위치값을 설정함)
    num_최대조회수 = A100.Range("최대조회건수")    ' 화면에 최대로 조회할 행수
    num_열개수 = Application.CountA(Sheets(txt_현재시트).Range("A90:ZZ90")) + 5
```

[그림 6-36] 매출확정 조회 관련 소스코드 (1/2)

```
Call 공통_화면이벤트_OFF
Do Until (RS1.EOF)                                      ' RS1 Record Set이 끝이 날때까지 Loop까지 계속 반복

    Cells(i, 1) = i - 100

    For kk = 4 To num_열개수

        If Cells(95, kk) <> "" Then

            '  txt_칼럼명 = Cells(95, kk)
            Cells(i, kk) = RS1.Fields(Cells(95, kk).Value)

        End If

    Next

    Cells(i, Col_매출금액) = "=" & Cells(i, Col_매출단가).Address & " * " & Cells(i, Col_매출수량).Address

    i = i + 1

    If i > num_최대조회수 Then
        MsgBox "[확인]데이터가 " & num_최대조회수 & "건보다 많습니다. 조회조건을 변경 바랍니다"
        Exit Do
    End If

    RS1.MoveNext                                        ' RecordSet의 다음자료(다음위치)로 이동함

Loop

Cells(101, 3).Select

Call 공통_DB1_Close                                      ' 연결되었던 DB와의 접속을 끊음
Call 공통_화면이벤트_ON

End Sub
```

[그림 6-37] 매출확정 조회 관련 소스코드 (2/2)

(2) 매출확정 처리

매출확정 처리 화면에서 매출내역의 단가, 수량, 비고 사항 등을 수정하거나 이미 매출 등록한 내역을 삭제하는 기능을 개발할 수 있으나 복잡도가 높아지고 본 개발해야 할 시스템의 목적상 어려움이 있어 순수한 매출확정 처리 업무만 개발하였다.

매출확정은 화면에서 선택 구분을 "7"로 입력하고 처리 버튼을 누르면 된다.

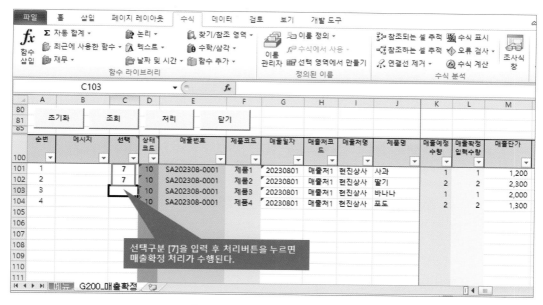

[그림 6-38] 매출확정 처리 화면 예시

```
Sub 기본_처리()

    Dim txt_Sql      As String        ' SQL문장 저장을 위한 변수 선언
    Dim txt_현재시트 As String        ' 현재 작업 시트명을 저장/관리하기 위한 변수 선언

    On Error Resume Next

    txt_현재시트 = ActiveSheet.Name         ' 조회시트명을 변수에 저장

    Sheets(txt_현재시트).Select             ' 조회시트로 이동

    Call 공통_필터초기화                    ' 필터에 조건이 지정되어 있는 것을 대비하여 필터초기화

    In사용자ID = A100.Range("사용자ID")                   ' 향후 Insert/Update시 사용할 ID,IP,시간등을 변수에 저장
    In_공인IP = A100.Range("공인IP")                      ' 각종 정보는 관리시트에 있음
    In_호스트명 = A100.Range("호스트명")                   ' 각종 정보는 관리시트에 있음
    In_현재일시 = 공통_시스템시간()

    txt_현재시트 = ActiveSheet.Name                       ' 조회시트명을 변수에 저장
    In_현재시트코드 = ActiveSheet.CodeName                 ' 조회시트코드를 변수에 저장


    Col_매출번호 = 공통_칼럼위치(txt_현재시트, 90, "매출번호")
    Col_매출일자 = 공통_칼럼위치(txt_현재시트, 90, "매출일자")
    Col_매출처코드 = 공통_칼럼위치(txt_현재시트, 90, "매출처코드")
    Col_전표비고 = 공통_칼럼위치(txt_현재시트, 90, "전표비고")

    Col_제품코드 = 공통_칼럼위치(txt_현재시트, 90, "제품코드")
    Col_매출단가 = 공통_칼럼위치(txt_현재시트, 90, "매출단가")
    Col_매출예정수량 = 공통_칼럼위치(txt_현재시트, 90, "매출예정수량")
    Col_매출확정입력수량 = 공통_칼럼위치(txt_현재시트, 90, "매출확정입력수량")
    Col_제품비고 = 공통_칼럼위치(txt_현재시트, 90, "제품비고")

    Err_flag = 0                                         ' 향후 에러여부를 체크할 변수 0:정상 1:오류 (초기값은 0)
    tot_cnt = ActiveSheet.Cells.SpecialCells(xlCellTypeLastCell).Row   ' 해당시트 데이터가 입력된 마지막행을 확인

    ' 실제 매출확정시 사용함
    txt_매출확정 = "EXEC [dbo].[SPG200_매출확정_확정]      " & vbLf & _
        "        ,@IN_매출번호      = '<<매출번호>>'      " & vbLf & _
        "        ,@IN_제품코드      = '<<제품코드>>'      " & vbLf & _
        "        ,@IN_실행ID        = '<<실행ID>>'        " & vbLf & _
        "        ,@IN_실행PG        = '<<실행PG>>'        " & vbLf

    txt_매출확정 = Replace(txt_매출확정, "<<실행ID>>", Trim(A100.Range("사용자ID")))
    txt_매출확정 = Replace(txt_매출확정, "<<실행PG>>", ActiveSheet.CodeName)

    If 공통_DB1_Connect() = False Then                    ' 관리시트에 있는 접속환경으로 DB에 접속함
        MsgBox "[오류]DB연결이 정상적이지 않습니다!!"
        Exit Sub
    End If
```

[그림 6-39] 매출확정 엑셀 VBA 소스코드 (1/3)

```
Err.Clear                                        ' *** 트랜잭션 시작 ****
DB_Conn1.BeginTrans

If Err.Number <> 0 Then                          ' Begin Tran이 계속 존재하는 경우를 대비하여 Rollback 처리함
    DB_Conn1.RollbackTrans
    MsgBox "[오류]트랜잭션을 시작하지 못했습니다. 다시 시도 바랍니다"
    Exit Sub                                     ' 오류 메시지를 표시한다
End If


For i = 101 To tot_cnt                           ' 101번행부터 데이터가 입력되어 있는 행(Row)까지 반복함

    If Cells(i, 2) <> "" Then Cells(i, 2) = ""

    If Cells(i, 3) >= "0" And Cells(i, Col_매출번호) <> "" Then           ' 선택값 값이 있을 경우

        txt_Sql = txt_매출확정      ' 7 일때는 매출확정 처리

        txt_Sql = Replace(txt_Sql, "<<처리구분>>", Trim(Cells(i, 3)))

        txt_Sql = Replace(txt_Sql, "<<매출번호>>", Trim(Cells(i, Col_매출번호)))
        txt_Sql = Replace(txt_Sql, "<<제품코드>>", Trim(Cells(i, Col_제품코드)))

        If 공통_DB1_Select(txt_Sql) = False Then        ' txt_Sql변수의 SQL문장을 실행함
            Err_flag = 1
            Cells(i, 2) = "[처리오류]" & A100.Range("SELECT1_MSG")
        Else
            If RS1!ERR_CODE <> 1 Then
                Err_flag = 1
                Cells(i, 2) = RS1!ERR_MESSAGE
            End If
        End If

    End If

Next
```

[그림 6-40] 매출확정 엑셀 VBA 소스코드 (2/3)

```
    If Err_flag = 0 Then                         ' 지금까지 오류가 없으면

        Err.Clear                                ' 트랜잭션을 정상적으로 완료처리 한다
        DB_Conn1.CommitTrans

        If Err.Number = 0 Then                   '' 만약 트랜잭션 완료가 정상이면 정상 메시지를 표시
            MsgBox "[완료]요청한 작업이 완료되었습니다"
        Else
            MsgBox "[오류]최종 Commit 작업에 문제가 생겼습니다, 작업 결과를 확인 바랍니다."
            Err_flag = 1                         ' 트랜잭션 최종 완료시에 문제가 발생하면 메시지를 표시하고
        End If                                    ' 오류 메시지를 표시한다

    Else

        Err.Clear                                ' 위의 업무처리시 오류가 발생하여 Err_flag가 1이면
        DB_Conn1.RollbackTrans                   ' 트랜잭션을 Rollback 처리하고 오류메시지를 보여 준다
        MsgBox "[오류]작업중 문제가 발생 했습니다. 확인 요망!!"

    End If


    Call 공통_DB1_Close                          ' 모든 작업이 완료되었기 때문에 DB접속을 끊는다

    If Err_flag = 0 Then                         ' 작업에 이상이 없었다면 다시 정보를 조회하여
        Call 기본_조회                            ' 정상적으로 입력되었는지를 보여준다.
    End If

End Sub
```

[그림 6-41] 매출확정 엑셀 VBA 소스코드 (3/3)

매출전표 발행

가. DB 프로시저

매출확정된 내역에 대해 증빙이 되는 매출전표를 발행할 수 있다. 일반적으로 매출전표는 전표단위로 출력하기 때문에, 매출전표 출력 화면은 전표번호 단위로 집계되어 화면에 출력하고, 사용자가 원하는 전표를 선택하면 실제 매출전표가 출력된다.

(1) 매출전표 발행대상 조회

[SPG210_매출전표발행_대상조회] 프로시저는 매출전표 발행이 가능한 매출 확정된 데이터를 전표단위로 집계하여 화면에 출력한다. 매출전표는 전표단위로 출력되기 때문에 SELECT 문장에서 GROUP BY 문장이 사용된 것을 확인할 수 있다.

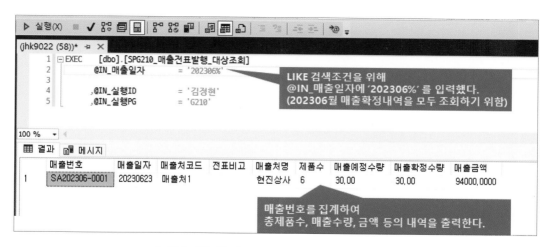

[그림 6-42] 매출전표 발행 조회 프로시저 실행결과 예시

199

```
 1  ⊟/*-------------------------------------------------------------------
 2      작 성 일: 2023년 07월 01일
 3      작 성 자: 김정현
 4    -------------------------------------------------------------------
 5      수정일     수정자     요청자     내용
 6    -------------------------------------------------------------------
 7
 8    EXEC    [dbo].[SPG210_매출전표발행_대상조회]
 9            @IN_매출일자        = '%'
10
11          ,@IN_실행ID          = '김정현'
12          ,@IN_실행PG          = 'G210'
13
14    -------------------------------------------------------------------*/
15  ⊟ALTER PROCEDURE [dbo].[SPG210_매출전표발행_대상조회]
16          @IN_매출일자         NVARCHAR(50) = '%'
17          ,@IN_실행ID          NVARCHAR(50)
18          ,@IN_실행PG          NVARCHAR(50)
19    AS
20  ⊟BEGIN
21
22        SET NOCOUNT ON;
23
24  ⊟     DECLARE @IN_실행공인IP    NVARCHAR(50)
25              ,@IN_호스트명        NVARCHAR(50)
26              ,@IN_현재일시        NVARCHAR(50)
27
28  ⊟     SELECT @IN_실행공인IP   = A.접속공인IP
29              ,@IN_호스트명       = A.접속호스트
30              ,@IN_현재일시       = A.현재일시
31          FROM FTA_세션정보_조회() A
32        WHERE 1 = 1
33
34  ⊟     SELECT A.매출번호, A.매출일자, A.매출처코드, A.전표비고
35              ,매출처명      = C.업체명
36              ,제품수        = COUNT(*)
37              ,매출예정수량  = SUM(B.매출예정수량)
38              ,매출확정수량  = SUM(B.매출확정수량)
39              ,매출금액      = SUM(B.매출확정수량 * B.매출단가)
40          FROM TBG_매출H       A
41      INNER JOIN TBG_매출D    B ON A.매출번호   = B.매출번호
42       LEFT JOIN TBC_업체     C ON A.매출처코드 = C.업체코드
43        WHERE 1 = 1
44          AND B.상태코드 = '90'
45          AND A.매출일자 LIKE @IN_매출일자
46      GROUP BY A.매출번호, A.매출일자, A.매출처코드, A.전표비고, C.업체명
47      ORDER BY A.매출번호
48
49    END
```

> 조회조건은 실행ID, 실행PG 외에 @IN_매출일자 조건을 입력 받는다.

> 매출번호를 집계를 위해 그룹핑을 위한 COUNT(), SUM() 함수를 사용했다.

[그림 6-43] SPG210_매출전표발행_대상조회 소스코드

(2) 매출전표 출력

실제 매출전표를 출력하기 위한 프로시저이다. [SPG210_매출전표발행_출력]은 하나의 매출전표를 대상으로 하기 때문에 하나의 매출번호를 입력받는다.

프로시저를 실행하면 해당 매출전표에 대한 내역과 제품명 등 부가적인 정보를 테이블 형태로 리턴 받게 된다.

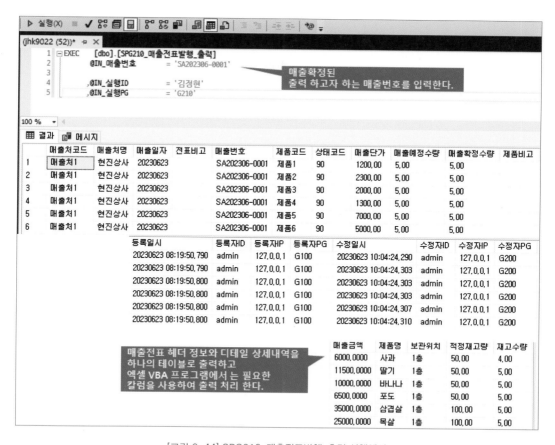

[그림 6-44] SPG210_매출전표발행_출력 실행예시

```
 1
 2  ⊟ALTER PROCEDURE [dbo].[SPG210_매출전표발행_출력]
 3         @IN_매출번호          NVARCHAR(50)
 4
 5        ,@IN_실행ID           NVARCHAR(50)
 6        ,@IN_실행PG           NVARCHAR(50)
 7   AS
 8  ⊟BEGIN
 9
10      SET NOCOUNT ON;
11
12   ⊟ DECLARE @IN_실행공인IP      NVARCHAR(50)
13          ,@IN_호스트명         NVARCHAR(50)
14          ,@IN_현재일시         NVARCHAR(50)
15
16   ⊟ SELECT @IN_실행공인IP    = A.접속공인IP
17         ,@IN_호스트명      = A.접속호스트
18         ,@IN_현재일시      = A.현재일시
19      FROM FTA_세션정보_조회() A
20      WHERE 1 = 1
21
22   ⊟ SELECT 매출처코드 = A.매출처코드
23         ,매출처명  = C.업체명
24         ,매출일자  = A.매출일자
25         ,전표비고  = A.전표비고
26         ,B.*
27         ,매출금액   = B.매출확정수량 * B.매출단가
28         ,D.제품명
29         ,D.보관위치
30         ,적정재고량 = ISNULL(D.적정재고량, 0)
31         ,재고수량   = ISNULL(G.재고수량, 0)
32      FROM TBG_매출H         A
33      INNER JOIN TBG_매출D    B ON A.매출번호   = B.매출번호
34      LEFT JOIN TBC_업체     C ON A.매출처코드 = C.업체코드
35      LEFT JOIN TBC_제품     D ON B.제품코드   = D.제품코드
36      LEFT JOIN TBJ_현재고   G ON B.제품코드   = G.제품코드
37      WHERE 1 = 1
38        AND A.매출번호 = @IN_매출번호
39        AND B.상태코드 = '90'
40      ORDER BY A.매출번호, B.제품코드
41
42      -- 발행 이력을 관리 하려면 별도 테이블에 발행일시, 발행자 등의 정보를 INSERT 하면 됨
43
44   END
45
```

조회조건은 실행ID, 실행PG 외에 @IN_매출번호 조건을 입력 받는다.

하나의 매출번호를 대상으로 전표를 출력하기 때문이다.

상태코드가 90(매출확정)된 내역만을 대상으로 헤더, 디테일 및 부가적인 정보를 출력에 활용하기 위해 JOIN 했다.

업체, 제품, 현재고 데이터는 혹여라도 해당 데이터가 없을 경우에도 출력될 수 있도록 LEFT JOIN 하였다.

[그림 6-45] SPG210_매출전표발행_출력 소스코드

나. 엑셀 VBA

(1) 매출전표 발행대상 조회

[SPG210_매출전표발행_대상조회] 프로시저는 매출전표를 발행하기 위한 대상 전표내역을 화면에 출력하기 위해 만들어졌다.

너무 많은 전표번호가 화면에 출력될 수 있기 때문에 매출일자 조건을 추가하기 위해 "IN_일자"라는 엑셀 이름 정의를 설정하였다.

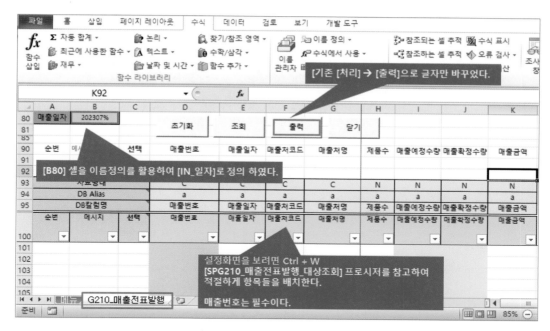

[그림 6-46] 매출전표발행 화면 구성

```
Sub 기본_조회()

    Dim txt_Sql      As String          ' SQL문장 저장을 위한 변수 선언
    Dim txt_현재시트 As String          ' 현재 작업 시트명을 저장/관리하기 위한 변수 선언

    On Error Resume Next

    txt_현재시트 = ActiveSheet.Name          ' 조회시트명을 변수에 저장
    txt_현재시트코드 = ActiveSheet.CodeName  ' 조회시트코드를 변수에 저장

    Sheets(txt_현재시트).Select          ' 조회시트로 이동

    Call 공통_초기화                     ' 101번 라인 이하를 삭제(클리어)시킴

    txt_Sql = "EXEC [dbo].[SPG210_매출전표발행_대상조회]  " & vbLf & _
              "     @IN_매출일자         = '<<매출일자>>'       " & vbLf & _
              "    ,@IN_실행ID           = '<<실행ID>>'         " & vbLf & _
              "    ,@IN_실행PG           = '<<실행PG>>'         " & vbLf

    txt_Sql = Replace(txt_Sql, "<<매출일자>>", Trim(Range("IN_일자")))
    txt_Sql = Replace(txt_Sql, "<<실행ID>>", Trim(A100.Range("사용자ID")))
    txt_Sql = Replace(txt_Sql, "<<실행PG>>", ActiveSheet.CodeName)

    If 공통_DB1_Connect() = False Then              ' 관리시트에 있는 접속환경으로 DB에 접속함
        MsgBox "[오류]DB연결이 정상적이지 않습니다!!"
        Exit Sub
    End If

    If 공통_DB1_Select(txt_Sql) = False Then        ' txt_Sql변수의 SQL문장을 실행함
        MsgBox "[오류]해당하는 자료가 존재하지 않습니다"
        Exit Sub
    End If

    i = 101                                         ' 출력시작을 위한 기준행(제목행 Row 위치값을 설정함)
    num_최대조회수 = A100.Range("최대조회건수")      ' 화면에 최대로 조회할 행수
    num_열개수 = Application.CountA(Sheets(txt_현재시트).Range("A90:ZZ90")) + 5
```

[그림 6-47] 매출전표발행 조회VBA 소스코드 (1/2)

```
    Call 공통_화면이벤트_OFF

    Do Until (RS1.EOF)                                        ' RS1 Record Set이 끝이 날때까지 Loop까지 계속 반복

        Cells(i, 1) = i - 100

        For kk = 4 To num_열개수

            If Cells(95, kk) <> "" Then

                ' txt_칼럼명 = Cells(95, kk)
                Cells(i, kk) = RS1.Fields(Cells(95, kk).Value)

            End If

        Next

        i = i + 1

        If i > num_최대조회수 Then
            MsgBox "[확인]데이터가 " & num_최대조회수 & "건보다 많습니다. 조회조건을 변경 바랍니다"
            Exit Do
        End If

        RS1.MoveNext                                          ' RecordSet의 다음자료(다음위치)로 이동함

    Loop

    Cells(101, 3).Select

    Call 공통_DB1_Close                                       ' 연결되었던 DB와의 접속을 끊음
    Call 공통_화면이벤트_ON

End Sub
```

[그림 6-48] 매출전표발행 조회VBA 소스코드 (2/2)

(2) 매출전표 출력

매출전표 출력을 하기 위해서는 매출전표 엑셀 양식시트를 별도로 만들어야 한다. 새로운 시트를 생성하여 매출전표의 양식을 만들면 된다.

매출전표 하나에 여러 제품들의 매출내역이 포함될 수 있기 때문에 충분한 양의 제품목록이 출력될 수 있도록 양식을 구성하는 것이 좋다.

실제 출력 시에는 엑셀의 인쇄영역을 설정하면 원하는 영역만 출력된다. 매출전표 양식은 "양식200_매출전표"라는 시트명으로 만들었다.

[그림 6-49] 매출전표 양식

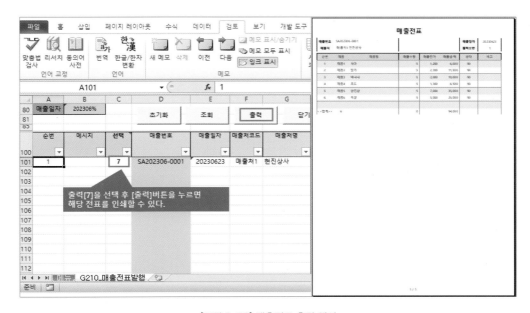

[그림 6-50] 매출전표 출력 예시

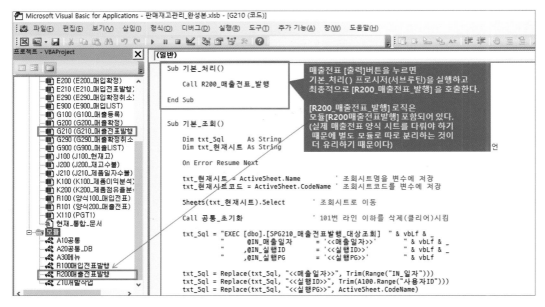

[그림 6-51] 매출전표발행 출력 버튼 관련 소스코드

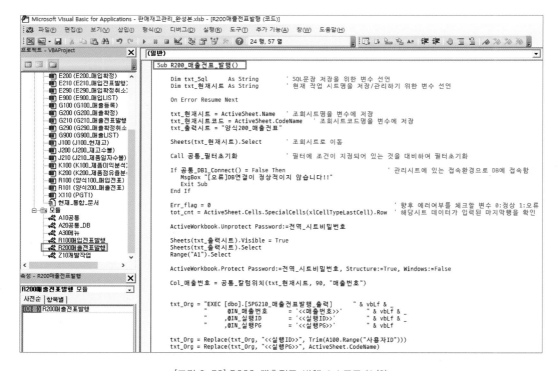

[그림 6-52] R200_매출전표_발행 소스코드 (1/3)

```
For i = 101 To tot_cnt                         ' 101번행부터 데이터가 입력되어 있는 행(Row)까지 반복함

    If Sheets(txt_현재시트).Cells(i, 3) = "7" And Sheets(txt_현재시트).Cells(i, Col_매출번호) <> "" Then

        txt_Sql = txt_Org                                          선택구분이 [7]인 내역만 매출전표 발행

        txt_Sql = Replace(txt_Sql, "<<매출번호>>", Trim(Sheets(txt_현재시트).Cells(i, Col_매출번호)))

        If 공통_DB1_Select(txt_Sql) = False Then
            MsgBox "[오류]자료가 정상적이지 않습니다. 다시 확인 바랍니다"
            Err_flag = 1
            Exit For                                              매출전표번호별로 출력 DB 프로시저 호출
        End If

        Rows("7:3000").Select                          이전 처리된 내역이 있을 수 있으므로 양식 Clear
        Selection.ClearContents

        Range("IN_매출번호") = "  " & RS1!매출번호
        Range("IN_매출처") = "  " & RS1!매출처코드 & " " & RS1!매출처명
        Range("IN_매출일자") = RS1!매출일자                          헤더영역 출력(작성)
        Range("IN_출력순번") = Sheets(txt_현재시트).Cells(i, 1)

        num_수량합계 = 0
        num_금액합계 = 0
        num_제품수 = 0

        num_출력라인 = 6

        Do Until (RS1.EOF)

            num_출력라인 = num_출력라인 + 1

            Cells(num_출력라인, 1) = num_출력라인 - 6
            Cells(num_출력라인, 2) = Trim(RS1!제품코드)               출력 DB 프로시저 결과를 한 Record씩
            Cells(num_출력라인, 3) = Trim(RS1!제품명)                읽으면서 상세내역 출력
            Cells(num_출력라인, 4) = RS1!매출확정수량
            Cells(num_출력라인, 5) = RS1!매출단가
            Cells(num_출력라인, 6) = RS1!매출금액
            Cells(num_출력라인, 7) = Trim(RS1!상태코드)

            num_수량합계 = num_수량합계 + RS1!매출수량
            num_금액합계 = num_금액합계 + RS1!매출금액
            num_제품수 = num_제품수 + 1

            RS1.MoveNext

        Loop
```

[그림 6-53] R200_매출전표_발행 소스코드 (2/3)

```
            num_출력라인 = num_출력라인 + 2

            Cells(num_출력라인, 1) = "<<합계>>"          전표 합계금액을 표시
            Cells(num_출력라인, 2) = num_제품수
            Cells(num_출력라인, 4) = num_수량합계
            Cells(num_출력라인, 6) = num_금액합계

            ActiveSheet.PageSetup.PrintArea = "$A$1:$H$" & num_출력라인

                                                           데이터가 기록된 영역만 인쇄영역으로 설정
            If First_flag = 0 Then
                First_flag = 1
                ActiveWindow.SelectedSheets.PrintPreview

                Yn_chk = MsgBox("계속 출력하시겠습니까?", vbYesNo, "확인")
            Else
                If Yn_chk = vbYes Then
                    ActiveWindow.SelectedSheets.PrintOut Copies:=1, Collate:=True
                Else
                    MsgBox "[확인]출력작업을 중단 합니다"
                    Call 공통_DB1_Close
                    Exit Sub                    첫페이지는 화면에 미리보기를 보여주고
                End If                          나머지 두번째 페이지 부터는 바로 출력함
            End If

        End If

    Next

    Call 공통_DB1_Close

    ActiveWorkbook.Unprotect Password:=전역_시트비밀번호

    Sheets(txt_출력시트).Visible = False
    Sheets(txt_현재시트).Select               출력이 끝나면 양식 시트를 숨긴다
    Range("A101").Select

    ActiveWorkbook.Protect Password:=전역_시트비밀번호, Structure:=True, Windows:=False

    MsgBox "[완료]출력이 완료되었습니다!"

End Sub
```

[그림 6-54] R200_매출전표_발행 소스코드 (3/3)

매출확정 취소

가. DB 프로시저

매출확정과 반대되는 개념이다. 사람이 일하다 보면 실수로 매출확정을 하는 경우가 발생하는데 이를 취소하는 프로세스이다.

매출취소가 되면 감소된 현재고는 다시 증가(+)하게 되고, 매출 등록된 내역의 상태코드가 "90" 확정 상태에서 "10" 신규 상태로 변경된다. 우리가 개발하지는 않았지만 매출채권(받아야 할 잔액) 금액도 감소(-)될 것이다.

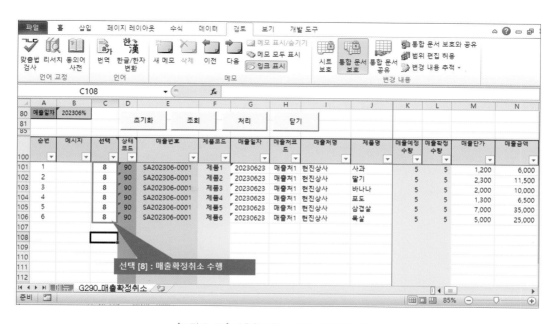

[그림 6-55] 매출확정취소 엑셀 VBA 화면 예시

(1) 매출확정취소 조회

[SPG290_매출확정취소_조회] 프로시저는 매출 확정된 내역들을 화면에 출력한다. [TBG_매출D] 테이블의 저장된 데이터 중 상태코드가 "90"인 데이터들이 그 대상이다.

사용자의 업무 편의를 위해 매출 확정된 매출내역 데이터 외에 재고정보, 제품명, 보관 위치 등의 정보도 함께 제공하고 있다.

209

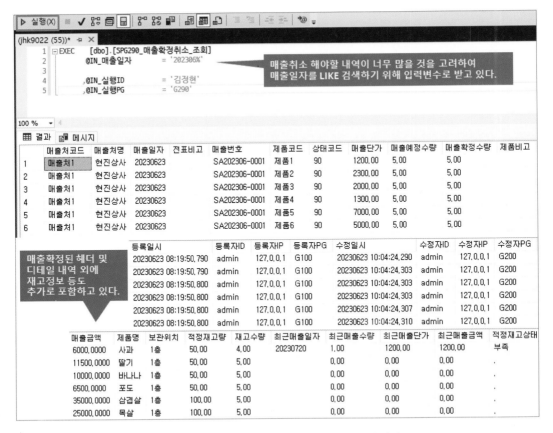

[그림 6-56] SPG290_매출확정취소_조회 실행결과 예시

```
1  ⊟ALTER PROCEDURE [dbo].[SPG290_매출확정취소_조회]
2        @IN_매출일자          NVARCHAR(50)
3
4      ,@IN_실행ID           NVARCHAR(50)
5      ,@IN_실행PG           NVARCHAR(50)
6  AS
7  ⊟BEGIN
8
9      SET NOCOUNT ON;
10
11 ⊟     DECLARE @IN_실행공인IP    NVARCHAR(50)
12            ,@IN_호스트명       NVARCHAR(50)
13            ,@IN_현재일시       NVARCHAR(50)
14
15 ⊟     SELECT @IN_실행공인IP   = A.접속공인IP
16           ,@IN_호스트명      = A.접속호스트
17           ,@IN_현재일시      = A.현재일시
18       FROM FTA_세션정보_조회() A
19      WHERE 1 = 1
20
21 ⊟  ------------------------------------------------------------
22  -- 기본적인 조회내역을 임시테이블에 저장한다
23  ------------------------------------------------------------
24 ⊟     SELECT 매출처코드 = A.매출처코드
25           ,매출처명   = C.업체명
26           ,매출일자   = A.매출일자
27           ,전표비고   = A.전표비고
28           ,B.*
29           ,매출금액   = B.매출확정수량 * B.매출단가
30           ,D.제품명
31           ,D.보관위치
32           ,적정재고량 = ISNULL(D.적정재고량, 0)
33           ,재고수량   = ISNULL(G.재고수량, 0)
34           ,최근매출일자 = CONVERT(NVARCHAR(30), '')
35           ,최근매출수량 = CONVERT(NUMERIC(18, 2), 0)
36           ,최근매출단가 = CONVERT(NUMERIC(18, 2), 0)
37           ,최근매출금액 = CONVERT(NUMERIC(18, 2), 0)
38           ,적정재고상태 = IIF(ISNULL(D.적정재고량, 0) >= ISNULL(G.재고수량, 0) , '.', '부족')
39       INTO #TEMP_매출확정취소조회
40       FROM TBG_매출H        A
41  INNER JOIN TBG_매출D    B ON A.매출번호   = B.매출번호
42  LEFT JOIN TBC_업체      C ON A.매출처코드 = C.업체코드
43  LEFT JOIN TBC_제품      D ON B.제품코드   = D.제품코드
44  LEFT JOIN TBJ_현재고    G ON B.제품코드   = G.제품코드
45      WHERE 1 = 1
46        AND A.매출일자 LIKE @IN_매출일자
47        AND B.상태코드   = '90'
48
```

[그림 6-57] SPG290_매출확정취소_조회 소스코드 (1/2)

```
49  ┌  --------------------------------------------------------------------------------
50  │   -- 최근 30일이내 매출일자, 해당일 매출수량, 단가, 금액 등을 확인하기 위해 임시테이블을 생성한다
51  │   --------------------------------------------------------------------------------
52  ┌  SELECT B.제품코드, A.매출일자
53  │         ,매출수량 = SUM(B.매출확정수량)
54  │         ,매출금액 = SUM(B.매출확정수량 * B.매출단가)
55  │         ,매출단가 = CONVERT(NUMERIC(18, 2), 0)
56  │         ,제품매출일자최근순번 = ROW_NUMBER() OVER(PARTITION BY B.제품코드 ORDER BY A.매출일자 DESC)
57  │    INTO #TEMP_최근매출실적
58  │    FROM TBG_매출H A
59  │   INNER JOIN TBG_매출D    B ON A.매출번호   = B.매출번호
60  │   WHERE 1 = 1
61  │     AND A.매출일자 >= FORMAT(DATEADD(DAY, -30, GETDATE()) ,'yyyyMMdd')
62  │     AND A.매출일자 <= FORMAT(GETDATE()              ,'yyyyMMdd')
63  │     AND B.상태코드  = '90'
64  │   GROUP BY B.제품코드, A.매출일자
65  │
66  ┌  UPDATE A SET
67  │         A.매출단가 = ROUND(A.매출금액 / A.매출수량, 0)
68  │    FROM #TEMP_최근매출실적 A
69  │   WHERE 1 = 1
70  │     AND A.매출수량 <> 0
71  │
72  │   -- 최근매출단가 등을 추가로 계산한다 (복잡도를 고려해 SQL 문장을 분리함)
73  ┌  UPDATE A SET
74  │         A.최근매출수량 = ISNULL(B.매출수량, 0)
75  │        ,A.최근매출단가 = ISNULL(B.매출단가, 0)
76  │        ,A.최근매출금액 = ISNULL(B.매출금액, 0)
77  │        ,A.최근매출일자 = ISNULL(B.매출일자, '')
78  │        ,A.적정재고상태 = IIF(A.재고수량 >= A.적정재고량, '.', '부족')
79  │    FROM #TEMP_매출확정취소조회 A
80  │   INNER JOIN #TEMP_최근매출실적 B ON B.제품코드 = A.제품코드 AND B.제품매출일자최근순번 = 1
81  │     WHERE 1 = 1
82  │
83  ┌  --------------------------------------------------------------------------------
84  │   -- 최종 결과를 화면(레코드셋)으로 출력한다
85  │   --------------------------------------------------------------------------------
86  ┌  SELECT A.*
87  │    FROM #TEMP_매출확정취소조회 A
88  │   WHERE 1 = 1
89  │   ORDER BY A.매출번호, A.제품코드
90  │
91  END
92
```

[그림 6-58] SPG290_매출확정취소_조회 소스코드 (2/2)

(2) 매출확정취소 처리

[SPG290_매출확정취소_취소]는 매출확정을 실제로 취소 처리하는 프로시저이다. 상태코드를 "90" → "10"
으로 변경하고, 매출확정수량을 0으로 UPDATE 한다.

마지막으로 현재고 반영 공통 프로시저를 호출하여 현재고 수량을 증가(+)시킨다.

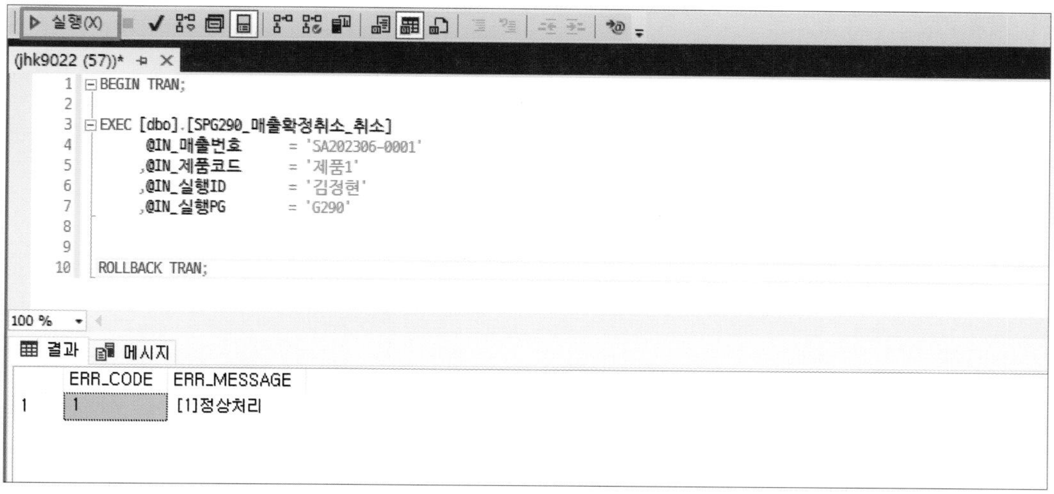

```sql
BEGIN TRAN;

EXEC [dbo].[SPG290_매출확정취소_취소]
        @IN_매출번호        = 'SA202306-0001'
       ,@IN_제품코드        = '제품1'
       ,@IN_실행ID          = '김정현'
       ,@IN_실행PG          = 'G290'


ROLLBACK TRAN;
```

	ERR_CODE	ERR_MESSAGE
1	1	[1]정상처리

[그림 6-59] SPG290_매출확정취소_취소 실행 예시

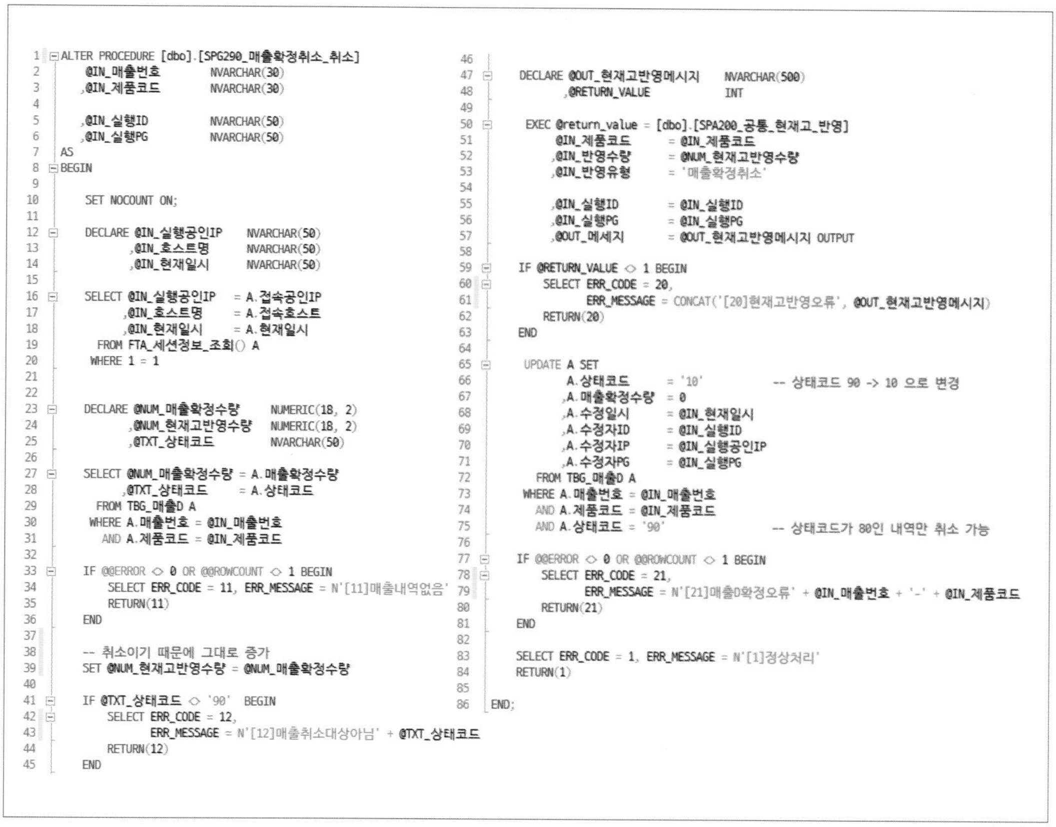

```sql
ALTER PROCEDURE [dbo].[SPG290_매출확정취소_취소]
     @IN_매출번호          NVARCHAR(30)
    ,@IN_제품코드          NVARCHAR(30)

    ,@IN_실행ID            NVARCHAR(50)
    ,@IN_실행PG            NVARCHAR(50)
AS
BEGIN

    SET NOCOUNT ON;

    DECLARE @IN_실행공인IP    NVARCHAR(50)
           ,@IN_호스트명      NVARCHAR(50)
           ,@IN_현재일시      NVARCHAR(50)

    SELECT @IN_실행공인IP   = A.접속공인IP
          ,@IN_호스트명     = A.접속호스트
          ,@IN_현재일시     = A.현재일시
      FROM FTA_세션정보_조회() A
     WHERE 1 = 1


    DECLARE @NUM_매출확정수량     NUMERIC(18, 2)
           ,@NUM_현재고반영수량   NUMERIC(18, 2)
           ,@TXT_상태코드         NVARCHAR(50)

    SELECT @NUM_매출확정수량 = A.매출확정수량
          ,@TXT_상태코드     = A.상태코드
      FROM TBG_매출D A
     WHERE A.매출번호 = @IN_매출번호
       AND A.제품코드 = @IN_제품코드

    IF @@ERROR <> 0 OR @@ROWCOUNT <> 1 BEGIN
        SELECT ERR_CODE = 11, ERR_MESSAGE = N'[11]매출내역없음'
        RETURN(11)
    END

    -- 취소이기 때문에 그대로 증가
    SET @NUM_현재고반영수량 = @NUM_매출확정수량

    IF @TXT_상태코드 <> '90'  BEGIN
        SELECT ERR_CODE = 12,
               ERR_MESSAGE = N'[12]매출취소대상아님' + @TXT_상태코드
        RETURN(12)
    END

    DECLARE @OUT_현재고반영메시지    NVARCHAR(500)
           ,@RETURN_VALUE            INT

     EXEC @return_value = [dbo].[SPA200_공통_현재고_반영]
          @IN_제품코드        = @IN_제품코드
         ,@IN_반영수량        = @NUM_현재고반영수량
         ,@IN_반영유형        = '매출확정취소'

         ,@IN_실행ID          = @IN_실행ID
         ,@IN_실행PG          = @IN_실행PG
         ,@OUT_메세지         = @OUT_현재고반영메시지 OUTPUT

    IF @RETURN_VALUE <> 1 BEGIN
        SELECT ERR_CODE = 20,
               ERR_MESSAGE = CONCAT('[20]현재고반영오류', @OUT_현재고반영메시지)
        RETURN(20)
    END

     UPDATE A SET
            A.상태코드        = '10'              -- 상태코드 90 -> 10 으로 변경
           ,A.매출확정수량    = 0
           ,A.수정일시        = @IN_현재일시
           ,A.수정자ID        = @IN_실행ID
           ,A.수정자IP        = @IN_실행공인IP
           ,A.수정자PG        = @IN_실행PG
       FROM TBG_매출D A
      WHERE A.매출번호 = @IN_매출번호
        AND A.제품코드 = @IN_제품코드
        AND A.상태코드 = '90'                    -- 상태코드가 80인 내역만 취소 가능

    IF @@ERROR <> 0 OR @@ROWCOUNT <> 1 BEGIN
        SELECT ERR_CODE = 21,
               ERR_MESSAGE = N'[21]매출D확정오류' + @IN_매출번호 + '-' + @IN_제품코드
        RETURN(21)
    END

    SELECT ERR_CODE = 1, ERR_MESSAGE = N'[1]정상처리'
    RETURN(1)

END;
```

[그림 6-60] SPG290_매출확정취소_취소 소스코드

나. 엑셀 VBA

(1) 매출확정취소 조회

매출확정 취소를 위해 조회되는 내역이 너무 많을 수 있기 때문에 화면 상단에 매출일자에 대한 조건을 추가하였다. 매출 확정 취소는 [TBG_매출확정D] 테이블의 제품단위로 취소가 가능하다.

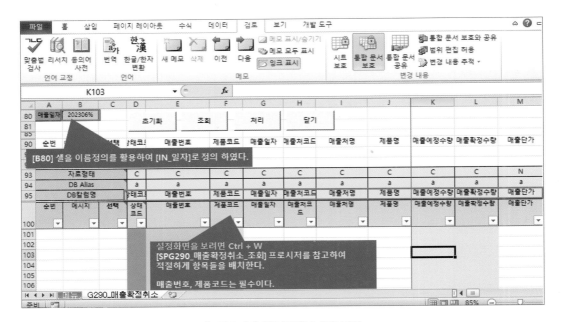

[그림 6-61] 매출확정취소 화면 정의

```
Sub 기본_조회()

    Dim txt_Sql      As String       ' SQL문장 저장을 위한 변수 선언
    Dim txt_현재시트 As String        ' 현재 작업 시트명을 저장/관리하기 위한 변수 선언

    On Error Resume Next

    txt_현재시트 = ActiveSheet.Name          ' 조회시트명을 변수에 저장
    txt_현재시트코드 = ActiveSheet.CodeName   ' 조회시트코드를 변수에 저장

    Sheets(txt_현재시트).Select       ' 조회시트로 이동

    Call 공통_초기화                  ' 101번 라인 이하를 삭제(클리어)시킴

    txt_Sql = "EXEC [dbo].[SPG290_매출확정취소_조회]       " & vbLf & _
            "        @IN_매출일자    = '<<매출일자>>'       " & vbLf & _
            "       ,@IN_실행ID      = '<<실행ID>>'        " & vbLf & _
            "       ,@IN_실행PG      = '<<실행PG>>'        " & vbLf

    txt_Sql = Replace(txt_Sql, "<<매출일자>>", Trim(Range("IN_일자")))
    txt_Sql = Replace(txt_Sql, "<<실행ID>>", Trim(A100.Range("사용자ID")))
    txt_Sql = Replace(txt_Sql, "<<실행PG>>", ActiveSheet.CodeName)

    If 공통_DB1_Connect() = False Then        ' 관리시트에 있는 접속환경으로 DB에 접속함
        MsgBox "[오류]DB연결이 정상적이지 않습니다!!"
        Exit Sub
    End If

    If 공통_DB1_Select(txt_Sql) = False Then       ' txt_Sql변수의 SQL문장을 실행함
        MsgBox "[오류]해당하는 자료가 존재하지 않습니다"
        Exit Sub
    End If

    i = 101                                        ' 출력시작을 위한 기준행(제목행 Row 위치값을 설정함)
    num_최대조회수 = A100.Range("최대조회건수")         ' 화면에 최대로 조회할 행수
    num_열개수 = Application.CountA(Sheets(txt_현재시트).Range("A90:ZZ90")) + 5
```

[그림 6-62] 매출확정취소 엑셀 VBA 조회 소스코드 (1/2)

```
    Call 공통_화면이벤트_OFF

    Do Until (RS1.EOF)                                      ' RS1 Record Set이 끝이 날때까지 Loop까지 계속 반복

        Cells(i, 1) = i - 100

        For kk = 4 To num_열개수

            If Cells(95, kk) <> "" Then

                ' txt_칼럼명 = Cells(95, kk)
                Cells(i, kk) = RS1.Fields(Cells(95, kk).Value)

            End If

        Next

        i = i + 1

        If i > num_최대조회수 Then
            MsgBox "[확인]데이터가 " & num_최대조회수 & "건보다 많습니다. 조회조건을 변경 바랍니다"
            Exit Do
        End If

        RS1.MoveNext                                        ' RecordSet의 다음자료(다음위치)로 이동함

    Loop

    Cells(101, 3).Select

    Call 공통_DB1_Close                                     ' 연결되었던 DB와의 접속을 끊음
    Call 공통_화면이벤트_ON

End Sub
```

[그림 6-63] 매출확정취소 엑셀 VBA 조회 소스코드 (2/2)

(2) 매출확정취소 처리

매출확정 취소 시에는 좀 더 신중한 처리를 위해서 선택 구분을 "8"로 설정하였다. 취소된 매출내역은 다시 매출확정 처리를 할 수 있는 상태로 전환되며, 해당 수량만큼 현재고 수량은 증가(+)될 것이다.

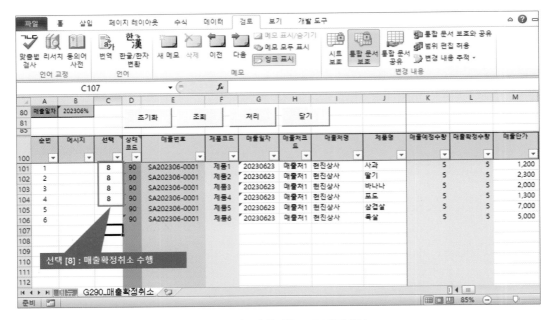

[그림 6-64] 매출확정취소 VBA화면 예시

```
Sub 기본_처리()

    Dim txt_Sql        As String            ' SQL문장 저장을 위한 변수 선언
    Dim txt_현재시트 As String            ' 현재 작업 시트명을 저장/관리하기 위한 변수 선언

    On Error Resume Next

    txt_현재시트 = ActiveSheet.Name        ' 조회시트명을 변수에 저장

    Sheets(txt_현재시트).Select            ' 조회시트로 이동

    Call 공통_필터초기화                    ' 필터에 조건이 지정되어 있는 것을 대비하여 필터초기화

    In사용자ID = A100.Range("사용자ID")              ' 향후 Insert/Update시 사용할 ID,IP,시간등을 변수에 저장
    In_공인IP = A100.Range("공인IP")                 ' 각종 정보는 관리시트에 있음
    In_호스트명 = A100.Range("호스트명")             ' 각종 정보는 관리시트에 있음
    In_현재일시 = 공통_시스템시간()

    txt_현재시트 = ActiveSheet.Name                  ' 조회시트명을 변수에 저장
    In_현재시트코드 = ActiveSheet.CodeName          ' 조회시트코드를 변수에 저장


    Col_매출번호 = 공통_칼럼위치(txt_현재시트, 90, "매출번호")
    Col_매출일자 = 공통_칼럼위치(txt_현재시트, 90, "매출일자")
    Col_매출처코드 = 공통_칼럼위치(txt_현재시트, 90, "매출처코드")
    Col_전표비고 = 공통_칼럼위치(txt_현재시트, 90, "전표비고")

    Col_제품코드 = 공통_칼럼위치(txt_현재시트, 90, "제품코드")
    Col_매출단가 = 공통_칼럼위치(txt_현재시트, 90, "매출단가")
    Col_매출예정수량 = 공통_칼럼위치(txt_현재시트, 90, "매출예정수량")
    Col_매출확정수량 = 공통_칼럼위치(txt_현재시트, 90, "매출확정수량")
    Col_제품비고 = 공통_칼럼위치(txt_현재시트, 90, "제품비고")

    Err_flag = 0                                      ' 향후 에러여부를 체크할 변수 0:정상 1:오류
    tot_cnt = ActiveSheet.Cells.SpecialCells(xlCellTypeLastCell).Row   ' 해당시트 데이터가 입력된 마지막행을 확인

    ' 실제 매출확정취소시 사용함
    txt_매출확정취소 = "EXEC [dbo].[SPG290_매출확정취소_취소]      " & vbLf & _
    "          @IN_매출번호       = '<<매출번호>>'          " & vbLf & _
    "         ,@IN_제품코드       = '<<제품코드>>'          " & vbLf & _
    "         ,@IN_실행ID         = '<<실행ID>>'            " & vbLf & _
    "         ,@IN_실행PG         = '<<실행PG>>'            " & vbLf

    txt_매출확정취소 = Replace(txt_매출확정취소, "실행ID>>", Trim(A100.Range("사용자ID")))
    txt_매출확정취소 = Replace(txt_매출확정취소, "<<실행PG>>", ActiveSheet.CodeName)

    If 공통_DB1_Connect() = False Then                ' 관리시트에 있는 접속환경으로 DB에 접속함
        MsgBox "[오류]DB연결이 정상적이지 않습니다!!"
        Exit Sub
    End If
```

[그림 6-65] 매출확정취소 처리VBA 소스코드 (1/2)

217

```
        Err.Clear                                          ' *** 트랜잭션 시작 ****
        DB_Conn1.BeginTrans

    If Err.Number <> 0 Then                                ' Begin Tran이 계속 존재하는 경우를 대비하여 Rollback 처리함
        DB_Conn1.RollbackTrans
        MsgBox "[오류]트랜잭션을 시작하지 못했습니다. 다시 시도 바랍니다"
        Exit Sub
    End If                                                  ' 오류 메시지를 표시한다

    For i = 101 To tot_cnt                                  ' 101번행부터 데이터가 입력되어 있는 행(Row)까지 반복함

        If Cells(i, 2) <> "" Then Cells(i, 2) = ""

        If Cells(i, 3) = "8" And Cells(i, Col_매출번호) <> "" Then         ' 선택값 1(입력)을 입력하고 4번열값에 데이터가 있는 경우

            txt_Sql = txt_매출확정취소

            txt_Sql = Replace(txt_Sql, "<<처리구분>>", Trim(Cells(i, 3)))
            txt_Sql = Replace(txt_Sql, "<<매출번호>>", Trim(Cells(i, Col_매출번호)))
            txt_Sql = Replace(txt_Sql, "<<제품코드>>", Trim(Cells(i, Col_제품코드)))

            If 공통_DB1_Select(txt_Sql) = False Then        ' txt_Sql변수의 SQL문장을 실행함
                Err_flag = 1
                Cells(i, 2) = "[처리오류]" & A100.Range("SELECT1_MSG")
            Else
                If RS1!ERR_CODE <> 1 Then
                    Err_flag = 1
                    Cells(i, 2) = RS1!ERR_MESSAGE
                End If
            End If

        End If

    Next

    If Err_flag = 0 Then                                   ' 지금까지 오류가 없으면
        Err.Clear
        DB_Conn1.CommitTrans                               ' 트랜잭션을 정상적으로 완료처리 한다

        If Err.Number = 0 Then                             ' 만약 트랜잭션 완료가 정상이면 정상 메시지를 표시
            MsgBox "[완료]요청한 작업이 완료되었습니다"
        Else
            MsgBox "[오류]최종 Commit 작업에 문제가 생겼습니다. 작업 결과를 확인 바랍니다."
            Err_flag = 1                                   ' 트랜잭션 최종 완료시에 문제가 발생하면 메시지를 표시하고
        End If                                             ' 오류 메시지를 표시한다

    Else
        Err.Clear
        DB_Conn1.RollbackTrans                             ' 위의 업무처리시 오류가 발생하여 Err_flag가 1이면
        MsgBox "[오류]작업중 문제가 발생 했습니다. 확인 요망!!"   ' 트랜잭션을 Rollback 처리하고 오류메시지를 보여 준다

    End If

    Call 공통_DB1_Close                                    ' 모든 작업이 완료되었기 때문에 DB접속을 끊는다

    If Err_flag = 0 Then                                   ' 작업에 이상이 없었다면 다시 정보를 조회하여
        Call 기본_조회                                      ' 정상적으로 입력되었는지를 보여준다.
    End If

End Sub
```

[그림 6-66] 매출확정취소 처리VBA 소스코드 (2/2)

6-6 매출 LIST

매출 LIST는 전체적인 매출내역을 조회하는 화면이다. 매출전표 순으로 제품단위의 상세한 형태로 조회된다. 리스트에서 해당 건의 상태코드, 매출수량, 금액 등의 전반적인 사항들을 확인할 수 있다.

매출 LIST는 데이터를 확인하기 위한 목적이기 때문에 별도로 수정이나 처리 등의 로직은 존재하지 않는다.

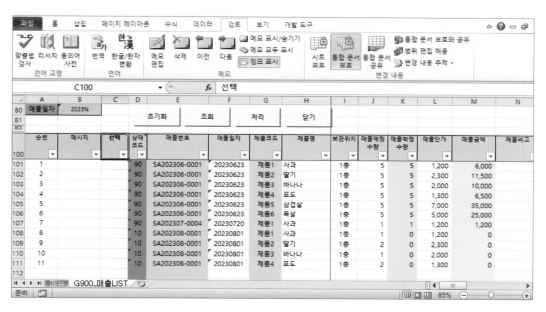

[그림 6-67] 매출LIST 화면 예시

가. DB 프로시저

(1) 매출 LIST 조회

[SPG900_매출LIST_조회] 프로시저는 매출확정 여부와 상관없이 "@IN_매출일자"를 입력받아 해당하는
매출내역을 리스트 형태로 조회할 수 있도록 하였다.

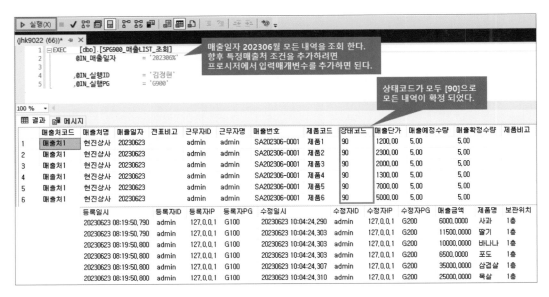

[그림 6-68] SPG900_매출LIST_조회 프로시저 실행예시

```
1  /*-----------------------------------------------------------------------
2    작 성 일: 2023년 07월 01일
3    작 성 자: 김정현
4    -----------------------------------------------------------------------
5    수정일    수정자    요청자    내용
6    -----------------------------------------------------------------------
7  EXEC    [dbo].[SPG900_매출LIST_조회]
8          @IN_매출일자        = '202306%'
9
10         ,@IN_실행ID          = '김정현'
11         ,@IN_실행PG          = 'G900'
12   -----------------------------------------------------------------------*/
13  ALTER PROCEDURE [dbo].[SPG900_매출LIST_조회]
14          @IN_매출일자        NVARCHAR(50) = '%'
15
16         ,@IN_실행ID          NVARCHAR(50)
17         ,@IN_실행PG          NVARCHAR(50)
18  AS
19  BEGIN
20      SET NOCOUNT ON;
21
22      DECLARE @IN_실행공인IP     NVARCHAR(50)
23             ,@IN_호스트명        NVARCHAR(50)
24             ,@IN_현재일시        NVARCHAR(50)
25
26      SELECT @IN_실행공인IP   = A.접속공인IP
27            ,@IN_호스트명      = A.접속호스트
28            ,@IN_현재일시      = A.현재일시
29        FROM FTA_세션정보_조회() A
30       WHERE 1 = 1
31
32      SELECT 매출처코드 = A.매출처코드
33            ,매출처명     = C.업체명
34            ,매출일자     = A.매출일자
35            ,전표비고     = A.전표비고
36            ,근무자ID     = A.등록자ID
37            ,근무자명     = H.사용자명
38            ,B.*
39            ,매출금액     = B.매출단가 * B.매출확정수량
40            ,D.제품명
41            ,D.보관위치
42        FROM TBG_매출H        A
43      INNER JOIN TBG_매출D   B ON A.매출번호     = B.매출번호
44       LEFT JOIN TBC_업체    C ON A.매출처코드   = C.업체코드
45       LEFT JOIN TBC_제품    D ON B.제품코드     = D.제품코드
46       LEFT JOIN TBJ_현재고  G ON B.제품코드     = G.제품코드
47       LEFT JOIN TBC_사용자  H ON A.등록자ID     = H.사용자ID
48       WHERE 1 = 1
49         AND A.매출일자 LIKE @IN_매출일자
50      ORDER BY A.매출번호, B.제품코드
51
52  END
```

[그림 6-69] SPG900_매출LIST_조회 프로시저 소스코드

나. 엑셀 VBA

(1) 매출 LIST 조회

매출 LIST를 조회하기 위해 VBA 조회 프로시저에서 DB의 [SPG900_매출LIST_조회] 프로시저를 호출한다. 호출할 때는 입력 매개변수로 "@IN_일자"를 통해 해당 기간 동안의 매출내역만 조회할 수 있도록 하였다.

매출 LIST는 별도 데이터를 처리하는 기능은 별도로 없지만 향후 확장을 고려하여 [처리] 버튼을 그대로 유지하고 "현재 사용할 수 없다"는 메시지만 표시한다.

```
Sub 기본_조회()

    Dim txt_Sql       As String         ' SQL문장 저장을 위한 변수 선언
    Dim txt_현재시트 As String          ' 현재 작업 시트명을 저장/관리하기 위한 변수 선언

    On Error Resume Next

    txt_현재시트 = ActiveSheet.Name         ' 조회시트명을 변수에 저장
    txt_현재시트코드 = ActiveSheet.CodeName ' 조회시트코드를 변수에 저장

    Sheets(txt_현재시트).Select          ' 조회시트로 이동

    Call 공통_초기화                     ' 101번 라인 이하를 삭제(클리어)시킴

    txt_Sql = "EXEC [dbo].[SPG900_매출LIST_조회]          " & vbLf & _
        "       @IN_매출일자    = '<<매출일자>>'          " & vbLf & _
        "      ,@IN_실행ID      = '<<실행ID>>'            " & vbLf & _
        "      ,@IN_실행PG      = '<<실행PG>>'            " & vbLf

    txt_Sql = Replace(txt_Sql, "<<매출일자>>", Trim(Range("IN_일자")))
    txt_Sql = Replace(txt_Sql, "<<실행ID>>", Trim(A100.Range("사용자ID")))
    txt_Sql = Replace(txt_Sql, "<<실행PG>>", ActiveSheet.CodeName)

    If 공통_DB1_Connect() = False Then             ' 관리시트에 있는 접속환경으로 DB에 접속함
        MsgBox "[오류]DB연결이 정상적이지 않습니다!!"
        Exit Sub
    End If

    If 공통_DB1_Select(txt_Sql) = False Then       ' txt_Sql변수의 SQL문장을 실행함
        MsgBox "[오류]해당하는 자료가 존재하지 않습니다"
        Exit Sub
    End If

    i = 101                                        ' 출력시작을 위한 기준행(제목행 Row 위치값을 설정함)
    num_최대조회수 = A100.Range("최대조회건수")      ' 화면에 최대로 조회할 행수
    num_열개수 = Application.CountA(Sheets(txt_현재시트).Range("A90:ZZ90")) + 5
```

[그림 6-70] 매출LIST 조회 VBA 소스코드 (1/2)

```
    Call 공통_화면이벤트_OFF

    Do Until (RS1.EOF)                                       ' RS1 Record Set이 끝이 날때까지 Loop까지 계속 반복

        Cells(i, 1) = i - 100

        For kk = 4 To num_열개수

            If Cells(95, kk) <> "" Then

                ' txt_칼럼명 = Cells(95, kk)
                Cells(i, kk) = RS1.Fields(Cells(95, kk).Value)

            End If

        Next

        i = i + 1

        If i > num_최대조회수 Then
            MsgBox "[확인]데이터가 " & num_최대조회수 & "건보다 많습니다. 조회조건을 변경 바랍니다"
            Exit Do
        End If

        RS1.MoveNext                                         ' RecordSet의 다음자료(다음위치)로 이동함

    Loop

    Cells(101, 3).Select

    Call 공통_DB1_Close                                      ' 연결되었던 DB와의 접속을 끊음
    Call 공통_화면이벤트_ON

End Sub


Sub 기본_처리()

    MsgBox "[확인]현재는 사용할수 없습니다"
    Exit Sub

End Sub
```

매출LIST에서는
[처리] 버튼이나 기능은 현재 필요 없다.

향후 확장성을 고려하여
메시지로 사용할 수 없다는 안내 멘트만 출력한다.

[그림 6-71] 매출LIST 조회 VBA 소스코드 (2/2)

재고관리 개발

07

재고관리 개발

7-1 주요 테이블 및 개발목록

재고관리는 현재 보유하고 있는 재고 수량을 분실이나 도난, 품질의 저하 없이 안전하게 보관 관리하는 업무를 시작으로 제품을 유통가공(조립이나 해체, 포장 작업 등), 로트번호, 제품 등급 변경, 손실 또는 폐기 처리, 재고조정 업무 등 다양한 업무들이 존재한다. 뿐만 아니라 현재고와 과거 재고 추이를 분석하여 부족하거나 과도한 재고가 있는지를 확인하여 부족한 재고는 최대한 빠른 시일 내에 보충한다. 만약 과도한 재고가 있을 경우에도 불필요한 재고를 축소하는 활동에 이르기까지 매우 다양하고 폭이 넓다.

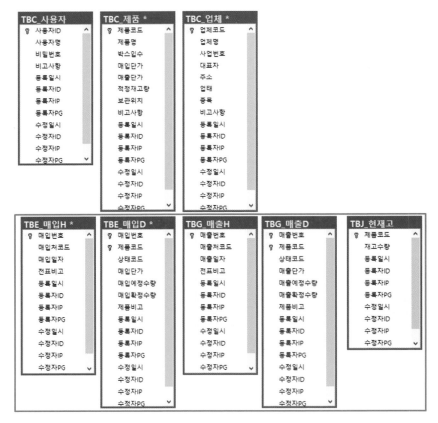

[그림 7-1] 재고관리 관련 주요 테이블

재고관리 업무가 관련되는 데이터는 현재고 데이터 외에도 매입, 매출 그리고 제품, 업체 등의 기준정보에 이르기까지 전반적인 데이터를 분석하고, 그 결과를 재고관리 업무에 활용하고 있다.

우리는 재고관리 업무 중 조회 관련하여 필수적인 "현재고" 조회 화면과 과거 재고 추이를 볼 수 있는 "재고수불" 2종을 개발한다.

구분	메뉴ID	DB프로시저	내용
현재고조회	J100	SPJ100_현재고_조회	현재 시점의 재고 조회 (TBJ_현재고 테이블)
재고수불	J200	SPJ100_재고수불_조회	매입, 매출 데이터를 읽어 기초,입고,출고,기말수량 조회
제품일자수불	J210	SPJ100_제품일자별수불_조회	특정 제품에 대한 일자별 기초,입고,출고,기말수량 조회

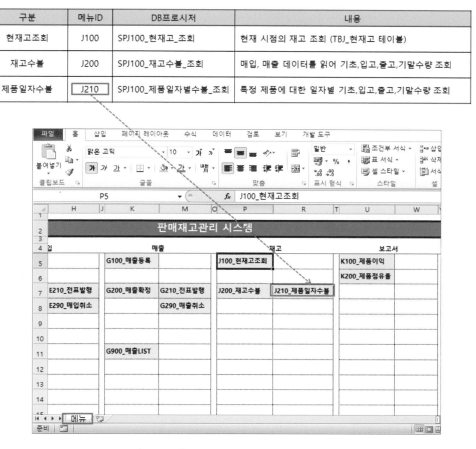

[그림 7-2] 재고관리 개발목록 및 메뉴구성

7-2 현재고 조회

매입확정 또는 매출확정을 하면 해당 수량만큼을 공통모듈을 통해 [TBJ_현재고] 테이블에 증가(+) 또는 감소 (-) 처리되면서 현재 시점에 몇 개의 재고가 있는지를 저장하고 있다.

현재고 조회는 [TBJ_현재고] 테이블의 데이터를 기반으로 제품 기준정보의 적정재고량 등을 참고하여 재고 상태가 적정 또는 부족한지, 최근에 매입 또는 매출된 일자와 수량이 몇 개인지를 종합적으로 확인할 수 있는 조회 화면이다.

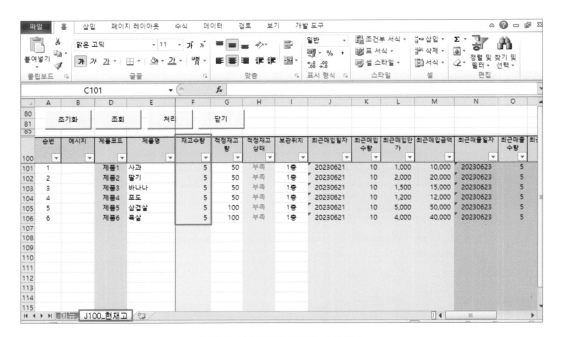

[그림 7-3] 현재고조회 VBA 화면 예시

가. DB 프로시저

현재고 조회는 별도의 입력이나 수정 같은 데이터 갱신이 없기 때문에 조회 프로시저인 [SPJ100_현재고_조 회] 프로시저 하나만 개발하면 된다.

보통 실무에서는 창고를 여러 개 보유할 수 있지만 개발 난이도가 증가 할 수 있기 때문에 우리가 개발하는 판 매재고관리시스템에서는 하나의 창고만을 관리하도록 설계하였다. 따라서, DB 프로시저에 "창고코드" 입력 매개변수는 별도로 전달하지 않는다.

현재고 조회 프로시저 실행 결과에서 알 수 있듯이 현재고 테이블 외에 매입, 매출, 제품 기준정보 등의 주요 테이블의 데이터를 참고하여 적정재고수량, 적정재고상태, 최근 매입현황, 최근 매출현황 등의 정보를 함께 제공한다.

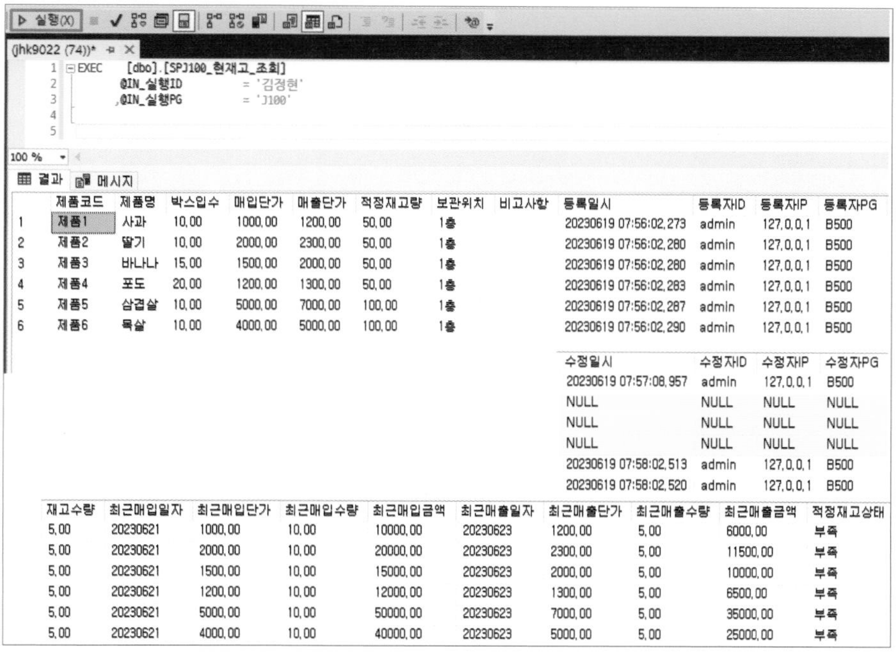

[그림 7-4] SPJ100_현재고_조회 실행결과 예시

```
1  ⊟ALTER PROCEDURE [dbo].[SPJ100_현재고_조회]
2       @IN_실행ID            NVARCHAR(50)
3      ,@IN_실행PG            NVARCHAR(50)
4    AS
5  ⊟BEGIN
6
7      SET NOCOUNT ON;
8
9  ⊟    DECLARE @IN_실행공인IP     NVARCHAR(50)
10           ,@IN_호스트명        NVARCHAR(50)
11           ,@IN_현재일시        NVARCHAR(50)
12
13 ⊟    SELECT @IN_실행공인IP   = A.접속공인IP
14          ,@IN_호스트명       = A.접속호스트
15          ,@IN_현재일시       = A.현재일시
16       FROM FTA_세션정보_조회() A
17      WHERE 1 = 1
18
19 ⊟    ----------------------------------------------------------
20      -- 데이터를 담을 항목들을 포함하여 임시테이블을 생성한다
21      ----------------------------------------------------------
22 ⊟    SELECT A.*
23          ,재고수량     = ISNULL(B.재고수량      , 0)
24          ,최근매입일자 = CONVERT(NVARCHAR(30),  '')
25          ,최근매입단가 = CONVERT(NUMERIC(18, 2), 0)
26          ,최근매입수량 = CONVERT(NUMERIC(18, 2), 0)
27          ,최근매입금액 = CONVERT(NUMERIC(18, 2), 0)
28          ,최근매출일자 = CONVERT(NVARCHAR(30),  '')
29          ,최근매출단가 = CONVERT(NUMERIC(18, 2), 0)
30          ,최근매출수량 = CONVERT(NUMERIC(18, 2), 0)
31          ,최근매출금액 = CONVERT(NUMERIC(18, 2), 0)
32          ,적정재고상태 = CONVERT(NVARCHAR(30),  '')
33       INTO #TEMP_현재고
34       FROM TBC_제품        A
35       LEFT JOIN TBJ_현재고 B ON B.제품코드      = A.제품코드
36      WHERE 1 = 1
37
```

> 현재고 테이블 정보외에 출력하고자 하는 칼럼들을 추가하여 #TEMP_현재고 테이블을 생성하였다.

[그림 7-5] SPJ_100_현재고_조회 소스코드 (1/3)

229

```
38      -------------------------------------------------------------------------
39      -- 최근 30일이내 매출일자, 해당일 매출수량, 단가, 금액 등을 확인하기 위해 임시테이블을 생성한다
40      -------------------------------------------------------------------------
41      -- 매입
42   SELECT B.제품코드, A.매입일자
43        ,매입수량 = SUM(B.매입확정수량)
44        ,매입금액 = SUM(B.매입확정수량 * B.매입단가)
45        ,매입단가 = IIF(SUM(B.매입확정수량) <> 0, SUM(B.매입확정수량 * B.매입단가) / SUM(B.매입확정수량), 0)
46        ,제품매입일자최근순번 = ROW_NUMBER() OVER(PARTITION BY B.제품코드 ORDER BY A.매입일자 DESC)
47      INTO #TEMP_최근매입실적
48      FROM TBE_매입H A
49   INNER JOIN TBE_매입D    B ON A.매입번호    = B.매입번호
50     WHERE 1 = 1
51       AND A.매입일자 >= FORMAT(DATEADD(DAY, -30, GETDATE()) ,'yyyyMMdd')
52       AND A.매입일자 <= FORMAT(GETDATE()                    ,'yyyyMMdd')
53       AND B.상태코드   = '90'
54     GROUP BY B.제품코드, A.매입일자
55
56      -- 매출
57   SELECT B.제품코드, A.매출일자
58        ,매출수량 = SUM(B.매출확정수량)
59        ,매출금액 = SUM(B.매출확정수량 * B.매출단가)
60        ,매출단가 = IIF(SUM(B.매출확정수량) <> 0, SUM(B.매출확정수량 * B.매출단가) / SUM(B.매출확정수량), 0)
61        ,제품매출일자최근순번 = ROW_NUMBER() OVER(PARTITION BY B.제품코드 ORDER BY A.매출일자 DESC)
62      INTO #TEMP_최근매출실적
63      FROM TBG_매출H A
64   INNER JOIN TBG_매출D    B ON A.매출번호    = B.매출번호
65     WHERE 1 = 1
66       AND A.매출일자 >= FORMAT(DATEADD(DAY, -30, GETDATE()) ,'yyyyMMdd')
67       AND A.매출일자 <= FORMAT(GETDATE()                    ,'yyyyMMdd')
68       AND B.상태코드   = '90'
69     GROUP BY B.제품코드, A.매출일자
70
```

> 최근3개월월내
> 일자별로 순번을 매겨
> 매입과 매출실적
> 임시테이블을 생성한다.

[그림 7-6] SPJ_100_현재고_조회 소스코드 (2/3)

```
71      -------------------------------------------------------------------------
72      -- 최근 매입 및 매출내역, 적정재고상태 등을 UPDATE
73      -------------------------------------------------------------------------
74   UPDATE A SET
75         ,A.최근매입일자 = ISNULL(B.매입일자    , '')
76         ,A.최근매입단가 = ISNULL(B.매입단가    , 0)
77         ,A.최근매입수량 = ISNULL(B.매입수량    , 0)
78         ,A.최근매입금액 = ISNULL(B.매입금액    , 0)
79
80         ,A.최근매출일자 = ISNULL(C.매출일자    , '')
81         ,A.최근매출단가 = ISNULL(C.매출단가    , 0)
82         ,A.최근매출수량 = ISNULL(C.매출수량    , 0)
83         ,A.최근매출금액 = ISNULL(C.매출금액    , 0)
84
85         ,A.적정재고상태 = IIF(A.재고수량 >= A.적정재고량, '.', '부족')
86      FROM #TEMP_현재고 A
87     LEFT JOIN #TEMP_최근매입실적 B ON B.제품코드 = A.제품코드 AND B.제품매입일자최근순번 = 1
88     LEFT JOIN #TEMP_최근매출실적 C ON C.제품코드 = A.제품코드 AND C.제품매출일자최근순번 = 1
89     WHERE 1 = 1
90
91
92      -------------------------------------------------------------------------
93      -- 최종결과를 화면에 출력함
94      -------------------------------------------------------------------------
95   SELECT A.*
96      FROM #TEMP_현재고 A
97     WHERE 1 = 1
98     ORDER BY A.제품코드
99
100  END
101
```

> 결과 임시테이블에
> 가장 최근순번의 값을
> **UPDATE** 한다.
> (최근일자,단가,수량 등)
>
> 매입, 매출 실적이 한건도
> 없을 수도 있기 때문에
> **LEFT JOIN** 하였다.

[그림 7-7] SPJ_100_현재고_조회 소스코드 (3/3)

나. 엑셀 VBA

현재고 조회 화면은 단일 창고이기 때문에 화면 상단에서 별도의 창고코드를 입력하지 않는다. [SPJ_100_현재고_조회] 프로시저의 결과값을 참고하여 화면을 구성하면 된다.

[처리] 버튼은 당장 필요는 없지만 향후 확장을 고려하여 그대로 두었으며 "사용할 수 없다"는 메시지만 출력되고 별도 동작은 하지 않도록 하였다.

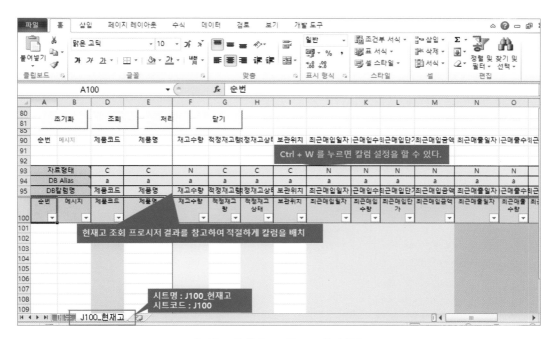

[그림 7-8] 현재고 조회 VBA 화면 설정

```
Sub 기본_조회()

    Dim txt_Sql     As String           ' SQL문장 저장을 위한 변수 선언
    Dim txt_현재시트 As String           ' 현재 작업 시트명을 저장/관리하기 위한 변수 선언

    On Error Resume Next

    txt_현재시트 = ActiveSheet.Name        ' 조회시트명을 변수에 저장
    txt_현재시트코드 = ActiveSheet.CodeName ' 조회시트코드를 변수에 저장

    Sheets(txt_현재시트).Select           ' 조회시트로 이동

    Call 공통_초기화                      ' 101번 라인 이하를 삭제(클리어)시킴

    txt_Sql = "EXEC [dbo].[SPJ100_현재고_조회]              " & vbLf & _
        "     @IN_실행ID       = '<<실행ID>>'            " & vbLf & _
        "    ,@IN_실행PG       = '<<실행PG>>'            " & vbLf

    txt_Sql = Replace(txt_Sql, "<<매출일자>>", Trim(Range("IN_매출일자")))
    txt_Sql = Replace(txt_Sql, "<<실행ID>>", Trim(A100.Range("사용자ID")))
    txt_Sql = Replace(txt_Sql, "<<실행PG>>", ActiveSheet.CodeName)

    If 공통_DB1_Connect() = False Then               ' 관리시트에 있는 접속환경으로 DB에 접속함
        MsgBox "[오류]DB연결이 정상적이지 않습니다!!"
        Exit Sub
    End If

    If 공통_DB1_Select(txt_Sql) = False Then          ' txt_Sql변수의 SQL문장을 실행함
        MsgBox "[오류]해당하는 자료가 존재하지 않습니다"
        Exit Sub
    End If

    i = 101                                          ' 출력시작을 위한 기준행(제목행 Row 위치값을 설정함)
    num_최대조회수 = A100.Range("최대조회건수")         ' 화면에 최대로 조회할 행수
    num_열개수 = Application.CountA(Sheets(txt_현재시트).Range("A90:ZZ90")) + 5
```

[그림 7-9] 현재고 엑셀 VBA 조회 관련 소스코드 (1/2)

```
    Call 공통_화면이벤트_OFF

    Do Until (RS1.EOF)                               ' RS1 Record Set이 끝이 날때까지 Loop까지 계속 반복

        Cells(i, 1) = i - 100

        For kk = 4 To num_열개수

            If Cells(95, kk) <> "" Then

                '  txt_칼럼명 = Cells(95, kk)
                Cells(i, kk) = RS1.Fields(Cells(95, kk)).Value

            End If

        Next

        i = i + 1

        If i > num_최대조회수 Then
            MsgBox "[확인]데이터가 " & num_최대조회수 & "건보다 많습니다. 조회조건을 변경 바랍니다"
            Exit Do
        End If

        RS1.MoveNext                                 ' RecordSet의 다음자료(다음위치)로 이동함

    Loop

    Cells(101, 3).Select

    Call 공통_DB1_Close                              ' 연결되었던 DB와의 접속을 끊음
    Call 공통_화면이벤트_ON

End Sub
```

> 처리버튼은 당장 필요는 없지만
> 향후 확정성을 위해 메시지만 출력하고 종료한다.

```
Sub 기본_처리()

    MsgBox "[확인]현재는 사용할수 없습니다"
    Exit Sub

End Sub
```

[그림 7-10] 현재고 엑셀 VBA 조회 관련 소스코드 (2/2)

재고수불 조회

"재고수불"은 현재고 정보와 다르게 다르게 과거 시점에 재고가 몇 개가 있었는지를 확인할 수 있는 화면이다.

재고수불 화면은 시작일자와 종료일자를 입력받는다. 시작일자 이전에 발생된 매입 또는 매출 출고 수량을 계산하여 시작시점에 몇 개의 재고가 있었는지를 알 수 있는데 이것이 "기초수량"이다. 시작일자와 종료일자 사이의 범위에 있는 매입수량과 매출수량은 집계되어 수불에 출력하고, "기초수량 + 매입수량 − 매출수량"을 계산하여 종료일자 시점의 "기말수량"을 계산할 수 있다.

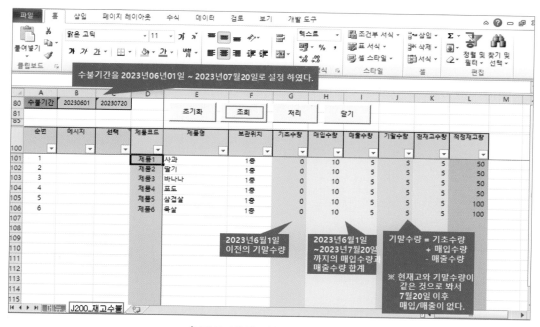

[그림 7-11] 재고수불 조회 화면 예시

가. DB 프로시저

재고수불을 계산하기 위해서는 매입, 매출 데이터를 전체적으로 읽어서 데이터를 집계해야 한다. 수불조회기간을 "0230601"~"0230720" 설정한 경우 5월 31일 이전의 데이터들은 기초수량에 포함하고, 6월 1일부터 7월 20일까지의 데이터들을 매입수량과 매출수량을 집계하여 수불현황에 표시한다.

단 한 번도 매입 또는 매출이 되지 않은 제품들도 있을 수 있을 수 있는데 우리가 개발하는 시스템에서는 기초수량, 매입수량, 매출수량, 기말수량이 모두 0으로 출력되도록 개발하였다.

재고수불을 계산하기 위해서 [#TEMP_수불작업] 임시테이블을 생성하여 활용하고 있는데 그 이유는 제품등록은 되어 있으나 매입 또는 매출이 하나도 발생되지 않은 경우, 매입은 있지만 매출이 없는 경우, 반대로 매출은 존재 하지만 매입이 없는 경우를 모두 고려하여 하나의 SELECT 명령으로 작성하기가 복잡하고 어렵기 때문이다.

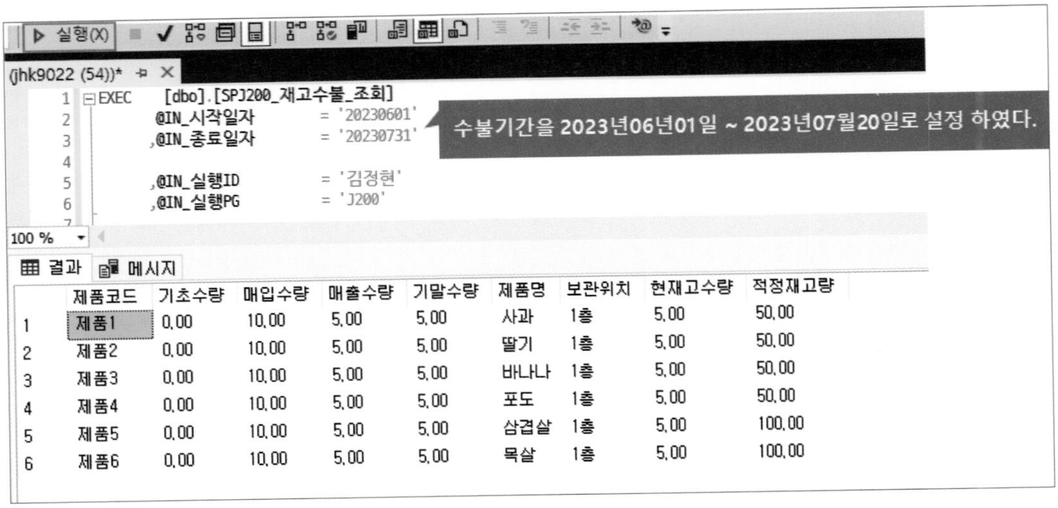

[그림 7-12] SPJ200_재고수불_조회 실행결과 예시

```
/*-----------------------------------------------------------------------------------------
  작 성 일: 2023년 07월 01일
  작 성 자: 김정현
-----------------------------------------------------------------------------------------
  수정일    수정자    요청자    내용
-----------------------------------------------------------------------------------------

EXEC    [dbo].[SPJ200_재고수불_조회]
         @IN_시작일자          = '20230601'
        ,@IN_종료일자          = '20230731'

        ,@IN_실행ID            = '김정현'
        ,@IN_실행PG            = 'J200'

-----------------------------------------------------------------------------------------*/
ALTER PROCEDURE [dbo].[SPJ200_재고수불_조회]
         @IN_시작일자          NVARCHAR(20) = '20230101'
        ,@IN_종료일자          NVARCHAR(20) = '20231231'

        ,@IN_실행ID            NVARCHAR(50)
        ,@IN_실행PG            NVARCHAR(50)
AS
BEGIN

    SET NOCOUNT ON;

    DECLARE @IN_실행공인IP    NVARCHAR(50)
           ,@IN_호스트명      NVARCHAR(50)
           ,@IN_현재일시      NVARCHAR(50)

    SELECT @IN_실행공인IP   = A.접속공인IP
          ,@IN_호스트명     = A.접속호스트
          ,@IN_현재일시     = A.현재일시
      FROM FTA_세션정보_조회() A
     WHERE 1 = 1

```

[그림 7-13] SPJ200_재고수불_조회 소스코드 (1/3)

```
37  ┌  -----------------------------------------------------------------------------
38  │    -- 여러 유형을 하나로 통합하기 위해 작업임시테이블을 생성한다
39  │    -----------------------------------------------------------------------------
40  ┌  CREATE TABLE #TEMP_수불작업 (
41  │       제품코드          NVARCHAR(30)
42  │      ,기초수량          NUMERIC(18, 2) DEFAULT 0
43  │      ,매입수량          NUMERIC(18, 2) DEFAULT 0
44  │      ,매출수량          NUMERIC(18, 2) DEFAULT 0
45  │      ,작업구분          NVARCHAR(30)
46  │    )
47  │
48  │    -- 매입데이터를 임시테이블에 저장
49  ┌  INSERT INTO #TEMP_수불작업 (제품코드, 기초수량, 매입수량, 작업구분)
50  │    SELECT A.제품코드
51  │          ,기초수량 = SUM(IIF(B.매입일자 <  @IN_시작일자, A.매입확정수량, 0))
52  │          ,매입수량 = SUM(IIF(B.매입일자 >= @IN_시작일자, A.매입확정수량, 0))
53  │          ,작업구분 = '매입'
54  │      FROM TBE_매입D A
55  │    INNER JOIN TBE_매입H B ON A.매입번호 = B.매입번호
56  │     WHERE 1 = 1
57  │       AND A.상태코드  = '90'
58  │       AND B.매입일자 <= @IN_종료일자
59  │     GROUP BY A.제품코드
60  │
61  │    -- 매출데이터를 임시테이블에 저장
62  ┌  INSERT INTO #TEMP_수불작업 (제품코드, 기초수량, 매출수량, 작업구분)
63  │    SELECT A.제품코드
64  │          ,기초수량 = SUM(IIF(B.매출일자 <  @IN_시작일자, A.매출확정수량 * -1, 0))
65  │          ,매출수량 = SUM(IIF(B.매출일자 >= @IN_시작일자, A.매출확정수량      , 0))
66  │          ,작업구분 = '매출'
67  │      FROM TBG_매출D A
68  │    INNER JOIN TBG_매출H B ON A.매출번호 = B.매출번호
69  │     WHERE 1 = 1
70  │       AND A.상태코드  = '90'
71  │       AND B.매출일자 <= @IN_종료일자
72  │     GROUP BY A.제품코드
73  │
74  │    -- 한번도 매입되거나 매출되지 않은 제품코드를 표시하기 위함 (기초수량, 매출수량은 0 자동입력)
75  ┌  INSERT INTO #TEMP_수불작업 (제품코드, 작업구분)
76  │    SELECT A.제품코드
77  │          ,작업구분 = '제품'
78  │      FROM TBC_제품 A
79  │     WHERE 1 = 1
80  │
```

[그림 7-14] SPJ200_재고수불_조회 소스코드 (2/3)

```
81  ┌  -----------------------------------------------------------------------------
82  │    -- 제품코드별로 수불을 집계한다
83  │    -----------------------------------------------------------------------------
84  ┌  SELECT A.제품코드
85  │          ,기초수량      = SUM(A.기초수량)
86  │          ,매입수량      = SUM(A.매입수량)
87  │          ,매출수량      = SUM(A.매출수량)
88  │          ,기말수량      = SUM(A.기초수량) + SUM(A.매입수량) - SUM(A.매출수량)
89  │          ,B.제품명
90  │          ,B.보관위치
91  │          ,현재고수량    = ISNULL(C.재고수량  , 0)
92  │          ,적정재고량    = ISNULL(B.적정재고량, 0)
93  │      FROM #TEMP_수불작업 A
94  │     LEFT JOIN TBC_제품    B ON B.제품코드    = A.제품코드
95  │     LEFT JOIN TBJ_현재고  C ON C.제품코드    = A.제품코드
96  │     WHERE 1 = 1
97  │     GROUP BY A.제품코드, B.제품명, B.보관위치, ISNULL(C.재고수량  , 0), ISNULL(B.적정재고량, 0)
98  │     ORDER BY A.제품코드
99  │
100 │  END
101 │
```

[그림 7-15] SPJ200_재고수불_조회 소스코드 (3/3)

나. 엑셀 VBA

재고수불 화면은 [SPJ200_재고수불_조회] 프로시저 결과를 참고하여 칼럼을 설정하고, 소스코드 중 DB 프로시저 실행 부분만 일부 수정하면 간단히 개발할 수 있다. 입력이나 수정 작업이 따로 없기 때문에 비교적 간단하다.

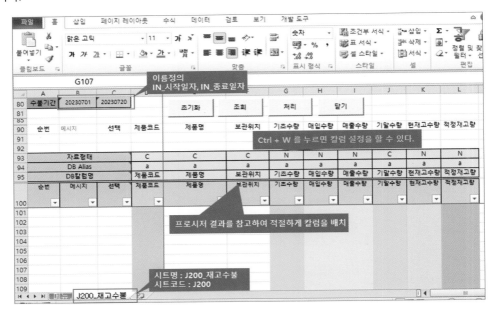

[그림 7-16] 재고수불 조회 엑셀 칼럼 설정 화면

```
Sub 기본_조회()

    Dim txt_Sql      As String           ' SQL문장 저장을 위한 변수 선언
    Dim txt_현재시트 As String           ' 현재 작업 시트명을 저장/관리하기 위한 변수 선언

    On Error Resume Next

    txt_현재시트 = ActiveSheet.Name          ' 조회시트명을 변수에 저장
    txt_현재시트코드 = ActiveSheet.CodeName  ' 조회시트코드를 변수에 저장

    Sheets(txt_현재시트).Select              ' 조회시트로 이동

    Call 공통_초기화                         ' 101번 라인 이하를 삭제(클리어)시킴

    txt_Sql = "EXEC [dbo].[SPJ200_재고수불_조회]       " & vbLf & _
        "       @IN_시작일자     = '<<시작일자>>'      " & vbLf & _
        "      ,@IN_종료일자     = '<<종료일자>>'      " & vbLf & _
        "      ,@IN_실행ID       = '<<실행ID>>'        " & vbLf & _
        "      ,@IN_실행PG       = '<<실행PG>>'        " & vbLf

    txt_Sql = Replace(txt_Sql, "<<시작일자>>", Trim(Range("IN_시작일자")))
    txt_Sql = Replace(txt_Sql, "<<종료일자>>", Trim(Range("IN_종료일자")))
    txt_Sql = Replace(txt_Sql, "<<실행ID>>", Trim(A100.Range("사용자ID")))
    txt_Sql = Replace(txt_Sql, "<<실행PG>>", ActiveSheet.CodeName)

    If 공통_DB1_Connect() = False Then            ' 관리시트에 있는 접속환경으로 DB에 접속함
        MsgBox "[오류]DB연결이 정상적이지 않습니다!!"
        Exit Sub
    End If

    If 공통_DB1_Select(txt_Sql) = False Then      ' txt_Sql변수의 SQL문장을 실행함
        MsgBox "[오류]해당하는 자료가 존재하지 않습니다"
        Exit Sub
    End If

    i = 101                                       ' 출력시작을 위한 기준행(제목행 Row 위치값을 설정함)
    num_최대조회수 = A100.Range("최대조회건수")    ' 화면에 최대로 조회할 행수
    num_열개수 = Application.CountA(Sheets(txt_현재시트).Range("A90:ZZ90")) + 5
```

[그림 7-17] 재고수불 조회 VBA 소스코드 (1/2)

```
    Call 공통_화면이벤트_OFF

    Do Until (RS1.EOF)                          ' RS1 Record Set이 끝이 날때까지 Loop까지 계속 반복

        Cells(i, 1) = i - 100

        For kk = 4 To num_열개수

            If Cells(95, kk) <> "" Then

                ' txt_칼럼명 = Cells(95, kk)
                Cells(i, kk) = RS1.Fields(Cells(95, kk).Value)

            End If

        Next

        i = i + 1

        If i > num_최대조회수 Then
            MsgBox "[확인]데이터가 " & num_최대조회수 & "건보다 많습니다. 조회조건을 변경 바랍니다"
            Exit Do
        End If

        RS1.MoveNext                              ' RecordSet의 다음자료(다음위치)로 이동함

    Loop

    Cells(101, 4).Select

    Call 공통_DB1_Close                           ' 연결되었던 DB와의 접속을 끊음
    Call 공통_화면이벤트_ON

End Sub
```

> 처리버튼은 당장 필요는 없지만
> 향후 확정성을 위해 메시지만 출력하고 종료한다.

```
Sub 기본_처리()

    MsgBox "[확인]현재는 사용할수 없습니다"
    Exit Sub

End Sub
```

[그림 7-18] 재고수불 조회 VBA 소스코드 (2/2)

7-4 제품일자수불

앞에서 개발한 "재고수불"은 다수의 제품코드에 대해 입출고수량 및 기초, 기말재고를 확인할 수 있는 화면이었다면 "제품일자수불"은 하나의 제품코드에 대해서 좀 더 상세하게 일자별 수불 내역을 확인하고자 할 때 사용한다.

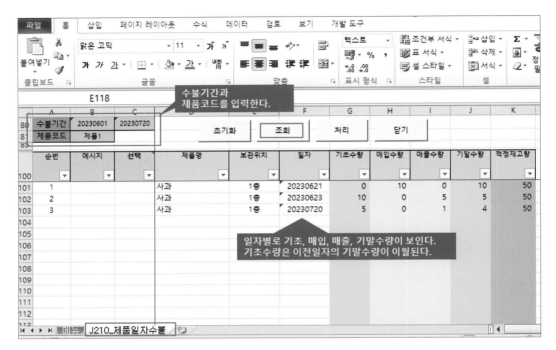

[그림 7-19] 제품일자수불 조회 화면 예시

가. DB 프로시저

제품일자수불 역시 재고수불과 마찬가지로 해당하는 제품의 모든 매입, 매출 데이터를 읽어서 데이터를 가공해야 한다.

수불조회기간을 [20230601] ~ [20230720]로 설정한 경우 5월 31일 이전의 데이터들은 20230601일자의 기초수량으로 집계하고, 나머지는 해당일자의 매입수량과 매출수량으로 집계한 후 일자별 기말수량과 기초수량을 재계산한다.

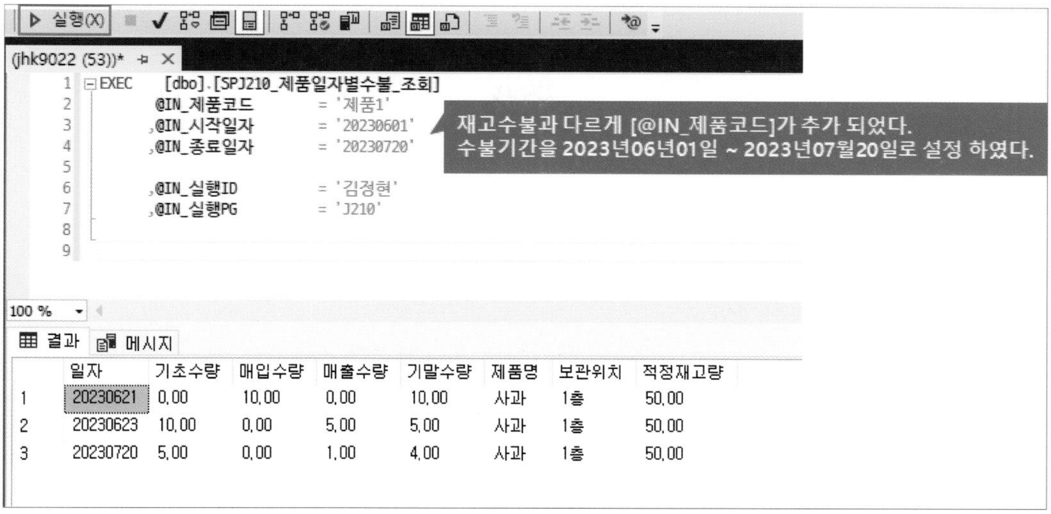

[그림 7-20] SPJ210_제품일자수불_조회 실행 예시

```
1   /*------------------------------------------------------------
2     작 성 일: 2023년 07월 01일
3     작 성 자: 김정현
4   ------------------------------------------------------------
5     수정일      수정자      요청자      내용
6   ------------------------------------------------------------
7
8   EXEC    [dbo].[SPJ210_제품일자별수불_조회]
9          @IN_제품코드          = '제품1'
10         ,@IN_시작일자          = '20230601'
11         ,@IN_종료일자          = '20230720'
12
13         ,@IN_실행ID           = '김정현'
14         ,@IN_실행PG           = 'J210'
15
16   ------------------------------------------------------------*/
17   ALTER PROCEDURE [dbo].[SPJ210_제품일자별수불_조회]
18         @IN_제품코드          NVARCHAR(20)
19         ,@IN_시작일자          NVARCHAR(20) = '20230101'
20         ,@IN_종료일자          NVARCHAR(20) = '20231231'
21
22         ,@IN_실행ID           NVARCHAR(50)
23         ,@IN_실행PG           NVARCHAR(50)
24   AS
25   BEGIN
26
27       SET NOCOUNT ON;
28
29       DECLARE @IN_실행공인IP    NVARCHAR(50)
30              ,@IN_호스트명       NVARCHAR(50)
31              ,@IN_현재일시       NVARCHAR(50)
32
33       SELECT @IN_실행공인IP    = A.접속공인IP
34             ,@IN_호스트명       = A.접속호스트
35             ,@IN_현재일시       = A.현재일시
36         FROM FTA_세션정보_조회() A
37       WHERE 1 = 1
38
```

[그림 7-21] SPJ210_제품일자수불_조회 소스코드 (1/3)

239

```
39  ----------------------------------------------------------------------------------------
40  -- 제품 일자 수불관련 데이터를 집계  #TEMP_수불작업
41  ----------------------------------------------------------------------------------------
42  CREATE TABLE #TEMP_수불작업 (
43      일자              NVARCHAR(30)
44      ,기초수량          NUMERIC(18, 2) DEFAULT 0
45      ,매입수량          NUMERIC(18, 2) DEFAULT 0
46      ,매출수량          NUMERIC(18, 2) DEFAULT 0
47      ,작업구분          NVARCHAR(30)
48  )
49
50  INSERT INTO #TEMP_수불작업 (일자, 기초수량, 매입수량, 작업구분)
51  SELECT 일자       = IIF(B.매입일자 <  @IN_시작일자, @IN_시작일자, B.매입일자)
52          ,기초수량   = SUM(IIF(B.매입일자 <  @IN_시작일자, A.매입확정수량, 0))
53          ,매입수량   = SUM(IIF(B.매입일자 >= @IN_시작일자, A.매입확정수량, 0))
54          ,작업구분   = '매입'
55     FROM TBE_매입D A
56    INNER JOIN TBE_매입H B ON A.매입번호 = B.매입번호
57    WHERE 1 = 1
58      AND A.제품코드  = @IN_제품코드
59      AND B.매입일자 <= @IN_종료일자
60      AND A.상태코드  = '90'
61    GROUP BY IIF(B.매입일자 <  @IN_시작일자, @IN_시작일자, B.매입일자)
62
63  INSERT INTO #TEMP_수불작업 (일자, 기초수량, 매출수량, 작업구분)
64  SELECT 일자      = IIF(B.매출일자 <  @IN_시작일자, @IN_시작일자, B.매출일자)
65          ,기초수량 = SUM(IIF(B.매출일자 <  @IN_시작일자, A.매출확정수량 * -1, 0))
66          ,매출수량 = SUM(IIF(B.매출일자 >= @IN_시작일자, A.매출확정수량     , 0))
67          ,작업구분 = '매출'
68     FROM TBG_매출D A
69    INNER JOIN TBG_매출H B ON A.매출번호 = B.매출번호
70    WHERE 1 = 1
71      AND A.제품코드  = @IN_제품코드
72      AND B.매출일자 <= @IN_종료일자
73      AND A.상태코드  = '90'
74    GROUP BY IIF(B.매출일자 <  @IN_시작일자, @IN_시작일자, B.매출일자)
75
```

[그림 7-22] SPJ210_제품일자수불_조회 소스코드 (2/3)

```
76      --------------------------------------------------------------------
77      -- 하나의 제품에 대해 일자별로 수불을 집계한다   #TEMP_일자수불결과 생성
78      --------------------------------------------------------------------
79      SELECT A.일자
80             ,기초수량     = SUM(A.기초수량)
81             ,매입수량     = SUM(A.매입수량)
82             ,매출수량     = SUM(A.매출수량)
83             ,기말수량     = CONVERT(NUMERIC(18, 2), 0)
84             ,B.제품명
85             ,B.보관위치
86             ,적정재고량   = ISNULL(B.적정재고량, 0)
87        INTO #TEMP_일자수불결과
88        FROM #TEMP_수불작업 A
89        LEFT JOIN TBC_제품      B ON B.제품코드 = @IN_제품코드
90       WHERE 1 = 1
91       GROUP BY A.일자, B.제품명, B.보관위치, ISNULL(B.적정재고량, 0)
92       ORDER BY A.일자
93
94      -- 계산된 기초수량, 매입, 매출수량을 기반으로 기말수량을 계산한다
95      UPDATE A SET
96             A.기말수량 = (SELECT ISNULL(SUM(X.기초수량 + X.매입수량 - X.매출수량), 0)
97                            FROM #TEMP_일자수불결과 X
98                           WHERE 1 = 1
99                             AND X.일자     <= A.일자)
100       FROM #TEMP_일자수불결과 A
101      WHERE 1 = 1
102
103     -- 기말수량을 근거로 다시 일자별 기초수량을 계산한다
104     UPDATE A SET
105            A.기초수량 = A.기말수량 + A.매출수량 - A.매입수량 |
106       FROM #TEMP_일자수불결과 A
107      WHERE 1 = 1
108
109     --------------------------------------------------------------------
110     -- 최종 결과를 화면에 출력한다
111     --------------------------------------------------------------------
112     SELECT A.*
113       FROM #TEMP_일자수불결과 A
114      WHERE 1 = 1
115      ORDER BY A.일자
116
117     END
118
```

[그림 7-23] SPJ210_제품일자수불_조회 소스코드 (3/3)

나. 엑셀 VBA

재고수불 화면과 과정이 동일하다. DB 프로시저 결과를 참고하여 칼럼을 정의하고, 표준적인 소스코드에 DB 프로시저 관련 부분만 수정하면 빠르게 조회 화면을 완성할 수 있다.

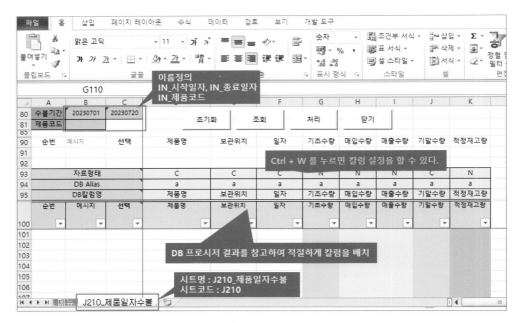

[그림 7-24] 제품일자수불 칼럼 맵핑

```vba
'Sub 기본_조회()

    Dim txt_Sql       As String       ' SQL문장 저장을 위한 변수 선언
    Dim txt_현재시트 As String        ' 현재 작업 시트명을 저장/관리하기 위한 변수 선언

    On Error Resume Next

    txt_현재시트 = ActiveSheet.Name          ' 조회시트명을 변수에 저장
    txt_현재시트코드 = ActiveSheet.CodeName  ' 조회시트코드를 변수에 저장

    Sheets(txt_현재시트).Select              ' 조회시트로 이동

    Call 공통_초기화                         ' 101번 라인 이하를 삭제(클리어)시킴

    txt_Sql = "EXEC [dbo].[SPJ210_제품일자별수불_조회]     " & vbLf
    "      @IN_제품코드    = '<<제품코드>>'               " & vbLf & _
    "     ,@IN_시작일자    = '<<시작일자>>'               " & vbLf & _
    "     ,@IN_종료일자    = '<<종료일자>>'               " & vbLf & _
    "     ,@IN_실행ID      = '<<실행ID>>'                 " & vbLf & _
    "     ,@IN_실행PG      = '<<실행PG>>'                 " & vbLf

    txt_Sql = Replace(txt_Sql, "<<제품코드>>", Trim(Range("IN_제품코드")))
    txt_Sql = Replace(txt_Sql, "<<시작일자>>", Trim(Range("IN_시작일자")))
    txt_Sql = Replace(txt_Sql, "<<종료일자>>", Trim(Range("IN_종료일자")))
    txt_Sql = Replace(txt_Sql, "<<실행ID>>", Trim(A100.Range("사용자ID")))
    txt_Sql = Replace(txt_Sql, "<<실행PG>>", ActiveSheet.CodeName)

    If 공통_DB1_Connect() = False Then        ' 관리시트에 있는 접속환경으로 DB에 접속함
        MsgBox "[오류]DB연결이 정상적이지 않습니다!!"
        Exit Sub
    End If

    If 공통_DB1_Select(txt_Sql) = False Then  ' txt_Sql변수의 SQL문장을 실행함
        MsgBox "[오류]해당하는 자료가 존재하지 않습니다"
        Exit Sub
    End If

    i = 101                                   ' 출력시작을 위한 기준행(제목행 Row 위치값을 설정함)
    num_최대조회수 = A100.Range("최대조회건수")  ' 화면에 최대로 조회할 행수
    num_열개수 = Application.CountA(Sheets(txt_현재시트).Range("A90:ZZ90")) + 5
```

[그림 7-25] 제품일자수불 VBA 조회 소스코드 (1/2)

```
        Call 공통_화면이벤트_OFF

        Do Until (RS1.EOF)                              ' RS1 Record Set이 끝이 날때까지 Loop까지 계속 반복

            Cells(i, 1) = i - 100

            For kk = 4 To num_열개수

                If Cells(95, kk) <> "" Then
                    '   txt_칼럼명 = Cells(95, kk)
                    Cells(i, kk) = RS1.Fields(Cells(95, kk).Value)

                End If

            Next

            i = i + 1

            If i > num_최대조회수 Then
                MsgBox "[확인]데이터가 " & num_최대조회수 & "건보다 많습니다. 조회조건을 변경 바랍니다"
                Exit Do
            End If

            RS1.MoveNext                                ' RecordSet의 다음자료(다음위치)로 이동함

        Loop

        Cells(101, 4).Select

        Call 공통_DB1_Close                              ' 연결되었던 DB와의 접속을 끊음
        Call 공통_화면이벤트_ON

End Sub
```

> 처리버튼은 당장 필요는 없지만
> 향후 확정성을 위해 메시지만 출력하고 종료한다.

```
Sub 기본_처리()

    MsgBox "[확인]현재는 사용할수 없습니다"
    Exit Sub

End Sub
```

[그림 7-26] 제품일자수불 VBA 조회 소스코드 (2/2)

보고서 개발

08

보고서 개발

8-1 주요 테이블 및 개발목록

보고서는 우리가 지금까지 생성하고 관리한 다양한 데이터(Data)들을 분석 및 가공하여 유의미하고 가치 있는 정보(Information)를 전환하는 작업이라 할 수 있다.

우리가 생성한 "매입", "매출", "현재고" 그리고 "제품", "업체", "사용자" 등의 다양한 데이터들을 활용하여 제품별, 요일별, 월별, 매입처 매출처별, 제품의 보관위치별, 매입단가별, 매출단가별 등 다양한 관점으로 그룹화하여 각종 데이터들을 분석 및 가공할 수 있다.

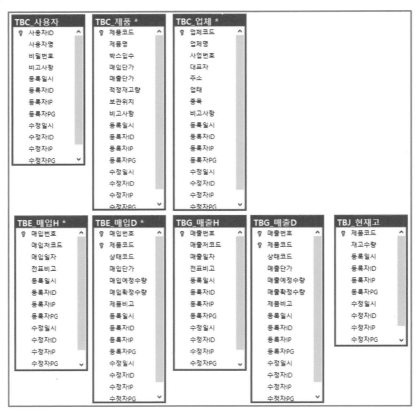

[그림 8-1] 보고서 관련 주요 테이블

우리는 제품을 기반으로 제품별로 얼마의 이익을 창출했는지 분석할 수 있는 "이익분석" 그리고 어떤 제품이 많이 매입되고, 매출되는지 점유율을 분석할 수 있는 "점유율분석" 보고서를 개발하고자 한다.

구분	메뉴ID	DB프로시저	내용
제품이익 분석	K100	SPK100_제품이익분석_조회	제품별 이익금액 산출, 매출비중, 이익비중 계산
제품 점유율 분석	K200	SPK200_제품점유율분석_조회	제품별 매입과 매출에 대한 금액, 비중 계산

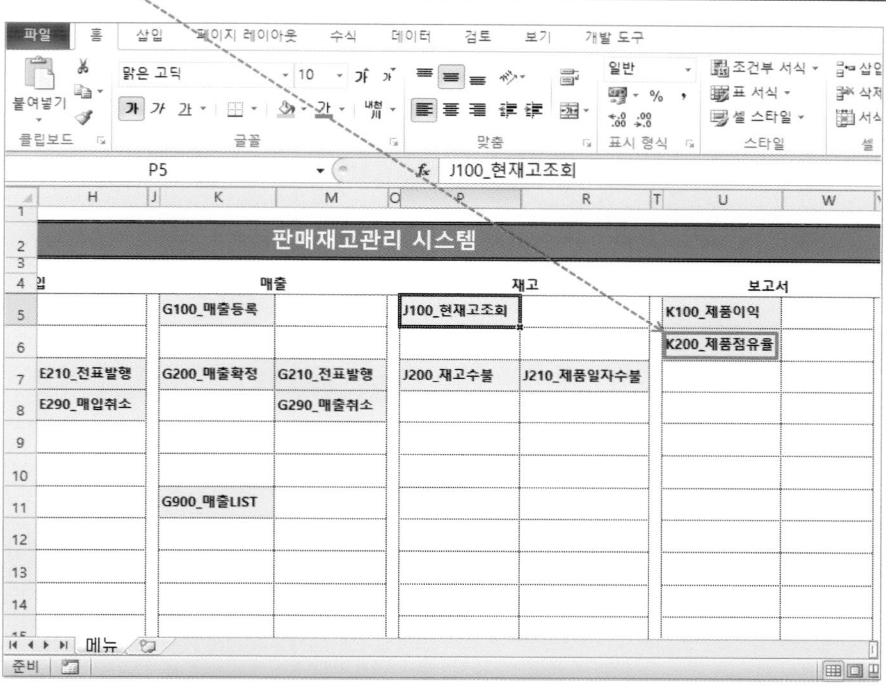

[그림 6-2] 매출관리 개발 목록

8-2 제품이익 분석

우리가 그동안 얼마나 많은 이익을 얻었는지를 제품별로 분석하는 보고서이다. 언제 매입을 했는지에 따라 매입단가가 다를 수 있고 시점별로 매입과 매출의 시점과 수량이 혼재되어 있기 때문에 정확한 원가를 계산하기는 생각보다 복잡하고 어렵다.

우리는 매입원가를 계산하기 어려운 상황을 고려하여 제품 기준정보에서 관리되고 있는 매입단가를 표준적인 매입원가로 인정하고, 이를 매출단가와 차이를 구하는 방식으로 제품이익 보고서를 개발한다.

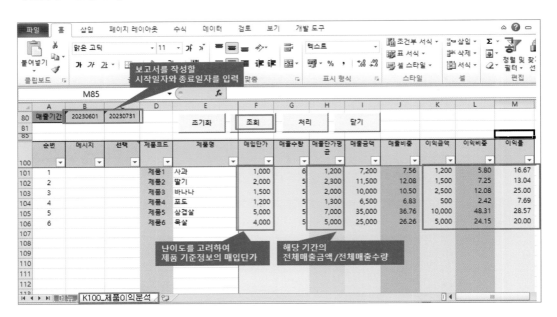

[그림 8-3] 제품이익분석 화면 예시

가. DB 프로시저

[SPK100_제품이익분석_조회] 프로시저는 분석하고자 하는 시작일자와 종료일자를 입력 매개변수로 받아서 제품별로 이익금액, 이익률, 이익비중 등을 계산하여 결과를 리턴한다.

```
EXEC    [dbo].[SPK100_제품이익분석_조회]
        @IN_시작일자           = '20230601'
       ,@IN_종료일자           = '20230731'

       ,@IN_실행ID             = '김정현'
       ,@IN_실행PG             = 'K100'
```

분석하고자 하는 기간 입력

	제품코드	제품명	매입단가	매출수량	매출단가평균	매출금액	매출비중	이익금액	이익율	이익비중
1	제품1	사과	1000.00	6.00	1200.00	7200.0000	7.56	1200.00	16.67	5.80
2	제품2	딸기	2000.00	5.00	2300.00	11500.0000	12.08	1500.00	13.04	7.25
3	제품3	바나나	1500.00	5.00	2000.00	10000.0000	10.50	2500.00	25.00	12.08
4	제품4	포도	1200.00	5.00	1300.00	6500.0000	6.83	500.00	7.69	2.42
5	제품5	삼겹살	5000.00	5.00	7000.00	35000.0000	36.76	10000.00	28.57	48.31
6	제품6	목살	4000.00	5.00	5000.00	25000.0000	26.26	5000.00	20.00	24.15

[그림 8-4] SPK100_제품이익분석_조회 실행결과 예시

```
/*--------------------------------------------------------------------------------------------
  작 성 일: 2023년 07월 01일
  작 성 자: 김정현
----------------------------------------------------------------------------------------------
  수정일    수정자    요청자    내용
----------------------------------------------------------------------------------------------

EXEC    [dbo].[SPK100_제품이익분석_조회]
         @IN_시작일자           = '20230601'
        ,@IN_종료일자           = '20230731'

        ,@IN_실행ID             = '김정현'
        ,@IN_실행PG             = 'K100'

----------------------------------------------------------------------------------------------*/
ALTER PROCEDURE [dbo].[SPK100_제품이익분석_조회]
         @IN_시작일자          NVARCHAR(20) = '20220101'
        ,@IN_종료일자          NVARCHAR(20) = '20221231'

        ,@IN_실행ID            NVARCHAR(50)
        ,@IN_실행PG            NVARCHAR(50)
AS
BEGIN

    SET NOCOUNT ON;

    DECLARE @IN_실행공인IP     NVARCHAR(50)
           ,@IN_호스트명       NVARCHAR(50)
           ,@IN_현재일시       NVARCHAR(50)

    SELECT @IN_실행공인IP    = A.접속공인IP
          ,@IN_호스트명      = A.접속호스트
          ,@IN_현재일시      = A.현재일시
      FROM FTA_세션정보_조회() A
     WHERE 1 = 1

```

분석하고자 하는 기간 입력

[그림 8-5] SPK_제품이익분석_조회 소스코드 (1/3)

```
37   ----------------------------------------------------------------
38   -- 제품별 이익분석 기본 데이터 생성 (임시테이블)
39   ----------------------------------------------------------------
40   SELECT A.제품코드
41         ,제품명       = MAX(A.제품명)
42         ,매입단가     = MAX(A.매입단가)
43         ,매출수량     = ISNULL(SUM(C.매출확정수량), 0)
44         ,매출단가평균 = CONVERT(NUMERIC(18, 2), 0)
45         ,매출금액     = ISNULL(SUM(C.매출확정수량 * C.매출단가), 0)
46         ,매출비중     = CONVERT(NUMERIC(18, 2), 0)
47         ,이익금액     = CONVERT(NUMERIC(18, 2), 0)
48         ,이익율       = CONVERT(NUMERIC(18, 2), 0)
49         ,이익비중     = CONVERT(NUMERIC(18, 2), 0)
50    INTO #TEMP_제품이익분석결과
51    FROM TBC_제품 A
52    LEFT JOIN TBG_매출H B ON B.매출일자 BETWEEN @IN_시작일자 AND @IN_종료일자
53    LEFT JOIN TBG_매출D C ON C.매출번호 = B.매출번호 AND C.제품코드 = A.제품코드 AND C.상태코드 = '90'
54    WHERE 1 = 1
55    GROUP BY A.제품코드
56
57   -- 이익금액, 매출단가평균 계산
58   UPDATE A SET
59          A.이익금액     = A.매출금액 - (A.매출수량 * A.매입단가)
60         ,A.매출단가평균 = IIF(A.매출수량 = 0, 0, ABS(A.매출금액 / A.매출수량))
61    FROM #TEMP_제품이익분석결과 A
62    WHERE 1 = 1
63
64   -- 매출비중 및 이익비중을 계산하기 위해 전체 이익금액 및 매출금액을 변수에 저장
65   DECLARE @NUM_매출금액합계   NUMERIC(18, 2)
66          ,@NUM_이익금액합계   NUMERIC(18, 2)
67
68   SELECT @NUM_매출금액합계 = ISNULL(SUM(A.매출금액) ,0)
69         ,@NUM_이익금액합계 = ISNULL(SUM(A.이익금액) ,0)
70    FROM #TEMP_제품이익분석결과 A
71    WHERE 1 = 1
72
73   -- 이익율 및 비중 계산 계산
74   UPDATE A SET
75          A.매출비중 = IIF(@NUM_매출금액합계 = 0, 0, A.매출금액 / @NUM_매출금액합계 * 100)
76         ,A.이익비중 = IIF(@NUM_이익금액합계 = 0, 0, A.이익금액 / @NUM_이익금액합계 * 100)
77         ,A.이익율   = IIF(A.매출금액         = 0, 0, A.이익금액 / A.매출금액         * 100)
78    FROM #TEMP_제품이익분석결과 A
79    WHERE 1 = 1
80
```

매출이 발생되지 않은 제품도 포함되도록
제품테이블을 기준으로
매출관련 테이블을 LEFT JOIN 하였다.

[그림 8-6] SPK_제품이익분석_조회 소스코드 (2/3)

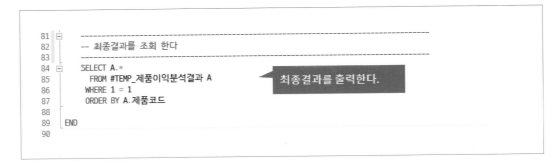

```
81   ----------------------------------------------------------------
82   -- 최종결과를 조회 한다
83   ----------------------------------------------------------------
84   SELECT A.*
85    FROM #TEMP_제품이익분석결과 A
86    WHERE 1 = 1
87    ORDER BY A.제품코드
88
89   END
90
```

최종결과를 출력한다.

[그림 8-7] SPK_제품이익분석_조회 소스코드 (3/3)

나. 엑셀 VBA

[SPK_제품이익분석_조회] 프로시저 실행에 필요한 "@IN_시작일자"와 "@IN_종료일자"를 입력받기 위해 화면 상단의 시작일자와 종료일자를 엑셀 이름정의 기능을 통해 "IN_시작일자"와 "IN_종료일자"로 정의하였다.

처리 버튼은 당장 필요 없지만 향후 확장을 고려하여 그대로 두었다. 클릭하면 "사용할 수 없다"는 메시지만 출력되고 종료된다.

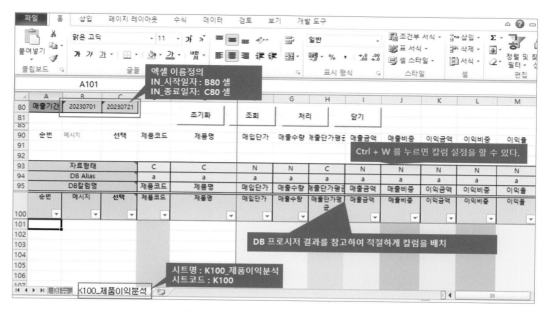

[그림 8-8] 제품이익분석 VBA 화면 설정

```
Sub 기본_조회()

    Dim txt_Sql      As String        ' SQL문장 저장을 위한 변수 선언
    Dim txt_현재시트 As String        ' 현재 작업 시트명을 저장/관리하기 위한 변수 선언

    On Error Resume Next

    txt_현재시트 = ActiveSheet.Name        ' 조회시트명을 변수에 저장
    txt_현재시트코드 = ActiveSheet.CodeName ' 조회시트코드를 변수에 저장

    Sheets(txt_현재시트).Select        ' 조회시트로 이동

    Call 공통_초기화                    ' 101번 라인 이하를 삭제(클리어)시킴

    txt_Sql = "EXEC [dbo].[SPK100_제품이익분석_조회]      " & vbLf & _
        "      ,@IN_시작일자    = '<<시작일자>>'         " & vbLf & _
        "      ,@IN_종료일자    = '<<종료일자>>'         " & vbLf & _
        "      ,@IN_실행ID      = '<<실행ID>>'           " & vbLf & _
        "      ,@IN_실행PG      = '<<실행PG>>'           " & vbLf

    txt_Sql = Replace(txt_Sql, "<<시작일자>>", Trim(Range("IN_시작일자")))
    txt_Sql = Replace(txt_Sql, "<<종료일자>>", Trim(Range("IN_종료일자")))
    txt_Sql = Replace(txt_Sql, "<<실행ID>>", Trim(A100.Range("사용자ID")))
    txt_Sql = Replace(txt_Sql, "<<실행PG>>", ActiveSheet.CodeName)

    If 공통_DB1_Connect() = False Then      ' 관리시트에 있는 접속환경으로 DB에 접속함
        MsgBox "[오류]DB연결이 정상적이지 않습니다!!"
        Exit Sub
    End If

    If 공통_DB1_Select(txt_Sql) = False Then    ' txt_Sql변수의 SQL문장을 실행함
        MsgBox "[오류]해당하는 자료가 존재하지 않습니다"
        Exit Sub
    End If

    i = 101                            ' 출력시작을 위한 기준행(제목행 Row 위치값을 설정함)
    num_최대조회수 = A100.Range("최대조회건수")    ' 화면에 최대로 조회할 행수
    num_열개수 = Application.CountA(Sheets(txt_현재시트).Range("A90:ZZ90")) + 5
```

[그림 8-9] 제품이익분석 엑셀 VBA 조회 소스코드 (1/2)

```
    Call 공통_화면이벤트_OFF

    Do Until (RS1.EOF)                          ' RS1 Record Set이 끝이 날때까지 Loop까지 계속 반복

        Cells(i, 1) = i - 100

        For kk = 4 To num_열개수

            If Cells(95, kk) <> "" Then

                '  txt_칼럼명 = Cells(95, kk)
                Cells(i, kk) = RS1.Fields(Cells(95, kk)).Value

            End If

        Next

        i = i + 1

        If i > num_최대조회수 Then
            MsgBox "[확인]데이터가 " & num_최대조회수 & "건보다 많습니다. 조회조건을 변경 바랍니다"
            Exit Do
        End If

        RS1.MoveNext                            ' RecordSet의 다음자료(다음위치)로 이동함

    Loop

    Cells(101, 3).Select

    Call 공통_DB1_Close                         ' 연결되었던 DB와의 접속을 끊음
    Call 공통_화면이벤트_ON

End Sub

Sub 기본_처리()

    MsgBox "[확인]현재는 사용할수 없습니다"
    Exit Sub

End Sub
```

> 처리버튼은 당장 필요는 없지만
> 향후 확정성을 위해 메시지만 출력하고 종료한다.

[그림 8-10] 제품이익분석 엑셀 VBA 조회 소스코드 (2/2)

8-3 제품점유율 분석

매입실적과 매출실적에 대해 제품별로 어느 정도의 비중으로 매입 또는 매출을 했는지를 분석하는 화면이다. 화면 상단에서 "IN_시작일자"와 "IN_종료일자"를 입력받아서 해당 기간의 물동량에 대해 분석하여 결과를 제공한다.

[그림 8-11] 제품점유율 분석 화면 예시

가. DB 프로시저

[SPK200_제품점유율분석_조회] 프로시저는 분석하고자 하는 "@IN_시작일자"와 "@IN_종료일자"를 입력 매개변수로 전달받아서 매입과 매출실적에 대해 수량과 금액 기준으로 비중(점유율)이 계산하여 출력한다.

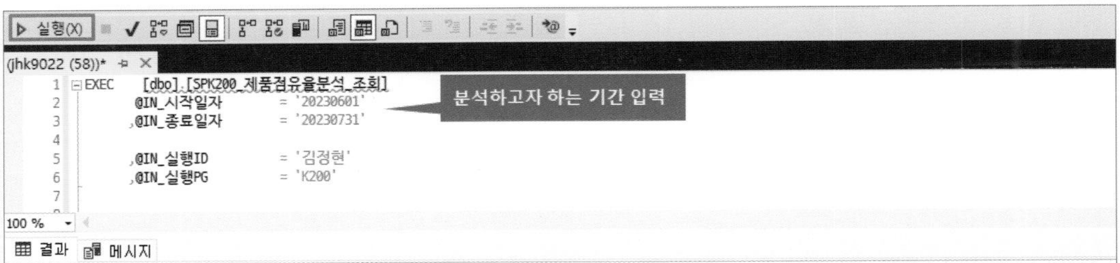

[그림 8-12] SPK200_제품점유율분석_조회 실행결과 예시

```
1   /*------------------------------------------------------------------------
2      작 성 일: 2023년 07월 01일
3      작 성 자: 김정현
4   -------------------------------------------------------------------------
5      수정일    수정자    요청자    내용
6
7
8   EXEC    [dbo].[SPK200_제품점유율분석_조회]
9          @IN_시작일자        = '20230601'
10        ,@IN_종료일자        = '20230731'
11
12        ,@IN_실행ID          = '김정현'
13        ,@IN_실행PG          = 'K200'
14
15
16
17  -----------------------------------------------------------------------*/
18  ALTER PROCEDURE [dbo].[SPK200_제품점유율분석_조회]
19         @IN_시작일자           NVARCHAR(20) = '20220101'
20        ,@IN_종료일자           NVARCHAR(20) = '20221231'
21
22        ,@IN_실행ID             NVARCHAR(50)
23        ,@IN_실행PG             NVARCHAR(50)
24  AS
25  BEGIN
26
27      SET NOCOUNT ON;
28
29      DECLARE @IN_실행공인IP      NVARCHAR(50)
30             ,@IN_호스트명        NVARCHAR(50)
31             ,@IN_현재일시        NVARCHAR(50)
32
33      SELECT @IN_실행공인IP    = A.접속공인IP
34            ,@IN_호스트명      = A.접속호스트
35            ,@IN_현재일시      = A.현재일시
36       FROM FTA_세션정보_조회() A
37      WHERE 1 = 1
38
```

[그림 8-13] SPK200_제품점유율분석 소스코드 (1/3)

254

```
39      --------------------------------------------------------------------
40      -- 점유율 계산을 위한 매입, 매출 자료 등의 기본자료 취합   #TEMP_상품점유율기초자료
41      --------------------------------------------------------------------
42      CREATE TABLE #TEMP_상품점유율기초자료 (
43          제품코드          NVARCHAR(30)
44          ,매입수량         NUMERIC(18, 2) DEFAULT 0
45          ,매입금액         NUMERIC(18, 2) DEFAULT 0
46          ,매출수량         NUMERIC(18, 2) DEFAULT 0
47          ,매출금액         NUMERIC(18, 2) DEFAULT 0
48          ,작업구분         NVARCHAR(30)
49      )
50
51      INSERT INTO #TEMP_상품점유율기초자료 (제품코드, 매입수량, 매입금액, 작업구분)
52      SELECT A.제품코드
53            ,매입수량 = SUM(A.매입확정수량)
54            ,매입금액 = SUM(A.매입확정수량 * A.매입단가)
55            ,작업구분 = '매입'
56        FROM TBE_매입D A
57       INNER JOIN TBE_매입H B ON A.매입번호 = B.매입번호
58       WHERE 1 = 1
59         AND A.상태코드 = '90'
60         AND B.매입일자 >= @IN_시작일자
61         AND B.매입일자 <= @IN_종료일자
62       GROUP BY A.제품코드
63
64      INSERT INTO #TEMP_상품점유율기초자료 (제품코드, 매출수량, 매출금액, 작업구분)
65      SELECT A.제품코드
66            ,매출수량 = SUM(A.매출확정수량)
67            ,매출금액 = SUM(A.매출확정수량 * A.매출단가)
68            ,작업구분 = '매출'
69        FROM TBG_매출D A
70       INNER JOIN TBG_매출H B ON A.매출번호 = B.매출번호
71       WHERE 1 = 1
72         AND A.상태코드  = '90'
73         AND B.매출일자 >= @IN_시작일자
74         AND B.매출일자 <= @IN_종료일자
75       GROUP BY A.제품코드
76
77      -- 제품누락방지 (하나도 매입되거나 매출되지 않은 항목도 출력위함)
78      INSERT INTO #TEMP_상품점유율기초자료 (제품코드, 작업구분)
79      SELECT A.제품코드
80            ,작업구분 = '제품'
81        FROM TBC_제품 A
82       WHERE 1 = 1
83
```

[그림 8-14] SPK200_제품점유율분석 소스코드 (2/3)

```
84    ------------------------------------------------------------------------
85    -- 비중을 구하기 위해 총 매입, 매출 수량/금액 합계를 변수에 저장한다
86    ------------------------------------------------------------------------
87    DECLARE @NUM_매입수량합계    NUMERIC(18, 2)
88          ,@NUM_매입금액합계    NUMERIC(18, 2)
89          ,@NUM_매출수량합계    NUMERIC(18, 2)
90          ,@NUM_매출금액합계    NUMERIC(18, 2)
91
92    SELECT @NUM_매입수량합계 = ISNULL(SUM(A.매입수량), 0)
93          ,@NUM_매입금액합계 = ISNULL(SUM(A.매입금액), 0)
94          ,@NUM_매출수량합계 = ISNULL(SUM(A.매출수량), 0)
95          ,@NUM_매출금액합계 = ISNULL(SUM(A.매출금액), 0)
96      FROM #TEMP_상품점유율기초자료 A
97     WHERE 1 = 1
98
99    ------------------------------------------------------------------------
100   -- 최종결과를 조회 한다
101   ------------------------------------------------------------------------
102   SELECT A.제품코드
103         ,매입수량          = SUM(A.매입수량)
104         ,매입단가평균       = IIF(SUM(A.매입수량) = 0, 0, SUM(A.매입금액) / SUM(A.매입수량))
105         ,매입금액          = SUM(A.매입금액)
106         ,매입수량비중       = IIF(@NUM_매입수량합계 = 0, 0, SUM(A.매입수량) / @NUM_매입수량합계 * 100.0)
107         ,매입금액비중       = IIF(@NUM_매입금액합계 = 0, 0, SUM(A.매입금액) / @NUM_매입금액합계 * 100.0)
108         ,매출수량          = SUM(A.매출수량)
109         ,매출단가평균       = IIF(SUM(A.매출수량) = 0, 0, SUM(A.매출금액) / SUM(A.매출수량))
110         ,매출금액          = SUM(A.매출금액)
111         ,매출수량비중       = IIF(@NUM_매출수량합계 = 0, 0, SUM(A.매출수량) / @NUM_매출수량합계 * 100.0)
112         ,매출금액비중       = IIF(@NUM_매출금액합계 = 0, 0, SUM(A.매출금액) / @NUM_매출금액합계 * 100.0)
113         ,B.제품명
114     FROM #TEMP_상품점유율기초자료 A
115     LEFT JOIN TBC_제품      B ON B.제품코드    = A.제품코드
116    WHERE 1 = 1
117    GROUP BY A.제품코드, B.제품명
118    ORDER BY A.제품코드
119
120   END
```

[그림 8-15] SPK200_제품점유율분석 소스코드 (3/3)

나. 엑셀 VBA

엑셀 화면 상단에 DB 프로시저에 전달할 입력값으로 "IN_시작일자"와 "IN_종료일자"를 엑셀 이름정의를 통해 설정하였다. [처리] 버튼은 당장 필요 없지만 향후 확장을 고려하여 그대로 두었다. 클릭하면 "사용할 수 없다"는 메시지만 출력되고 종료된다.

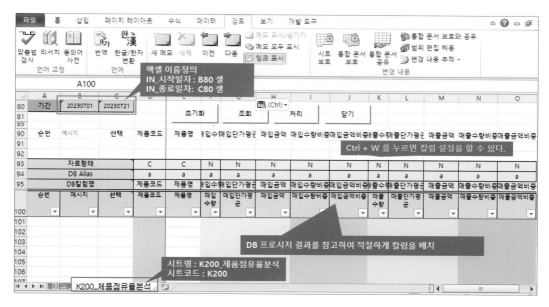

[그림 8-16] 제품점유율분석 VBA 화면 설정

```
Sub 기본_조회()

    Dim txt_Sql       As String        ' SQL문장 저장을 위한 변수 선언
    Dim txt_현재시트 As String        ' 현재 작업 시트명을 저장/관리하기 위한 변수 선언

    On Error Resume Next

    txt_현재시트 = ActiveSheet.Name          ' 조회시트명을 변수에 저장
    txt_현재시트코드 = ActiveSheet.CodeName ' 조회시트코드를 변수에 저장

    Sheets(txt_현재시트).Select      ' 조회시트로 이동

    Call 공통_초기화                 ' 101번 라인 이하를 삭제(클리어)시킴

    txt_Sql = "EXEC [dbo].[SPK200_제품점유율분석_조회]     " & vbLf & _
        "        @IN_시작일자       = '<<시작일자>>'      " & vbLf & _
        "       ,@IN_종료일자       = '<<종료일자>>'      " & vbLf & _
        "       ,@IN_실행ID         = '<<실행ID>>'        " & vbLf & _
        "       ,@IN_실행PG         = '<<실행PG>>'        " & vbLf

    txt_Sql = Replace(txt_Sql, "<<시작일자>>", Trim(Range("IN_시작일자")))
    txt_Sql = Replace(txt_Sql, "<<종료일자>>", Trim(Range("IN_종료일자")))
    txt_Sql = Replace(txt_Sql, "<<실행ID>>", Trim(A100.Range("사용자ID")))
    txt_Sql = Replace(txt_Sql, "<<실행PG>>", ActiveSheet.CodeName)

    If 공통_DB1_Connect() = False Then              ' 관리시트에 있는 접속환경으로 DB에 접속함
        MsgBox "[오류]DB연결이 정상적이지 않습니다!!"
        Exit Sub
    End If

    If 공통_DB1_Select(txt_Sql) = False Then        ' txt_Sql변수의 SQL문장을 실행함
        MsgBox "[오류]해당하는 자료가 존재하지 않습니다"
        Exit Sub
    End If

    i = 101                                          ' 출력시작을 위한 기준행(제목행 Row 위치값을 설정함)
    num_최대조회수 = A100.Range("최대조회건수")      ' 화면에 최대로 조회할 행수
    num_열개수 = Application.CountA(Sheets(txt_현재시트).Range("A90:ZZ90")) + 5
```

[그림 8-17] 제품점유율분석 엑셀 VBA 조회 소스코드 (1/2)

257

```
    Call 공통_화면이벤트_OFF

    Do Until (RS1.EOF)                                        ' RS1 Record Set이 끝이 날때까지 Loop까지 계속 반복

        Cells(i, 1) = i - 100

        For kk = 4 To num_열개수

            If Cells(95, kk) <> "" Then

                '  txt_칼럼명 = Cells(95, kk)
                Cells(i, kk) = RS1.Fields(Cells(95, kk).Value)

            End If

        Next

        i = i + 1

        If i > num_최대조회수 Then
            MsgBox "[확인]데이터가 " & num_최대조회수 & "건보다 많습니다. 조회조건을 변경 바랍니다"
            Exit Do
        End If

        RS1.MoveNext                                          ' RecordSet의 다음자료(다음위치)로 이동함

    Loop

    Cells(101, 3).Select

    Call 공통_DB1_Close                                       ' 연결되었던 DB와의 접속을 끊음
    Call 공통_화면이벤트_ON

End Sub
```

처리버튼은 당장 필요는 없지만
향후 확정성을 위해 메시지만 출력하고 종료한다.

```
Sub 기본_처리()

    MsgBox "[확인]현재는 사용할수 없습니다"
    Exit Sub

End Sub
```

[그림 8-18] 제품점유율분석 엑셀 VBA 조회 소스코드 (2/2)

CHAPTER

09

시스템 공통모듈

09

시스템 공통모듈

9-1 개요

시스템을 개발할 때 수많은 하위 프로그램들을 작성한다. 하위 프로그램들을 작성하면서 동일한 기능에 대해 제각기 코딩을 한다면 개발해야 할 분량도 많아지고, 향후 기능개선이나 오류 등으로 변경이 필요할 때, 해당하는 부분을 일일이 찾아서 수정해야 한다. 여간 수고스러울 뿐만 아니라, 생산성도 떨어지고 개발자의 실수 등으로 시스템에 오류가 발생될 가능성이 커지게 된다.

시스템 공통모듈은 개발 시 DB와의 연결 및 연결해제, 프로시저나 SQL 명령의 실행, 공통화된 버튼의 실행, 메뉴 처리 등의 주요 기능들에 대해 표준화하여 개발하고, 이를 전체 하위 프로그램 개발 시 활용함으로써 이러한 문제들을 해결할 수 있다.

지금까지 우리는 공통모듈에 대해 그 기능을 구체적으로 알지 못하더라도 어느 정도 표준화된 공통모듈을 활용함으로써 개발 생산성도 높이고 오류도 최소화할 수 있었다. 이번 장에서는 시스템 공통모듈에 대해 자세히 살펴볼 것이다.

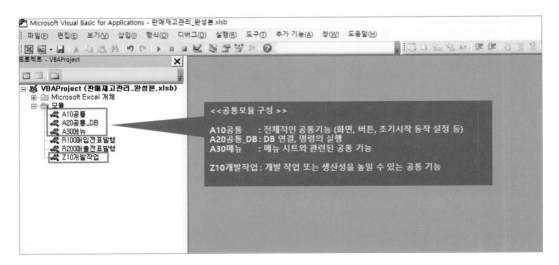

[그림 9-1] 공통모듈 구성

시스템 공통모듈은 엑셀 VBA 개발환경의 모듈(Module) 영역에 저장되어 있다. 크게 4개의 모듈(A10공통, A20공통_DB, A30메뉴, Z10개발작업)에 분산하여 저장되어 있다.

9-2 A10공통

[A10공통] 모듈은 엑셀 VBA의 기본적인 기능이나 버튼 등을 표준화하고 공통화하는 데 필요한 기능들이 포함되어 있다.

기 능	내 용
공통변수	시스템 환경이나 DB 관련 전역변수 등을 선언
Auto_open( )	처음 파일을 열었을 때 실행하는 모듈 (모든 시트를 숨기고 로그인 시트를 오픈한다)
Auto_close( )	실행파일을 닫았을 때 실행하는 모듈
공통_전체시트잠금( )	[메뉴]시트를 제외하고 모든 시트를 닫는다
공통_초기화_버튼( )	[초기화] 버튼을 눌렀을 때 실행해야 할 공통 기능 실행
공통_초기화( )	데이터 그리드 영역이 101행 이하 데이터 삭제 등 수행
공통_조회_버튼( )	[조회] 버튼을 눌렀을 때 실행해야 할 공통 기능 실행
공통_처리_버튼( )	[처리] 버튼을 눌렀을 때 실행해야 할 공통 기능 실행
공통_시트닫기_버튼( )	현재의 시트를 닫는 공통 기능
공통_칼럼위치( )	칼럼의 위치를 숫자 형태로 리턴해 주는 공통 Function
공통_필터초기화( )	필터에 조건이 걸려 있을 경우 초기화 하는 공통 모듈
공통_시스템시간( )	현재 PC의 시스템 시간을 리턴해 주는 공통 Function
공통_화면이벤트_OFF( )	속도 개선을 위해 화면갱신, Event 동작, 자동계산 모드 등을 중지 시킴
공통_화면이벤트_ON( )	정상적인 상태로 화면갱신, Event 동작, 자동계산 모드 복귀
공통_시트명( )	시트코드를 전달하면 시트명을 리턴해 주는 공통 Function

[그림 9-2] A10공통 주요 기능 목록

(1) 공통변수

공통변수는 시스템에서 공통적으로 활용해야 할 변수를 말한다. [Public]으로 설정하면 해당 모듈뿐 아니라 엑셀 VBA 어디에서도 해당 변수를 사용할 수 있다.

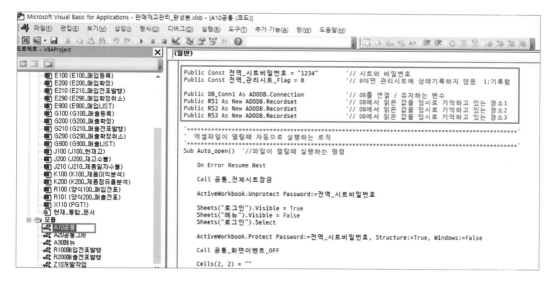

[그림 9-3] A10_공통 공통변수 선언 소스코드

"전역_시트비밀번호" 전역변수는 메뉴를 통해 열지 않은 화면(시트)를 사용자가 임의로 열지 못하도록 시트를 숨김 처리를 할 때, 비밀번호(암호)를 부여하는데 이때 사용될 암호를 저장하기 위한 용도이며, 고정된 값이기 때문에 "Const"라는 옵션이 붙어 있다.

"전역_관리시트_Flag" 전역 변수는 향후 DB에서 명령을 실행할 때 어떤 명령을 마지막으로 실행했는지 그리고 그 결과값을 "관리시트"에 기록할 수 있는데 "1"을 설정하면 마지막 실행 명령을 기록하며 상대적으로 실행 속도가 저하될 수 있다. 만약, "0"으로 설정하면 아무 작업도 하지 않기 때문에 속도 저하없이 실행된다. 향후 [A20공통_DB] 모듈에서 해당 변수의 쓰임을 확인할 수 있다.

"DB_Conn1" 전역변수는 엑셀 VBA에서 DB를 연결과 관련된 변수이다. ADO DB 연결을 위한 Connection 관련 변수이며, 이 변수를 통해 DB 연결이 유지된다.

"RS1", "RS2", "RS3" 전역변수는 DB에서 레코드셋(RecordSet) 형태의 결과값을 전달받을 때 사용되는 변수이다. 이 변수는 "A20공통_DB" 모듈에서 주로 사용된다.

(2) Auto_Open( )

Auto_Open( )은 엑셀 VBA 파일이 처음 열릴 때 실행된다. 판매재고관리 엑셀 VBA 파일이 처음 실행되면 기존에 열려있던 시트는 모두 사용자가 볼 수 없도록 숨김 처리하고, "로그인" 시트만 사용자가 볼 수 있도록 한다.

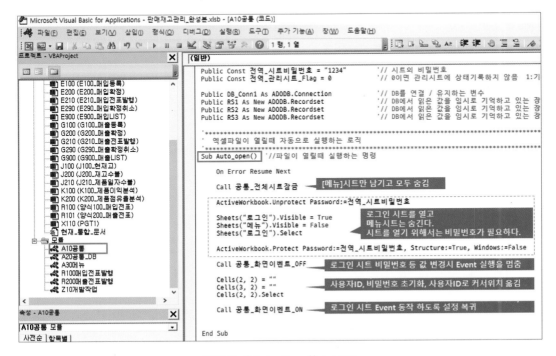

[그림 9-4] Auto_Open( ) 소스코드

(3) Auto_Close( )

Auto_Close( )는 엑셀 VBA 파일이 닫힐 때, 종료될 때 실행된다. 엑셀 VBA 프로그램을 사용 중에 사용자에 의해 엑셀 파일이 일부라도 변경 변경될 수 있기 때문에 "변경된 사항을 저장하시겠습니까?"와 같은 메시지가 발생될 수 있는데, 이 메시지 없이 바로 종료할 수 있도록 하기 위한 코드가 포함되어 있다.

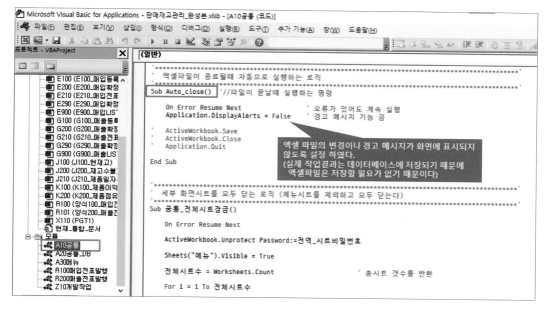

[그림 9-5] Auto_Close( ) 소스코드

(4) 공통_전체시트잠금( )

"공통_전체시트잠금( )"은 Auto_Open( )이나 "메뉴" 관련 소스코드에서 많이 볼 수 있는데 전체시트 중 "메뉴"시트를 제외 한 모든 시트를 숨김 처리할 때 사용된다. 사용자가 임의로 화면(시트)를 열어볼 수 없도록 통합문서 보호를 수행하는데 이때 공통변수인 "전역_시트비밀번호" 변수가 사용된다.

추가로 엑셀 파일은 최소한 하나의 시트는 열려 있어야 한다는 점도 알아 두면 좋겠다. 만약 프로그램이나 사용자가 임의로 모든 시트를 숨김 처리를 하면 마지막 시트를 숨길 때 "하나 이상의 시트가 존재해야 한다"는 오류를 볼 수 있을 것이다.

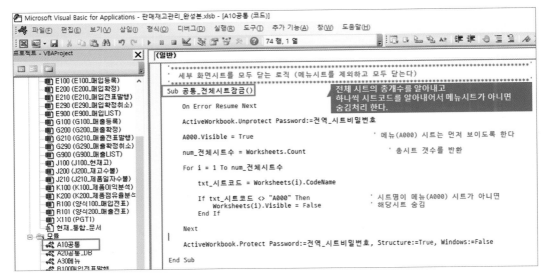

[그림 9-6] 공통_전체시트잠금( ) 소스코드

266

(5) 공통_초기화_버튼( )

우리가 개발하는 대부분의 엑셀 화면들은 "초기화", "조회", "처리", "종료" 버튼이 있다. 각각의 화면(시트)에서 일일이 버튼을 만들고, 새롭게 만들어진 버튼에 매크로를 연결해야 한다면 불편하고 귀찮다.

"공통_초기화_버튼( )" 프로시저를 각 업무화면에 있는 초기화 버튼에 연결하면 다른 시트의 버튼들을 복사해와도 문제 없이 작동시킬 수 있다. 왜냐하면 공통_초기화_버튼( )에서 항상 현재 화면(시트)의 기본_초기화( ) 프로시저(서브루틴)을 호출할 수 있도록 프로그램되어 있기 때문이다.

Call Sheet(ActiveSheet.Name).기본_초기화

→ 현재 위치한 시트의 기본_초기화( ) 프로시저를 실행

공통_초기화_버튼( )은 다음과 같은 순서로 실행된다.

1. "공통_초기화( )"를 실행 : 101행 ~ 10000행까지 영역을 초기화
2. 현재 커서가 위치한 시트의 기본_초기화( )" 실행

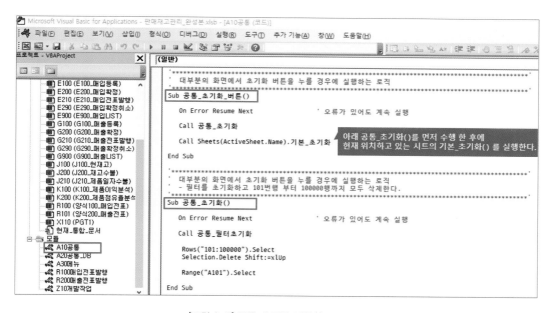

[그림 9-7] 공통_초기화_버튼( ) 소스코드

(6) 공통_초기화( )

표준화면(시트)에서는 101행 이후부터 테이블 형태의 데이터를 화면에 출력하고 이를 기반으로 입력, 수정, 삭제 등을 수행한다

"공통_초기화( ) 에서는 101행 이후에 남아 있는 데이터를 모두 지우는 초기화 작업을 주로 수행한다. 사용자가 필터를 설정한 경우에는 제대로 데이터가 지워지지 않을 수 있기 때문에 화면의 필터를 초기화하는 공통모듈이 먼저 실행된다.

100,000행 이후는 일반적으로 데이터가 출력되거나 입력되는 경우가 거의 없기 때문에 시스템의 성능을 고려하여 101행부터 100,000행까지만 데이터를 삭제토록 하였다. 만약 대용량의 데이터를 처리해야 하는 환경이라면 1,048,576행까지로 범위를 수정하면 된다.

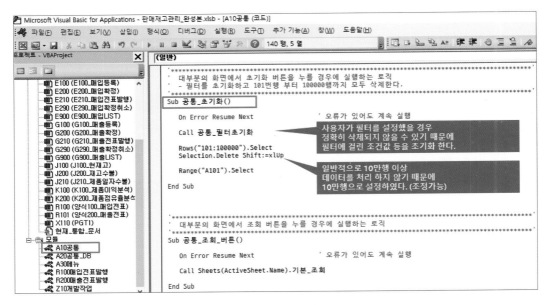

[그림 9-8] 공통_초기화( ) 소스코드

(7) 공통_조회_버튼( )

"공통_초기화_버튼( )"과 마찬가지로 일일이 화면(시트)에서 각각 개발한 조회 관련 프로시저(서브루틴)과
조회 버튼을 연결하여 사용해야 하는 불편함을 개선하기 위해 "공통_조회_버튼( )"을 만들었다.

Call Sheet(ActiveSheet.Name).기본_조회
→ 현재 위치한 시트의 기본_조회( ) 프로시저를 실행

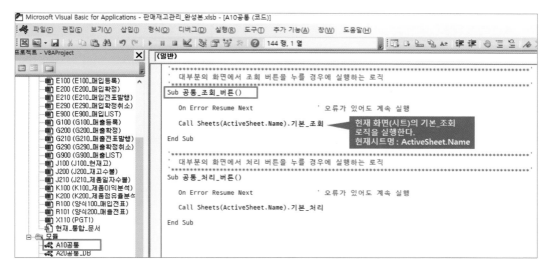

[그림 9-9] 공통_조회_버튼( ) 소스코드

(8) 공통_처리_버튼( )

"공통_초기화_버튼( )"과 마찬가지로 일일이 화면(시트)에서 각각 개발한 처리 관련 프로시저(서브루틴)과 처리 버튼을 연결해야 하는 불편함을 개선하기 위해 "공통_처리_버튼( )"을 만들었다.

Call Sheet(ActiveSheet.Name).기본_처리

→ 현재 위치한 시트의 기본_처리( ) 프로시저를 실행

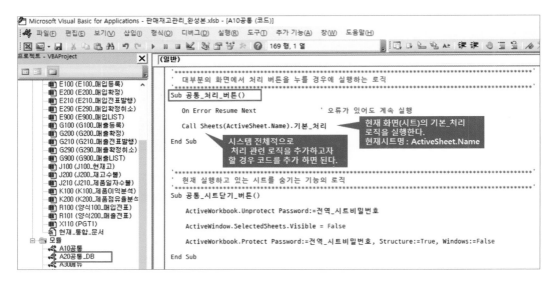

[그림 9-10] 공통_처리_버튼( ) 소스코드

(9) 공통_칼럼위치( ) Function

엑셀 화면 하단의 데이터가 표시되는 영역의 칼럼 위치는 사용자나 개발자에 의해 등으로 얼마든지 위치가 변경될 수 있다. 프로그램을 개발하면서 칼럼의 위치가 고정되어 있다는 전제로 개발하게 되면, 칼럼이 추가되거나 위치가 조금이라도 바뀌어도 프로그램을 일일이 찾아서 수정해야 하기 때문에 유지보수에 어려움이 따른다.

이러한 문제점을 해결하기 위해 칼럼의 위치를 변수(예: Col_제품명, Col_매입번호 …)에 현재 열의 위치를 찾아서 저장하고, 이를 프로그래밍에 활용한다. 이때 필요한 공통함수가 바로 "공통_칼럼위치( )"이다.

만약, 해당하는 칼럼의 위치를 찾지 못했을 경우에는 [0]이 리턴된다. 내부적으로는 엑셀의 Match 함수를 사용하여 해당 칼럼의 위치한 열(Column)값을 찾아서 리턴한다.

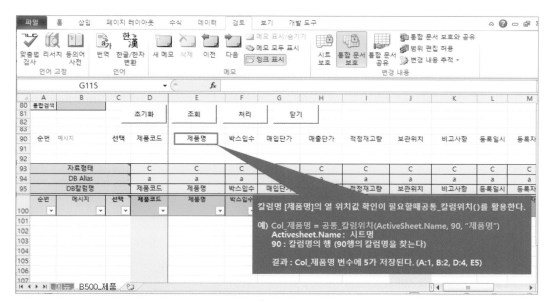

[그림 9-11] 공통_칼럼위치( ) Function 활용 예시

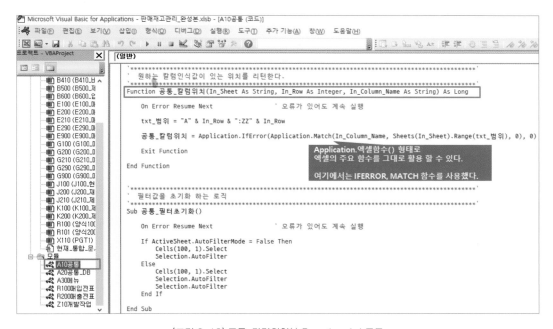

[그림 9-12] 공통_칼럼위치( ) Function 소스코드

(10) 공통_필터초기화( )

표준적인 화면(시트)들은 100행(사용자 칼럼명 표시)에 사용자가 원하는 데이터를 검색하기 위해 필터가 적용되어 있다. 그런데 사용자가 이 필터에 조건을 설정 후 프로그램에서 어떤 처리를 하게 되면 필터 적용으로 인해 오류가 발생될 수 있다.

공통_필터초기화( )는 필터의 조건을 모두 초기화하는 역할을 수행한다.

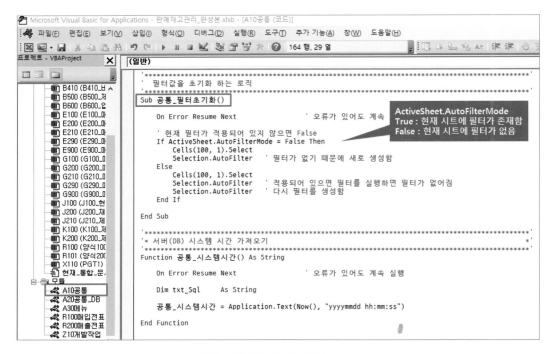

[그림 9-13] 공통_필터초기화( ) 소스코드

(11) 공통_시스템시간( ) Function

PC의 현재시간을 얻고자 할 때 사용되는 공통 함수이다. 결과는 PC의 현재시간을 가져와서 "YYYYMMDD hh:mm:ss"의 형태로 리턴한다.

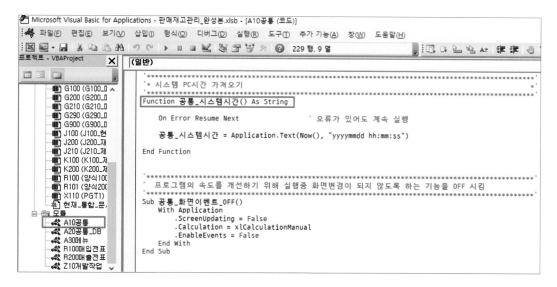

[그림 9-14] 공통_시스템시간( ) Function 소스코드

(12) 공통_화면이벤트_ON( ) 또는 OFF( )

다음과 같은 경우에 해당 공통모듈을 사용하면 좋다.

첫 번째, 엑셀 VBA 프로그램으로 많은 양의 데이터를 엑셀 시트에 값을 입력하거나 수정하는 경우에 명령이 실행될 때마다 사용자에게 최신의 화면을 보여 준다. 그러다 보니 실제 데이터 처리하는 시간보다 화면을 처리하는 시간이 과도하게 많아져 시스템의 속도가 급격히 떨어지는 경우가 발생된다.

두 번째, 셀이나 시트에 값이 변경되거나 위치가 이동되면 엑셀은 그에 해당하는 이벤트(Evnet)가 발생되고, 우리는 이 이벤트를 활용하여 자동으로 어떤 처리를 할 수 있도록 프로그래밍할 수 있었다.

> 예) 로그인 시 암호만 입력하면 바로 로그인 처리 되도록 이벤트 개발
>
> 입력이나 수정 시 값을 입력하면 선택에 "1"이 자동으로 표시되는 이벤트를 개발

그런데, 위와 같은 이벤트 처리 상황에서 다시 다른 이벤트가 잘못 호출되어 정상적이지 않은 상황이 발생되는 경우

세 번째, 엑셀 계산 작업이 너무 오래 걸려서 엑셀 계산 모드를 "수동 모드"로 변경해야 할 경우

위의 세 가지 상황에서 "공통_화면이벤트_OFF( )"를 실행하면 다음과 같이 설정이 바뀌면서 관련 문제를 해결할 수 있다.

1. 자동 계산모드 → 수동 계산모드로 변경 (Application.Calculation = xlCalculationManual)
2. 변경된 내용의 화면 표시 안 함 (Application. ScreenUpdating= False)
3. 셀이나 시트 등의 동작 이벤트 중지 (Application. EnableEvents= False)

다시 정상적인 모드로 복귀하려면 "공통_화면이벤트_ON( )"을 실행하면 된다. ON 되는 순간 화면에 반영되지 않은 사항들이 화면에 표시되며 자동계산모드 전환됨과 동시에 이벤트가 정상적으로 발생된다.

[그림 9-15] 공통_화면이벤트 관련 소스코드

(13) 공통_시트명( ) Function

우리가 개발하는 화면(시트)의 이름은 사용자의 요구에 의해 변경될 수 있기 때문에 프로그램 내부에서는 시트코드를 활용하는 것이 더 유리하다. 공통_시트명( )은 시트코드로 해당 시트의 이름을 리턴 받을 수 있는 함수(Function)이다.

예를 들어 제품 등록을 위한 시트의 이름은 "제품"이고, 시트코드는 "B500"인 상태에서 사용자가 시트의 이름을 "제품등록"으로 변경해 달라고 하는 상황을 가정해 보자. 만약 시트명을 활용하여 프로그램을 개발했다면 일일이 "제품"이라는 시트명을 사용한 소스코드를 찾아서 변경하는 불편함을 감수해야 한다.

txt_시트명 = 공통_시트명("B500")

위의 명령을 실행하면 "txt_시트명" 변수를 통해 변경된 "제품등록"이라는 시트명을 바로 확인할 수 있다. 이를 통해 시트명이 바뀌더라도 프로그램 소스코드 변경 없는 유연한 시스템을 개발 할 수 있다.

추가로, 반대 상황이 시트명으로 시트코드를 알고자 할 경우에는 다음과 같이 명령을 실행하면 된다.

txt_시트코드 = Sheet("B500_제품").CodeName

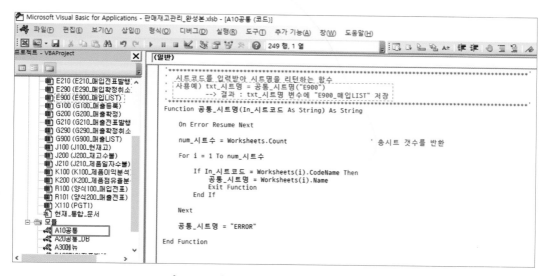

[그림 9-16] 공통_시트명( ) Function 소스코드

9-3 A20공통_DB

[A20공통_DB] 모듈은 데이터베이스에 접속하거나 프로시저나 SQL 명령을 실행과 관련된 공통모듈이다. 이 공통모듈은 A10_공통에 전역변수로 정의된 DB_Conn1, RS1 등의 ADODB 관련 Connection 및 레코드셋 (RecordSet) 변수를 활용한다.

기 능	내 용
공통_DB1_Connect( )	DB를 사용할 수 있도록 연결한다. Function (성공여부 리턴)
공통_DB1_Close( )	더 이상 사용할 필요가 없는 DB를 닫는다.
공통_DB1_Select( )	SELECT 나 DB 프로시저 명령을 실행한다. Function 결과는 RS1 레코드셋에 저장된다.
공통_RS1_칼럼명존재여부( )	RS1 레코드셋에 해당 칼럼명이 존재하는지 여부를 리턴함 (Function)

```
Public DB_Conn1 As ADODB.Connection        '// DB를 연결 / 유지하는 변수
Public RS1 As New ADODB.Recordset          '// DB에서 읽은 값을 임시로 기억하고 있는 장소1
Public RS2 As New ADODB.Recordset          '// DB에서 읽은 값을 임시로 기억하고 있는 장소2
Public RS3 As New ADODB.Recordset          '// DB에서 읽은 값을 임시로 기억하고 있는 장소3
```

[A10_공통] 모듈에 정의된
DB_Conn1, RS1 전역변수(Public)를 사용한다
RS2, RS3 는 확장용으로 현재는 사용하지 않는다.

[그림 9-17] A20공통_DB 주요 기능 목록

(1) 공통_DB1_Connect( ) Function

엑셀 VBA에서 데이터베이스에 명령을 전송하기 위해서는 먼저 데이터베이스에 연결해야 한다. 우리가 특정 인과 통화를 하려면 전화번호를 입력하고 통화 버튼을 눌러 상대방이 전화를 받아야 통화가 가능한 것과 같 은 원리다.

반드시 공통_DB1_Connect( )이 성공적으로 수행되어야 해당 DB에 원하는 명령을 실행할 수 있다. 각자 DB 를 설치한 환경에 따라 ConnectionString 값이 다르기 때문에 접속 오류가 발생 될 수 있다. 먼저 SSMS 등 의 통합관리도구 등에서 접속 여부를 확인하고 엑셀 VBA 실행파일의 설정값을 변경하기를 바란다.

판매재고관리시스템에서는 "관리시트"에 ConnectionString 설정값이 저장되어 있다. 각자 환경에 맞도록 설정값을 변경하기 바란다.

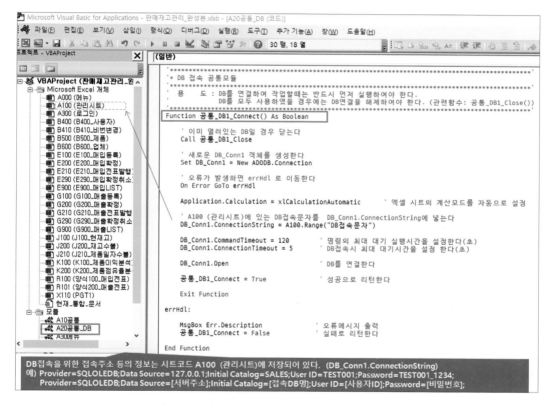

[그림 9-18] 공통_DB1_Connect Function 소스코드

(2) 공통_DB1_Close( )

공통_DB1_Close( )는 연결 중인 데이터베이스를 더 이상 사용할 필요가 없어 연결을 종료할 때 사용한다. 일반적으로 DB를 사용하지 않고 계속 연결만 하고 있더라도 데이터베이스에 부하를 줄 수 있기 때문에, 필요한 시점에 데이터베이스를 연결하고, 사용이 완료되면 바로 접속을 끊는 것이 유리하다.

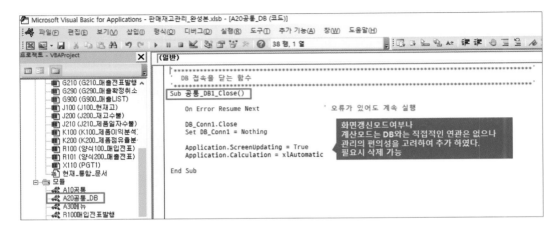

[그림 9-19] 공통_DB1_Close( ) 소스코드

(3) 공통_DB1_Select( ) Function

DB1_Connect( )을 통해 연결되어 있는 "DB1" 연결 객체를 활용하여 SELECT 명령이나 프로시저를 실행한다. 실행된 결과는 결과를 RS1 레코드셋 변수에 저장된다.

조회 관련 명령을 실행한 경우에는 RS1 레코드셋 변수에 조회 결과가 저장되어 있을 것이다. 만약 RS1 변수에 아무런 값도 없다면 제대로 실행되지 않았거나 해당하는 조회 결과가 없는 것이다.

우리가 개발한 입력, 수정, 삭제 등의 처리 관련 프로시저를 실행 시에는 프로시저의 성공 여부가 RS1 레코드셋 변수에 ERR_CODE와 ERR_MESSAGE 칼럼에 저장된다.

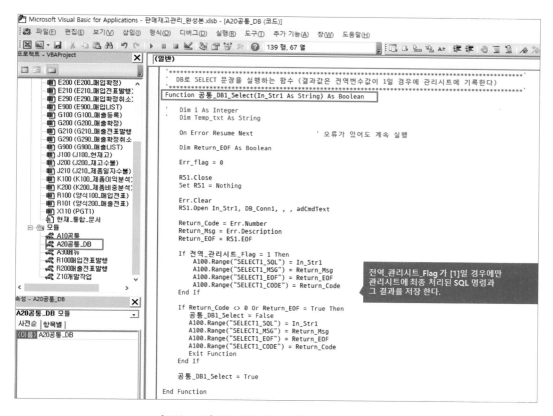

[그림 9-20] 공통_DB1_Select( ) Function 소스코드

(4) 공통_RS1_칼럼명존재여부( ) Function

이 공통 함수는 공통_DB1_Select1( )의 결과값(RS1 레코드셋 변수)에 특정 칼럼이 존재하는지 여부를 확인하기 위하여 사용되고 있다. 입력값으로 칼럼명을 입력하면 된다.

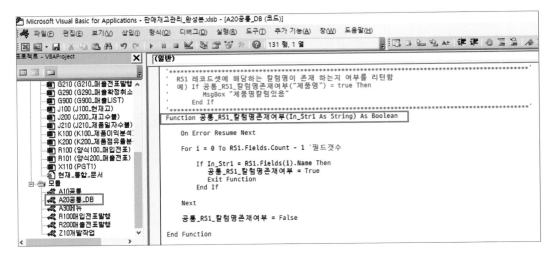

[그림 9-21] 공통_RS1_칼럼명존재여부( ) Function 소스코드

9-4 | A30메뉴

"A30메뉴" 모듈은 현재 하나의 프로시저(서브루틴)만 존재하고 있다.

보통은 "메뉴" 시트 내에 관련되는 프로그램 소스코드가 있어야 하지만 다른 화면(시트)을 조작하거나 다른 시트에 값을 변경 등을 수행할 경우가 빈번할 수 있다.

다른 시트를 참조하거나 조직 시 혹시 모를 오류가 발생할 수도 있어 안전하게 별도의 모듈로 분리하였다. 엄밀히 "A30메뉴" 모듈은 공통모듈은 아닌 셈이다.

메뉴시트에서는 메뉴명이 표시되고는 있지만 바로 오른쪽 숨어있는 셀(Cell)에 해당하는 시트코드가 저장되어 있다. 사용자가 원하는 메뉴를 클릭하면 숨겨진 셀의 시트코드를 확인하여 사용자가 볼 수 있도록 해당 시트를 숨김 해제 처리하고 각종 기본값들을 초기화한다.

메뉴 처리와 관련해서는 단순히 특정 메뉴를 호출 및 실행하는 역할 뿐만 아니라 해당 사용자가 이 화면을 사용할 수 있는지에 대한 권한관리 그리고 이 화면을 언제 호출했는지 등에 대한 이력관리 등의 기능도 추가 될 수 있다.

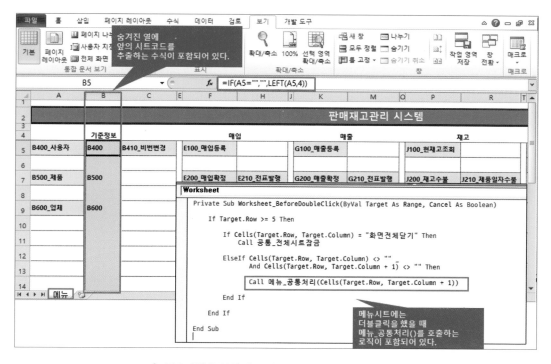

[그림 9-22] [A000] 메뉴 시트 구조 및 더블클릭 소스코드

281

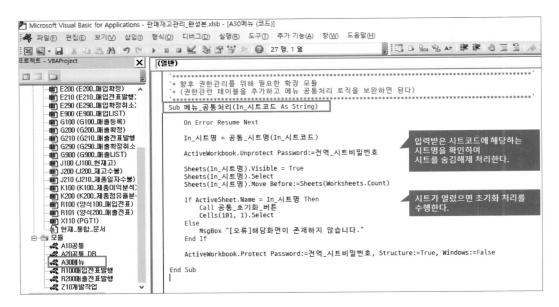

[그림 9-23] 메뉴_공통처리( ) 소스코드

9-5 Z10개발작업

"Z10개발작업" 모듈은 개발자의 생산성 향상을 위해 만들었다. "Ctrl+W" 단축키와 Col_칼럼명 변수를 일괄적으로 생성할 수 있는 기능들이 포함되어 있다.

기 능	내 용
Z칼럼명표시( )	단축키(Ctrl+W)를 통해 화면의 칼럼을 설정할 수 있는 영역을 표시하거나 숨길수 있다.
Z스크립트생성( )	화면의 칼럼에 대한 Col_칼럼명 변수를 자동으로 생성할 수 있다.

[그림 9-24] Z개발작업 주요 기능 목록

(1) Z칼럼명표시( )

지금까지 화면 칼럼 설정을 위해 사용한 "Ctrl+W" 키와 관련된 소스코드이다. "Ctrl+W" 단축키를 누르면 숨겨져 있던 칼럼 속성값을 설정할 수 있는 숨겨진 영역이 표시된다. 다시 한번 더 "Ctrl+W" 단축키를 누르면 설정 화면이 사용자가 볼 수 없도록 다시 숨김 처리된다.

즉, 화면 설정과 관련된 영역은 90행부터 95행까지의 영역인데 이 영역을 개발자가 볼 수 있도록 보여 주거나 숨기도록 하는 기능이다.

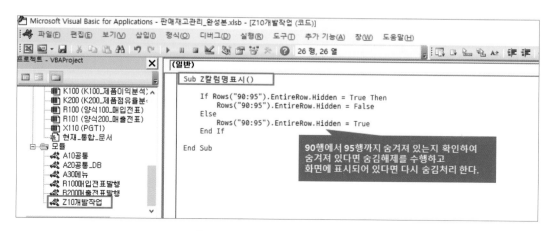

[그림 9-25] Z칼럼명표시( ) 소스코드

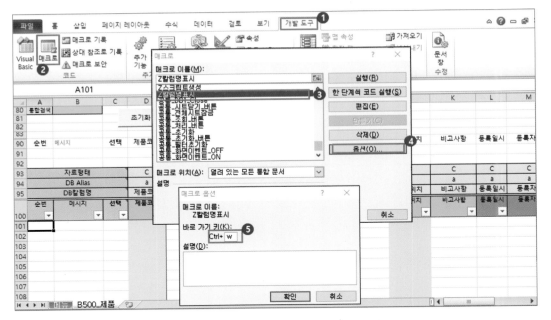

[그림 9-26] Z칼럼명표시( ) Ctrl+W 단축키 설정

(2) Z스크립트생성( )

화면에 표시되는 칼럼의 위치는 사용자나 개발자에 의해 변경될 수 있다. 칼럼의 위치가 변경되더라도 프로그램 소스는 변경하지 않도록 하기 위해, 각 칼럼의 열(Column) 위치값을 프로그램 내에서 알 수 있도록 Col_칼럼명(예: Col_제품코드, Col_제품명 ….) 변수를 많이 사용하였다.

Col_칼럼명 변수를 일일이 코딩하면 개발자 입장에서 여간 불편하고, 시간도 많이 걸린다. 이러한 불편함을 조금이라도 줄여 보고자 만든 것이 "Z스크립트생성( )"이다.

사용방법이 현재 Col_칼럼명이 필요한 화면이 열려 있는 상태에서 엑셀 VBA 개발환경을 열고 "Z스크립트생성( )"을 실행하면 된다. 실행결과는 "PGT1"라는 시트에 관련 스크립트가 생성되며, 이 스크립트를 복사하여 프로그램에 활용하면 된다.

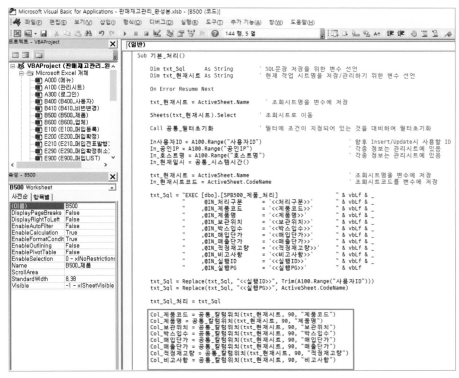

[그림 9-27] Col_칼럼명 변수 관련 예시

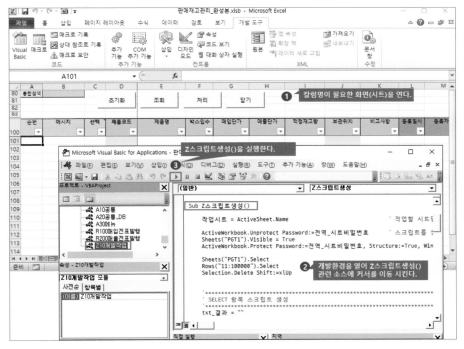

[그림 9-28] B500_제품 화면 Col_칼럼명 자동생성 예시

285

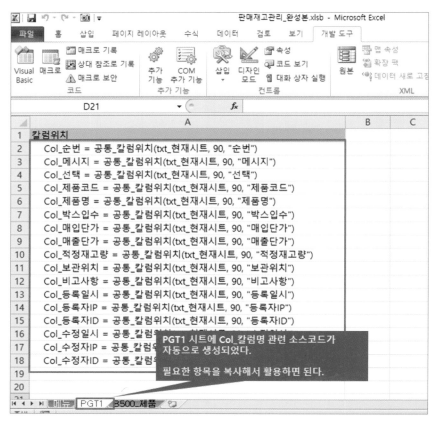

[그림 9-30] Z스크립트생성( ) 소스코드

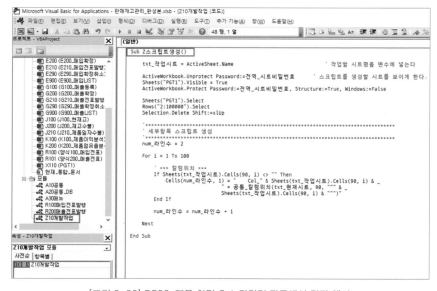

[그림 9-29] B500_제품 화면 Col_칼럼명 자동생성 결과 예시

데이터 분석가와 개발자를 위한

MS SQL Server 기본에서 실무까지

· **지은이** : 김정현, 유옥수 · **판형** : 182×257mm · **페이지** : 326쪽

· **발행일** : 2020년 9월 30일 · **분야** : 컴퓨터

· **ISBN** : 979-11-970240-0-9 (13000) · **정가** : 25,000원

데이터베이스(DB)의 기초지식과 MS SQL Server의 설치, DB의 생성, SQL 활용 등 데이터베이스의 기초적인 지식 외에 데이터베이스를 활용하여 각종 업무를 자동화하거나 분석할 수 있는 DB 프로그래밍 언어인 저장 프로시저(Stored Procedure)를 중점적으로 다루고 있다.

저장 프로시저는 다양한 알고리즘을 구현할 수 있는 일반적인 프로그래밍 언어의 특성과 함께 데이터베이스의 이점을 모두 누릴 수 있는 강력한 프로그래밍 언어라 할 수 있다.

MS SQL과 엑셀 VBA로 만드는
판매재고관리시스템

1판 1쇄 발행 2023년 11월 1일

지 은 이	김정현(kjh105208@naver.com)
	유옥수(okyesu@naver.com)
발 행 인	최봉은(rainsun@widcloud.com)
펴 낸 곳	위드클라우드
출판등록	제406-2019-000082호
등록일자	2019년 7월 30일
주 소	경기도 파주시 능안로 37 한라 113-1001
I S B N	979-11-970240-1-6
정 가	53,000원

이 책은 소스코드를 읽기 쉽도록 네이버 나눔고딕 코딩글꼴 d2Coding을 사용 하였습니다.